国家自然科学基金资助项目（编号：71974009）
北京市自然科学基金资助项目（编号：9172002）

何喜军 / 著

技术供需匹配与主体交易机会挖掘

JISHU GONGXU PIPEI
YU ZHUTI JIAOYI JIHUI WAJUE

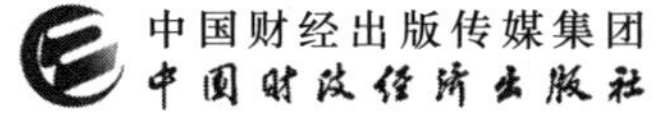

图书在版编目（CIP）数据

技术供需匹配与主体交易机会挖掘／何喜军著．--北京：中国财政经济出版社，2021.5
ISBN 978－7－5223－0374－1

Ⅰ.①技…　Ⅱ.①何…　Ⅲ.①技术－供需平衡 ②技术贸易　Ⅳ.①F062.4

中国版本图书馆 CIP 数据核字（2021）第 024546 号

组稿编辑：周桂元　　责任校对：胡永立
责任编辑：周桂元　　责任印制：张　健
封面设计：卜建辰

中国财政经济出版社 出版
URL：http：//www.cfeph.cn
E－mail：cfeph@cfeph.cn

社址：北京市海淀区阜成路甲 28 号　邮政编码：100142
营销中心电话：010－88191537
三河市宏图印务有限公司印刷　各地新华书店经销
成品尺寸：170mm×240mm　16 开　13.75 印张　198 000 字
2021 年 5 月第 1 版　2021 年 5 月河北第 1 次印刷
定价：55.00 元
ISBN 978－7－5223－0374－1
（图书出现印装问题，本社负责调换）
本社质量投诉电话：010－88190744
打击盗版举报热线：010－88191661　QQ：2242791300

序　　言

在加快建设创新型国家的进程中，创新技术成果竞相涌现、产品技术需求快速增长，线上与线下相结合的技术交易网络平台不断完善，但技术市场中科技成果转化难的问题依然存在，创新驱动发展战略的实施进入攻坚期。2017 年，国务院印发《国家技术转移体系建设方案》，提出要推动形成紧密互动的技术转移网络，到 2020 年初步形成互联互通的技术市场。2018 年习近平总书记在两院院士大会上强调："要让市场真正在创新资源配置中起决定性作用，实现供需匹配与动态均衡发展，促进创新链和产业链精准对接，加快创新成果转化应用。"因此，在互联网、大数据及人工智能等快速发展的背景下，以市场为基础，以需求为导向，研究促进科技成果转化的理论、方法和策略，是面向经济社会发展转型升级中关键技术需求牵引、突破技术供需对接瓶颈的关键。

技术市场作为供需对接与成果转化的重要渠道，经过 30 余年的发展，已经形成了由企业链、创新链、空间链、价值链等多链条相互交织的复杂网络形态。如何实现多源异构信息的科学融合，挖掘技术市场中海量组织间的技术交易机会，是促进

技术供需精准匹配与有效对接，推动科技成果转化的关键问题，也是国家科技创新体系建设中亟待解决的科学问题。

该书利用文本分析的最新方法识别技术市场中的关键需求，并基于技术供需信息匹配挖掘科技主体间的技术交易机会。在此基础上，通过异构信息网络融合技术市场中多元对象属性、关系以及文本特征等，探索技术交易机会挖掘的创新思路和方法。该研究对在线技术交易平台的推荐功能开发、技术交易服务体系完善，以及技术市场中供需主体快速与准确对接提供决策支持。

何喜军博士一直从事数据挖掘与决策支持方向的研究，并在国家自然科学基金、国家社科基金、北京自然科学基金及社科基金等多个项目的资助与支持下，完成了一系列研究成果并整理成此书。作为其博士学习阶段的导师，我一直关注她的研究工作进展，特别希望该书的出版能够为推动科技成果转化起到抛砖引玉的作用，也希望何喜军和她的课题组能够不忘初心、锐意进取，取得更多好的成果，对辅助相关部门决策做出应有的贡献。

中国工程院院士
俄罗斯科学院外籍院士
国际欧亚科学院院士
中国社会科学院学部委员

2021 年 1 月

前　言

自1984年我国开放技术市场以来，作为促进科技与经济紧密结合的重要载体，技术市场在科技资源配置中的决定性作用得到充分发挥。但与此同时，由于技术商品的特殊性以及交易的复杂性，目前市场中各类主体间的技术合作以及交易活跃性还有待提升。

近年来，互联网及电子商务的蓬勃发展、大数据分析技术的广泛应用，以及创新驱动发展战略下技术供给和需求的快速增长，使得传统的线下技术交易模式面临挑战。依托智能化、自动化的技术交易平台而形成的科技服务新业态悄然兴起。因此，技术商品能否像其他产品一样，形成线上线下融合的交易模式，成为大数据时代技术市场面临的新课题。

2017年，在北京工业大学蒋国瑞教授的指导下，作为商务智能实验室成员的我带领团队与北京市技术市场协会、京津冀技术转移协同创新联盟等机构合作，申请并获批了北京自然基金面上项目《基于技术交易数据的京津冀科技协同创新潜力挖掘（9172002）》，以京津冀为研究对象，开展大数据背景下技术交易机会挖掘的课题研究。2019年，团队再次成功获批国家

自然基金面上项目《异构信息网络下技术供需匹配模型与对接路径研究（71974009）》，开展技术供需匹配以及技术交易机会挖掘的理论及方法研究。

经过4年的研究，团队从多源异构的技术交易数据采集与统计分析起步，通过文本挖掘、异构信息网络挖掘、机器学习等方法的组合应用，探索技术供需语义匹配的模型，以及技术交易网络视角下供需主体间交易机会挖掘的相关方法。取得了一系列研究成果，并在英文期刊《信息处理与管理（Information Processing & Management)》《基于知识的系统（Knowledge-Based Systems)》《物理学A：统计力学及其应用（Physica A：Statistical Mechanics and its App-Lications)》《社会中的技术(Technology in Society)》以及中文期刊《系统工程理论与实践》《中国软科学》《运筹与管理》《管理评论》等国内外重要期刊发表。其中某些研究成果正在走向市场，并为政府、行业、企业提供决策和咨询服务，也为相关学者提供参考。

本书的写作得到了实验室成员的大力支持和帮助。其中：董艳波参与了第五章、第十章、第十二章的撰写；孟雪参与了第五章、第九章的撰写；张婷婷参与了第六章的撰写；张博闻和才久然参与了第十一章的撰写。此外，孟雪、才久然、吴爽爽、李喻晓等为本书的校对也做了大量工作。

项目研究和本书的撰写也得到了我的博士生导师、中国工程院院士、俄罗斯科学院外籍院士、国际欧亚科学院院士、中国社会科学院学部委员李京文教授的大力支持和帮助。导师淡泊名利的学人风骨、严谨求实的治学作风、高屋建瓴的学术造诣，一直激励并督促我踏实做人、做事、做研究。

本书的写作得到了合作单位和团队成员的大力支持和协助，感谢北京技术市场协会执行副理事长兼秘书长刘军、北京信息科技大学葛新权教授、北京邮电大学王宁教授、北京企业技术开发研究会高级工程师季学猷，感谢北京工业大学蒋国瑞教授、翟东升教授、武玉英副研究员，各位专家在充分肯定我们研究工作的同时，还给予了非常热心和具体的指导。在本书出版的整个过程中，中国财政经济出版社周桂元编审给予了精心指导和帮助，在此向他们表示真诚的谢意！

非常感谢国家社科规划办、国家自然基金委管理学部、北京市自然基金委、北京市社科联、北京市社科规划办对我们研究工作提供的资助。此外，本书的完成还得到了北京工业大学经济与管理学院老师和研究生的大力支持，在此一并表示衷心的感谢！

何喜军

2021 年 1 月

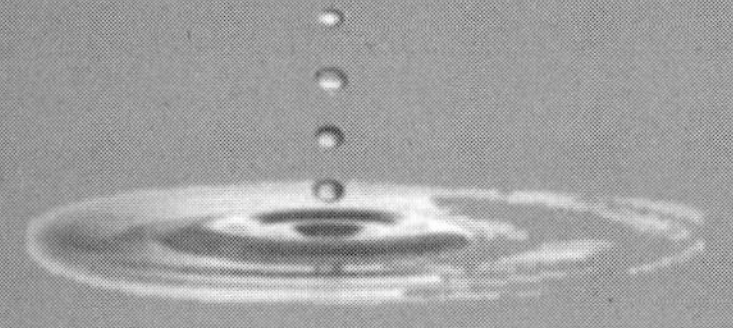

目　录

第一章 引　言

近年来，我国科技投入增长很快。《2019 年全国科技经费投入统计公报》数据显示，2019 年我国 R&D 经费投入总量为 22143.6 亿元，比上年增长 2465.7 亿元，增长 12.5%，增速较上年加快 0.7 个百分点，连续 4 年实现两位数增长。但科技投入的绩效还有待进一步提升，科技与经济“两张皮”的现象依然严重。在中美贸易摩擦、国内产业转型升级和新冠肺炎疫情等多因素的叠加影响下，百年未有之大变局在国内加速演进，经济发展速度放缓，迫切需要科技赋能。

党的十九大报告提出创新是引领发展的第一动力，并强调要深化科技体制改革，促进科技成果转化。而在加快建设创新型国家的战略实施中，创新能力不足已成为我国经济增长的主要掣肘[1]。一方面关键核心技术依然未摆脱进口依赖，另一方面产业转型及产品提质增效的关键技术需求得不到有效满足。究其原因是科技创新供给不足，包括科技创新主体（如高校和科研院所）支撑产业发展的有效技术供给不足，以及有效技术供给转化应用不足。目前，我国科技成果转化率为 25% 左右，与发达国家的 50%-70%、美国的 80% 相比，科技进步对经济贡献率相对较低[2]。2017 年，国务院印发《国家技术转移体系建设方案》，提出要推动形成紧密互动的技术转移网络，到 2020 年初步形成互联互通的技术市场。2018 年习近平总书记在两院院士大会上强调：要让市场真正在创

新资源配置中起决定性作用，实现供需匹配与动态均衡发展，促进创新链和产业链精准对接，加快创新成果转化应用。因此，现阶段，充分发挥技术市场机制，实现多源异构数据融合，开展技术交易机会挖掘研究，对于促进技术供需匹配与对接，辅助技术交易服务体系完善，提升科技成果转化，促进科技赋能等具有重要的现实意义。

技术市场作为技术交易的重要渠道，是促进科技与经济紧密结合的桥梁和纽带，是引入市场机制对科技资源进行优化配置的重要平台，是促进科技成果资本化、产业化的重要途径，也是中国特色社会主义市场体系中重要的生产要素市场。1985 年中共中央发布的《关于科学技术体制改革的决定》明确提出“开拓技术市场，实行科技成果商品化”，实现了我国科技体制改革的重大突破。经过 30 年的快速发展，技术市场在推动国家创新体系建设、加快转变经济发展方式等方面发挥了重要作用。

伴随互联网、电子商务、大数据与人工智能等技术的快速发展以及广泛应用，技术市场取得了很多成绩，呈现出新的特征，也面临一些挑战。

（一）中国技术市场发展中的新成绩和新特征

第一，全国技术交易平稳增长。2019 年，我国促进科技成果转移转化环境持续优化，服务体系加速完善，技术市场配置创新资源的成效显著，全年共签订技术合同 484077 项，成交额 22398.4 亿元，比上年分别增长 17.5% 和 26.6%，为支撑我国经济平稳运行发挥了重要作用。①

第二，在线技术交易平台蓬勃发展。目前，科技部批准的 6 批国家技术转移示范机构共 453 家。截至 2020 年 1 月 4 日，“科易网”在线技术交易额累计 71.8614 亿元②，“浙江网”（中国浙江网上技术市场）技术交易额累计 637.0611 亿元③。以政府引导、市场主导、线上线下融合

① 中华人民共和国科学技术部：《2019 年全国技术市场交易快报》，http://www.most.gov.cn/kjbgz/202002/t20200224_151815.htm.

② 科易网：https://www.1633.com/.

③ 中国浙江网上技术市场：http://www.51jishu.com/index.do.

发展的科技成果转移转化体系初见成效[3]，“互联网+技术交易”的商业模式初具规模，成为落实党的十九大报告提出的“建立以企业为主体、市场为导向、产学研深度融合的技术创新体系，加强对中小企业创新的支持，促进科技成果转化”的重要实践。同时，在线技术交易平台中信息具有实时、开放、共享、海量等特点，缓解了技术交易中外生性信息不对称的问题；打破了交易中地理、时间的局限，为“中小微”企业发布供需信息、快速寻找技术合作伙伴、积极参与技术转移提供支持。

第三，技术交易复杂网络已经形成。经过30余年的发展，技术交易形成了由企业链、创新链、空间链、价值链等多链条相互交织的复杂网络形态，网络中不仅涉及技术供方、需方、供给技术、需求技术等多元主体，还包括主体间多重关联关系的固定或随机组合，异构信息和复杂交互特征明显。

（二）技术市场发展中面临的挑战

第一，在线技术交易平台签约率较低。由于技术交易平台中大量技术供需信息是由自然语言表征的非结构化文本，且描述存在差异性，即供给文本描述侧重技术组件、材料、工艺以及功效等；需求文本描述侧重产品缺陷、技术问题等自然语言。同时，供需文本仅通过标题及简介等短文本形式记录，主题特征不显著。使得供需双方搜索成本较高，技术供需对接效率较低。截至2020年1月4日，“科易网”发布44.6429万项技术成果，签约10624项，签约项目数占技术成果总数的2.38%，“浙江网”发布26.6595万项技术成果，签约48973项，签约项目数占技术成果总数的18.37%。大量技术成果得不到应用，很多创新产品的技术需求得不到满足。供需文本难匹配是签约率低的重要因素之一。有效技术需求识别、技术供需信息语义匹配等有待深入研究。

第二，多源异构信息融合下的技术交易机会挖掘面临挑战。技术交易是技术供需多元主体在属性、知识、关系等多要素异构信息交互作用下的复杂匹配过程。传统的基于主体间历史交易关系构建同构网络进行链路预测，挖掘交易机会，其预测精度相对较低。而不考虑网络效应，研究供需双方在多属性决策下的匹配方法及策略又难以在大规模技术市

场中推广应用。因此，如何融合多源异构信息，开展技术交易机会预测，有待进一步研究。

第三，技术交易机会挖掘与预测在微观层面的探索缺乏数据支撑。目前，中国技术市场的技术交易数据多由政府部门登记管理，多用于宏观数据统计分析，难以在微观层面支撑组织间技术流动的相关研究。近年来，伴随国内外专利数据库的建设，专利转让数据因提供了专利权流的“源—汇”关系[4][5][6][7][8]，为研究组织间技术转让网络及交易机会预测提供了数据支撑[9][10]；同时，专利技术是反映产业技术创新能力的重要指标[11]，是技术交易中的重要组成部分，因此本书主要研究专利技术交易机会挖掘的方法，这对其他类型技术的交易机会研究具有示范作用。

本书主要围绕技术市场面临的挑战和问题，以在线技术交易平台和IncoPat专利数据库为数据源，综合利用文本挖掘、异构信息网络挖掘、深度学习、复杂网络统计分析等方法，重点研究技术需求识别模型、技术供需信息匹配模型，以及技术交易机会预测模型等内容，并通过实证研究开展模型与方法检验。一方面为多源异构信息融合下的技术交易机会挖掘提供理论、方法和思路，另一方面结合实证研究为促进重点领域技术交易和科技成果转化提供对策建议。

本书的结构如下：第一章是引言，主要介绍研究的背景和目的。第二章主要介绍技术交易、技术需求、技术交易机会、技术交易网络等相关概念；第三章主要介绍文本挖掘的主流分析方法以支撑技术需求识别与技术供需信息语义匹配模型研究；第四章主要介绍多维信息融合的ERGM（Exponential Random Graph Model）方法以及异构信息网络的概念和基本方法，为后续基于ERGM和异构信息网络挖掘的交易机会预测提供理论与方法支撑；第五章主要针对在线技术交易平台的需求文本，研究基于SAO（Subject-Action-Object）结构语义分析的技术需求识别模型；第六章融合在线技术交易平台的需求文本和IncoPat专利数据库的供给文本，在供需匹配视角下，研究基于语义匹配与交易数据特征的需求识别模型；第七章、第八章和第九章主要研究在线技术交易平台供需语义匹配模型及匹配效率评估，包括：基于本体和SAO方法的技术供需语义匹配模型，基于多特征融合的供需匹配模型，基于词向量的供需匹配效率测度模型等，主要目的是通过技术供需匹配结果挖掘技术供需主体交易机会；第十章主要基于复杂网络统计方法 ERGM 对技术供需主体间交易机会预测；第十一章和第十二章主要探讨基于异构信息网络挖掘的技术交易机会预测模型，包括：融合多维邻近关系，基于多层关系网络构建技术交易机会预测模型，基于异构信息网络中元路径及元结构相似性，结合网络嵌入方法研究技术交易机会预测模型等。第十三章主要探讨促进供需主体间技术交易的对策以及对前沿问题的探索。

第二章 技术交易概述

一、技术交易

（一）技术及特征

技术是为了更好地生产、利用商品和服务以满足人们生存和舒适要求，而将知识、技能和经验以一定方式结合起来的系统[12]，它的本质[13]是一种信息，是一种无形资产，虽然它的载体可能是有形的。作为一种无形资产，一个消费者消费这种技术资产，并不影响另一个消费者的消费。从这个角度看，技术是一种具有公共属性的物品，由于生产者所获得的收益难以抵偿生产该物品的成本，必然导致技术供给不足，所以政府或行业市场为刺激技术供给，将技术这种公共资产通过授予专利权的形式，力图将其界定为私人财产[14]。

技术商品与日常商品差异性很大。例如，技术的知识集成性、继承性和连续性，以及同一技术可为不同使用者同时使用或使用的可重复性等是一般日常商品不具备的。这种差异性决定了技术商品交易的特殊性：

1. 信息非对称性

信息的非对称性是指在技术交易过程中，技术合约当事人一方拥有另一方不知道或无法验证的信息和知识。

2. 信息不完全性

信息的不完全性主要是由不确定性决定的，而不确定性是指技术的研究开发和技术创新过程固有的风险所导致的合约当事人共同面对的难以预期的变化。

3. 公共物品属性

所谓技术具有公共物品属性，是因为技术的消费具有一定程度的非排他性，同时具有一定的外部经济效果和交易的可重复性。

4. 技术产权易逝性

技术是无形的，技术的应用是有形的，技术的产权是“易逝的”。所以有时也被称之为易逝产权。技术的公共物品属性和技术产权的易逝性决定了技术产权界定的复杂性和产权保护的难度。

5. 不完全合约性

由于技术本身的专业性、复杂性，加之信息的不对称和不完全，不仅合约当事人不能对对方的履约行为进行有效监督，甚至合约仲裁者也很难对此做出正确判断。所以，技术合约是一种典型的不完全合约，其不完全性决定了履约和对履约行为的监督的难度。

6. 高成本性

高昂的交易成本是技术交易上述特征的必然的逻辑结果。因为信息的非对称性、不完全性、技术市场的不确定性决定了信息搜寻的高成本和达成合约的高成本；技术的公共物品属性和技术产权易逝性决定了产

权界定和保护的高成本；合同的不完全性决定了履约及对履约行为进行监督的高成本。

（二）技术交易

技术交易是指技术供需双方通过技术市场对技术所有权、使用权和收益权进行转移的契约行为，是一种商业性的有偿技术转移行为。其中，技术交易供需双方指在交易市场上从事技术交易活动的个体，技术供方指市场上持有技术并具有出售意愿的个体，技术需方指市场上对某项技术具有需求且具有购买意愿的个体。这种交易行为是根据当事双方商定的条件，通过买卖方式，将某种内容的技术从卖方转让给买方。其形式包括发明专利、设计图纸和技术设备等。它是一种经济交换，这种交换是以明确了所有权但未商品化的技术为对象，大多数受到法律的保护，也有所有者自身采取保密措施的。其中，专利技术交易是通过转让、许可等方式，帮助企业、区域、国家等市场主体获得创新资源提高创新能力的重要途径[15]。技术许可与技术转让的区别在于，前者的技术是同时向多个主体转移，交易的对象是技术的使用权。

技术交易的过程其本质上是供需主体双方相似匹配的过程，而交易机会的产生往往在供需主体的多方博弈中，这些博弈包括对专利技术价值的考量、专利经济价值的考量、交易意愿的接近、专利交易中的成本及风险控制，等等。

技术交易是技术从原产地到使用地之间的转移[16][17][18]，包括在两个或者多个社会实体之间转移技术及与技术相关知识的活跃过程[19][20]，也涵盖了国家间、区域间的技术传播与合作[10][21]。作为组织学习和技术积累的重要手段[22][23][24]，技术交易为组织提供了获得技术的机会[6][7][25]，并成为组织创新与竞争力提升的重要源泉[26][27]。同时，跨区域的技术交易也成为支撑区域技术进步[28]、促进区域技术流动与经济协调发展的重要途径[29][30][31]。

二、技术需求

技术需求是技术受方对科技成果本身的需求，如技术、专利、技术设备等，且新技术需求是产业升级或转化的主要原因[32]。目前，已有研究多利用专利文献分析结合专家调研，从技术供给视角，进行技术发现和技术机会挖掘[33][34][35][36]，这些研究难以反映区域产业和企业关注的技术需求，同时，依靠专家有限的领域知识对未来技术发展做出方向性的判断也受到争议[37]。

准确的技术需求识别不仅能够引导研发方向，还能够为供需对接与交易合作提供决策支持。Abramo[38]通过对意大利新技术供给与技术需求的匹配调查研究，得出1/3的研究成果产业和企业无法利用的结论，为调整供需错位，他提出研究方向应该为预测规划和产业政策要协同。日本作为开展技术预测最早的国家，近年来也开始关注技术需求研究[39]。韩国学者将技术预测和技术需求预测进行区分，并通过集成模型针对碳捕获和存储技术分别开展技术预测和需求预测[40]；国内学者提出利用专利文献结合TRIZ（Theory of the Solution of Inventive Problems）理论预测技术需求也是一种思路，但还有待进行深入探讨[41]；此外关于技术需求能力[42]、科技需求强度[43]、技术需求规模[44]的指标研究，也为技术需求评估提供了借鉴。目前，针对在线技术交易平台中众多技术需求方发布的需求信息，进行文本挖掘以识别技术需求热点，并与供给文本进行语义匹配的研究受到学术界和产业界关注。

三、技术供需语义匹配

技术供需语义匹配的核心是对供需文本中的隐性和显性知识进行语义分析、对应和相似匹配[45]。在语义分析方面，由概念及概念间关系组

成的本体理论常用于技术领域本体构建并进行技术功效分析[46]。SAO结构分析方法则通过信息结构识别技术形态[47]、核心技术组件[48]，并通过“技术问题”和“解决方案”识别研发伙伴[49]等。在语义匹配方面，利用本体进行供需匹配任务形式化，提出专利技术知识表示和匹配的框架策略[50]，结合本体知识和案例背景，构建知识库和匹配规则库，协助推荐合适的专利技术[51]等研究刚刚起步。为解决技术供需文本匹配中因主题特征不明显、表述差异化且缺乏大规模背景知识导致无法准确理解需方的技术问题，以快速给出匹配的技术供给方案等难题，近年来快速发展的知识图谱作为一种大规模语义网络，可将不同来源和不同结构的知识进行融合，以实现知识推理和技术推荐[52]。

四、技术交易机会

技术交易机会指供需双方潜在交易关系形成的可能性[53][54]。技术交易机会预测是基于技术主体及技术产品的相似特征，挖掘主体间潜在交易关系的复杂过程，对解决技术市场中交易效率低这一核心难题具有推动作用[55]。影响技术交易机会的因素有很多，研究成果也很丰富。包括：

（1）从技术属性层面，通过评估专利技术质量判断技术交易的可能性[56][57][58][59]，并认为技术交易机会随质量提高而增加[60][61]。例如，Marco[10]等以2002－2012年美国专利局授权的专利文本为例，分析国际专利技术交易市场的最新演变，重点研究以第一优先权国家为代表的专利地理来源对专利交易概率、交易时间和跨境交易概率的影响，他发现，近年来专利交易率有所上升，与美国第一优先权专利相比，第一非美国原申请人的专利被交易的可能性更小，交易时间更长。此外，更多以科学为基础的专利（通常具有较高的技术不确定性）更有可能被交易，但参与跨境交易的可能性要小得多。

（2）从供需双方的多维邻近关系入手，研究地理邻近、技术邻近、制度邻近、文化邻近等[15][62][63][64][65][66][67]，以及双方满意度[68][69]对专利技术交易的影响。

（3）从复杂同构网络链路预测视角，通过已知的网络节点及网络结构信息寻找网络演化过程中节点间在未来出现连边的可能性[65][70][71]，以此来解释网络演化的动因并预测节点间链接关系，比较主流的方法就是基于节点结构相似性进行链接预测。目前将供需主体属性、技术属性、主体间多维关系以及网络结构等多维信息进行融合，进行技术交易机会预测的研究有待深入探索。

五、技术交易网络

技术交易是区域、企业等获取外部技术和互补性知识的积极过程[72][73]，伴随创新驱动发展战略的深入实施，技术交易已逐步形成由企业链、创新链、技术链等多链条相互交织的复杂网络形态，嵌入技术交易网络已成为组织获取核心技术的重要方式[74][75]。目前，已有研究多关注国家间、区域内省与省之间和组织与组织之间的技术交易网络结构及演化规律的挖掘。

（一）国家间技术交易网络研究

国家间的技术转让分为南北技术转让（North-South Technology Transfer，NSTT）和南南技术转让（South-South Technology Transfer，SSTT）两种类型。NSTT 是从发达国家到发展中国家的技术转让，SSTT 是从发展中国家到发展中国家的技术转让[76]。例如，Chen 等[77]通过比较中国与埃塞俄比亚间的南南技术转让和与法国间的南北技术转让，评估技术转让对可再生能源的影响。Casadella 等[78]研究了中国直接投资和技术转让对塞内加尔的影响，发现技术转让有利于塞内加尔的创新能力建设。Izmaylov 等[79]研究了国际技术转让对乌克兰的投资与创新发展、进出口潜力和国家国际竞争力的影响，总结了欧盟与乌克兰之间国际技术转让

的机遇与前景。

（二）区域省际间技术交易网络研究

Duan 等[80]构建长三角区域城际间专利转让网络，从总体、技术供应链和技术销售链三个层面研究技术转移体系的区域整合问题。周密等[81]运用 2002－2014 年京津冀 13 个城市间的专利权转移数据，利用社会网络分析中关联度等指标及结构洞理论分析网络结构特征，得出网络呈现中心型—半中心型—包容型—脆弱型的复合结构。Liu 等[82]基于 2008－2015 年中国三个城市群（京津冀、长三角、珠三角）的专利权交易数据，研究城市间技术转移网络的空间演化特征，得出结论：城市间技术联系的演化是由优先链接、等级扩散和传染扩散、路径依赖和路径突破等网络机制驱动，技术转让网络的动态演化遵循路径依赖的保留机制和新路径发展的变异机制[15]。Sun 等[64]利用中国区域间技术交易数据，发现网络演化过程中邻近效应、优先连接和路径依赖即 3P 机制并存。任龙等[83]使用专利权转移数据构建中国技术流动网络分析演化路径，发现技术流动主要集中于发达地区间，发达与欠发达地区间也存在较频繁的技术流动，而欠发达地区间的技术流动较为罕见。

（三）技术供需主体间技术交易网络研究

Huang 等[73]以 1976－2012 年平板显示领域专利交易数据为例，利用网络分析方法，通过测量专利交易网络的集中度、中心度和关联度，得出结论：专利交易网络是自然形成的非密集的、零碎的、松散的网络，其结构在一定的企业技术出口和经纪能力方面呈现出显著的分层模式，但同时也是一个复杂的系统。栾春娟等[84]基于 IncoPat 数据库采集中国发明授权专利转让数据，构建了“转让人/受让人”有向网络。结合网络结构和网络中介中心度等指标总结出具有代表性的几种专利运营模式：以大型央企国家电网公司为中心的输入型专利运营模式；以知识产权服务机构广东高航知识产权运营有限公司为中心的均衡型专利运营模式；

以清华大学为中心的输出型专利运营模式；以高新技术企业华为等为中心的输出型模式。

六、本章小结

本章主要介绍了与技术交易相关的概念，包括：技术及特征、技术交易及特点、技术需求及供需语义匹配的概念，重点阐述了技术交易机会的概念以及影响交易机会的主要因素，以及技术交易网络的概念、特征以及现有研究成果。

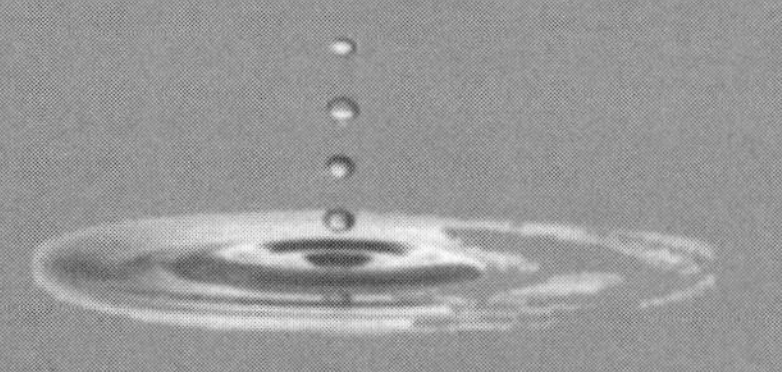

第三章
文本挖掘方法概述

文本语义挖掘方法对技术需求识别和供需信息语义匹配等研究具有重要的支撑作用，本章将归纳文本挖掘的方法，并重点介绍本书中应用的方法。

一、分词技术

文本分词是语义处理中一项不可或缺的技术，由于中文文本中没有自身携带较为明确的分隔符，因此中文文本分词技术成为自然语言语义处理中烦琐却又关键的步骤。中文文本分词技术经过多年研究目前已经相对成熟，主要包括基于规则、基于统计以及基于理解的分词方法。

（一）基于规则（词典）的中文文本分词

词典即为统一、规范、有一定规模的词表，基于规则的中文文本分词是通过词典匹配的方式对句子进行划分。主要包括正向最大匹配法、逆向最大匹配法和双向最大匹配法。该方法实现起来简单高效，但最大的问题是未纳入词典的词语较难处理，因此，词典构建尤其是技术领域的词典构建是重要基础也是难点。

（二）基于统计的中文文本分词

统计学里利用概率最大化来解释分词过程，即在句子做出拆分后，根据相邻的词汇出现的概率实现分词的过程，这一过程依赖于语料库，因此，在基于统计的分词的方法过程中，对于语料库的领域选取、构建过程以及涉及范围显得十分重要，是提升分词准确率的关键所在。

（三）基于理解的中文文本分词

基于理解的分词技术利用计算机实现对于文本的智能化识词处理，核心在于利用句法和语义两方面的信息分析来规避文本中的歧义。如在哈工大的语言技术平台 LTP 中，可利用依存句法关系对句子进行“主谓宾”“定状补”等语法成分的词性标注，其中 SBV 标记代表“主谓关系”、ATT 标记代表“定中关系”、HED 标记代表“核心关系”等，以“无汞扣式电池负极材料生产技术”文本为例，得到的文本语义标注结构如图 3－1 所示。

```
<xml4nlp>
    <note sent="y" word="y" pos="y" ne="n" parser="y" semparser="n" lstmsemparser="n" wsd="n" srl="n" />
    <doc>
        <para id="0">
            <sent id="0" cont="无汞扣式电池负极材料生产技术。">
                <word id="0" cont="无汞扣式" pos="b" parent="1" relate="ATT" />
                <word id="1" cont="电池" pos="n" parent="3" relate="ATT" />
                <word id="2" cont="负极" pos="v" parent="3" relate="ATT" />
                <word id="3" cont="材料" pos="n" parent="5" relate="ATT" />
                <word id="4" cont="生产" pos="v" parent="5" relate="ATT" />
                <word id="5" cont="技术" pos="n" parent="-1" relate="HED" />
                <word id="6" cont="。" pos="wp" parent="5" relate="WP" />
            </sent>
        </para>
    </doc>
</xml4nlp>
```

图 3－1 文本语义标注结构

随着人工智能的快速发展，语言知识的分词系统应运而生。系统通常包括三个部分：总控系统、分词子系统和句法语义子系统。总控系统起到总体控制的作用，分词子系统和句法语义子系统是基于理解的智能

技术分词展开，智能化解决句子分词歧义问题，这一过程实现了人对语句的理解模拟。但由于中文文本语言词库的强大，分词系统在文本信息组织读取过程中存在壁垒，其目前仍处于发展阶段。

二、语义分析方法

语义分析是一种通过对文本中词语间的隐含关联和句式结构进行分析，进而高效获取和理解文本核心信息的方法[85]。语义分析概念的提出，最早可以追溯到 1960 年。Ziff[86] 在其研究中给出了这个词语，打开了关于语义分析研究的大门。随着计算机、互联网等技术的快速发展，数据的规模越来越庞大，人们找寻一种方法使得计算机能够快速读取网络平台中的文本数据的需求也变得越来越强烈，因此，语义分析的研究成果不断出现。目前，语义分析被广泛应用于文本挖掘、信息检索、知识推理等方面。下面介绍几种重要的语义分析方法。

（一）基于概率统计的语义分析方法

这种方法主要是通过计算文本与文本之间的语义相似度，进而推算词语的概率，对大量的文本数据集进行分析[87]。这种基于概率统计的研究方法被广泛应用于信息检索、信息聚类、信息过滤等。其中，LDA（Latent Dirichlet Allocation）是目前应用较多的方法之一。

LDA 是一种文档生成模型。它的基本思路是认为一段文本含有多个主题，而每个主题又对应着不同的词。一段文本的构造过程，首先是以一定的概率选择某个主题，然后再在这个主题下以一定的概率选出某一个词，这样就生成了这段文本的第一个词。不断重复这个过程就生成了整段文本。LDA 主题模型使用的就是上述文档生成的逆过程，它将根据一篇得到的文本寻找出这段文本的主题以及这些主题对应的词。LDA 是一种非监督的机器学习模型，并使用了词袋模型。一篇文章将会用词袋模型构造成词向量。LDA 算法的输入与输出结果如表 3－1 所示。

表 3－1 LDA 模型的输入与输出

算法输入：分词后的文本集（通常一段文本为一行）；主题个数 K；超参数 α 和 β（超参数对结果的影响一般不大）
算法输出： 1. 每段文本的各个词被指定的主题编号：tassign-model. txt； 2. 每段文本的主体概率分布 θ：theta-model. txt 3. 每个主体下的词概率分布 φ：phi-model. txt 4. 程序中 word 的 id 映射表：wordmap. txt 5. 每个主题下 φ 概率排序从高到低的 top n 特征词：twords. txt

（二）基于本体的语义分析方法

本体作为表述特殊知识的形式语言[88]，因能捕获相关领域知识并提供对领域知识的共同理解而被作为一种语义分析工具和计算框架[46]，为语义相似计算提供了较为精确的环境[89]。这种方法需要研究人员对于领域内的所有知识进行归纳，建立起一套领域本体来表征领域内全部知识内容。通过在本体构建的过程中，获取该领域内的所有词语、词性、语义和词语间关系体系，以达到分析语义内容的效果。另外，在基于已经构建好的领域本体之上，可以进一步利用本体进行推理，在语义层面上对文本数据进行概念理解、关系校验和关系推理，充分理解信息特征间的组合关系和上下文联系。在技术供需信息语义分析方面，本体常用于技术知识表示[50]、概念等级关系抽取[90]等。

（三）基于句法规则的语义分析方法

这种方法依赖于句法分析对文本数据中的语句进行拆分。分析每个词语在语句中承担的作用和词语语义之间的关系。这种方法中比较典型的就是利用 SAO 结构对于文本语义进行理解。通过抽取主题词汇的方式，将关键词特征提取出来之余，还保留有特征之间的关系。随着自然语言处理技术的提升，利用这种方法分析文本所得到的结果准确度逐渐提高，并且能够依靠计算机做大批量的处理。因此，SAO 结构被广泛运

用于语义分析研究中。在技术供需信息语义分析中，SAO 结构分析具有识别技术信息中的“问题”和相应的“解决方案”[91]、技术形态[47]、面向需求的核心技术组件[48]等信息结构的功能，同时，在揭示技术功效关系[92]、识别潜在研发合作伙伴[49]、对技术机会和变化方向的预测[93]等方面也应用较多。

SAO 结构是由三元组构成的，根据句子的基本语法结构，三元组的三个部分分别是：Subject，可以对应一个语句中的主语；Action，可以对应一个语句中的谓语；Object，可以对应一个句子中的宾语。SAO 结构起源于 TRIZ 理论[94]，是由 TRIZ 理论中的关系函数发展而来的，体现了功能分析过程中实体间的相互作用。对于 SAO 结构，可以有多种理解。其中 S 和 O 表示系统的组件，A 表示组件执行的功能[48]。SAO 结构还可以理解为问题的解决方案模式。在这种模式中，S 代表亟待解决的技术问题，A 和 O 代表技术问题的具体解决方案，这样 SAO 结构就可以组成一个问题—解决方案模式，反映出对于技术问题的关键解决线索。

SAO 结构除了能够有效地对文本当中的主题词进行标注，抽取出文本中带有的技术与功效属性，还能结合主谓宾的句式结构，表达这些技术与功效属性之间的关联。因此，被研究人员广泛地运用在专利技术领域的研究当中[92]。提取文本数据的 SAO 结构主要是利用自然语言处理进行的。以对文本中的句子进行分词作为基础，对分出来的词语进行词性标注，然后对于整个句子中所有的词汇之间的关联关系进行依存句法分析，根据分析得出的结果来提取 SAO 结构。不同的研究者会根据自己的研究内容以及分析的技术领域等的要求，提出不同的 SAO 结构提取规则，以提高 SAO 结构提取的有效性，保证使用 SAO 结构进行语义分析工作能够充分提取出文本数据中的关键语义特征。

SAO 结构分析方法更加注重文本内容之间的关系。把上下文结构和语义充分地结合在一起进行特征的提取，能够有效展示出文本的特征要点，特别是对于技术文本而言，无须过多地受到领域专用词汇的影响，因此基于 SAO 结构语义分析的特征提取应用很广。例如，Yoon[95]运用基于 SAO 结构的专利网络图研究技术竞争趋势。郭俊芳[96]使用 SAO 结构构建专利技术路线图。Park[97][98]将基于 SAO 结构的文本挖掘方法应用在对专利技术进行评估，在技术转移过程中发现潜在的技术应用领域等方面。Choi[99]提出了一种基于SAO结构的文本挖掘方法，通过建立技术树，为未来的技术发展做出规划。温亮[100]将SAO结构引入潜在技术伙伴的识别过程中，并且提出了有针对性的合作方案。付芸[101]借鉴LRDI方法，提出了一种基于SAO结构的创新解决方案遴选方法。汪雪峰[102]使用SAO结构从六个层面构建技术路线图。吴菲菲[103]提取了专利摘要中的应用领域SAO结构，并根据SAO结构的相似度计算结构进行聚类并绘制专利地图。杜玉锋[104]将VSM模型和SAO结构进行融合，提出了一种全新的专利结构相似度计算方法，提高了相似度计算的准确度。张永真[105]将SAO结构应用于抽取中文专利文本的关系，并用xg-boost算法对提取到的语义特征进行训练和预测，得到较好结果。

（四）基于深度学习的语义分析方法

在自然语言处理领域中，文本作为一个个字符组成的字符串，是无法由计算机直接进行处理和计算的。因此需要将词语转化成为能够方便被计算机计算的数值表达形式。在传统的对于词语的数值量化研究中，采用的是离散式的表达形式。在离散式表达方式下，对于每个词语来说，只有其对应的索引位置的值为1，其他的所有索引位置的值都为0。这样的表达方式下，单个词语离散式表达的维度为整个词表的大小。因此词表数量级变大的情况下，词向量极其稀疏，容易因为计算量的急剧上升而导致维数灾难。并且在这样的表达形式下，无法体现文本中词语与词语之间的关联。在此基础上，1986年，Hinton[106]提出了词语的分布式表达形式，将原本稀疏的词语离散式表达，转化成为连续的、定长的、低维的稠密向量，成为词向量模型研究的开始。

生成词向量的方式主要是利用针对语言的人工智能神经网络学习模型，在训练过程中作为一个中间产物而被产出。1989年，Miikkulainen[107]提出了神经网络语言模型的概念，预测下文中某个词语出现的可能性。根据这个可能性对文本进行预测。接着，Xu[108]提出了一种单层的神经网络建模二元语言训练模型。Bengio[109]构造了一个三层的前向反馈神经网络模型，尝试学习单词分布式表达，成为神经网络预测语言概率的经典模型之一。但是这些模型都受限于当时计算机的性能与神经网络

学习算法的高复杂度，导致训练速度很慢，效率低下。并且一次只能处理定长的序列，无法适应于现实情况下文本数据的多样性。

关于生成词向量模型的研究，直到 Mikolov[110] 在 2010 提出了一种递归神经网络语言训练模型，才解决了处理变长序列的问题。但训练速度依旧无法得到显著性的提升。因此，Mikolov 在 2013 年一连推出了两篇论文[111][112]，针对得到词语的连续型特征向量的问题，对神经网络模型进行优化，并且开源了一款计算词向量的工具 Word 2Vec，使得词向量模型的训练与研究取得了重大突破。

Word 2Vec 对于词向量训练的相关研究影响广泛。从本质上讲，Word 2Vec 工具中使用到的神经网络语言训练模型是一种无监督的深度学习模型。这个工具包含两个神经网络模型，分别是 CBOW（Continuous Bag of Words）连续词袋模型和 Skip-gram 跳字模型。

CBOW 模型是一个基于文本的上下文已知的前提去预测中心词的模型。通过设定上下文的窗口，将窗口以内包括的词语作为神经网络的输入层，在中间的隐层经过与词向量相乘映射到输出层。经过 softmax 函数的计算，最终输出的数值为中心词的条件概率。而我们所需要的词向量是整个模型训练的中间隐含层产物。CBOW 模型如图 3 - 2 所示。

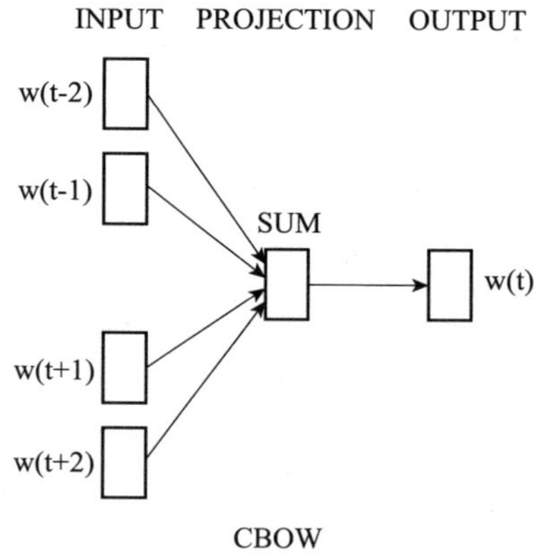

图 3 - 2　CBOW 模型

Word 2Vec 中的第二个神经网络模型为 Skip-gram 模型。Skip-gram 模型与 CBOW 模型计算词向量的思路恰好相反。它是根据中心词汇，预测文本的上下文词语出现的概率。通过计算输入层中心词汇的词向量与输出层词汇的词向量之间的余弦相似度，并使用 softmax 函数归一化计算最终的条件概率。Skip-gram 模型如图 3－3 所示。

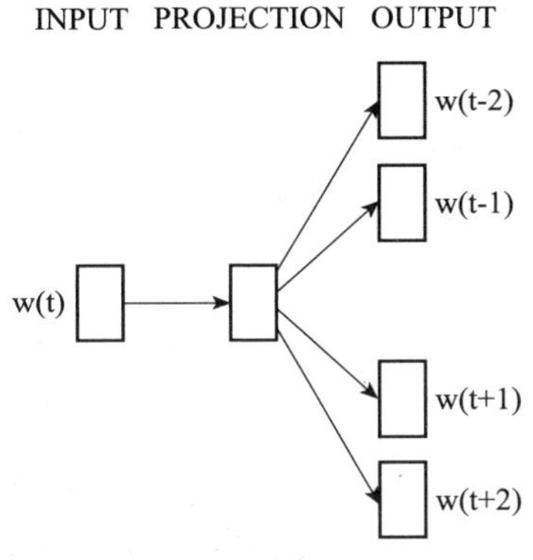

图 3－3 Skip-gram 模型

针对这两个模型在训练时复杂度依旧较高，训练消耗时间较长的问题。Mikolov 在 Word 2Vec 中引入了两种优化算法，提升模型的训练效率。这两种算法分别是层次 Softmax（Hierarchical Softmax）算法和负采样（Negative Sampling）算法。前者通过将计算归一化概率转化成为计算一系列条件概率的乘积。每一层条件概率对应一个二分类问题，因此构造一个二叉树降低计算复杂度。后者让每一次训练仅仅更新一小部分的权重参数，从而降低计算量。

Word 2Vec 模型无论采用 CBOW 模型还是 Skip-gram 模型，都是一种无监督的深度学习算法。以计算最终预测的词的条件概率作为模型的目标，训练出模型中间层所使用的词向量。Word 2Vec 工具训练效率高，在处理语料过程中无需对训练文本进行人工标注，且非常方便于计算词语之间的相似度。因此本书采用 Word 2Vec 模型研究技术需求识别以及供需匹配等问题。

三、关键特征识别方法

文本信息中关键特征识别是技术需求识别的重要步骤，主要方法

如下。

（一）基于词频统计的关键特征识别

TF-IDF（Term Frequency - Inverse Document Frequency）是最常用的基于词频统计的方法，其基本步骤为：在文本分词中去除停用词后，统计每个词的词频，即某个词在文本中出现的次数 TF，考虑到文本有长短之分，需要进行词频标准化；然后，计算逆文档频率 IDF，这需要一个语料库用来模拟语言的使用环境，如果一个词越常见，包含它的文档数越多，那么 IDF 就越接近于 0；最后，计算 TF-IDF 值，该值与一个词在文档中出现的次数成正比，与该词在整个语料库中出现的次数成反比。Kuncoro[113] 和 Zheng[114] 使用 TF-IDF 算法识别社交网站的热门话题。由于 IF-IDF 算法在关键词提取时效率较低，准确率欠佳，因此，很多专家提出了改进的算法。例如，纪蔚蔚[115]、熊则见[116] 利用词频统计方法分析技术文献获取科技发展趋势。He[117] 将关键词位置和词频相结合改进热点识别效果。词频统计方法简单，但忽略了文本的语义及内部词汇间的关系[118]。

（二）基于词图网络的关键特征识别

该方法根据词语的共现关系确定词图网络，并选取重要节点为热点[119]，其中以 TextRank[120] 算法为典型代表。TextRank 算法是一种用于文本的基于图的排序算法。其基本思想源于谷歌的 PageRank 算法，通过把文本分割成若干组成单元（单词、句子）并建立图模型，利用投票机制对文本中的重要成分进行排序，仅利用单篇文档本身的信息即可实现关键词提取、文摘。和 LDA、HMM 等模型不同，TextRank 不需要事先对多篇文档进行学习训练，因其简单有效而得到广泛应用。谢玮[121] 基于 TextRank 提取论文关键词，实现论文审稿人自动匹配。Rahman[122] 借助 TextRank 自动识别软件开发任务的关键词，为软件开发人员提供精准的搜索词。该方法考虑了词语间结构关系，但缺乏对文本语义的理解。

（三）基于语义的关键特征识别

从语义角度判断词语的重要性，符合人们的感知逻辑。此类方法主要运用语义词典（如英文的 WordNet，中文的《同义词词林》等）获取词语间的语义知识来提取文本热点词，例如，方俊[123]基于 WordNet 计算词语相关度来考虑词语的内聚性，并将内聚性、词语位置及词频作为热点识别的主要因素。Li[124]提出将语义相关的词语组成词汇链，进行语义特征分析识别热点词。在此基础上，王立霞[125]、刘端阳[126]分别基于词汇链及语义词典提出 KESELC 和 SKE 热点识别算法。徐雅斌[127]、Wei[128]、姜芳[129]等根据词语间语义相似度进行文本聚类，有效解决传统文本聚类无法挖掘语义信息及相似度矩阵高维及稀疏等问题。目前，基于语义的技术热点识别因受限于技术领域词典数量和覆盖面，准确性有待提高。

（四）基于深度学习的关键特征识别

为更好地解决基于语义提取文本特征识别热点时受词典局限的问题，于娟[130]、李跃鹏[131]借助词向量获取词语间的语义关系，通过将词汇映射到多维空间并以多维空间中的位置关系表征词汇的相似性进行热点识别。2013 年谷歌开发了开源语言建模工具 Word 2Vec[111]，将训练文档集中的词汇进行 K 维向量表征，之后刘俊[132]、Xue[133]、Nguyen[134]尝试将 Word 2Vec 应用于热点提取及词汇聚类。但由于 Word 2Vec 在处理大规模语料时速度较慢，因此，Pennington[135]综合了 LSA（Latent Semantic Analysis）和 Word 2Vec 中 CBOW 模型优点，开发了 Glove 模型，充分考虑词间共现，训练速度有所提高。2016 年 Facebook 开发了开源快速文本分类工具 FastText[136]，文本练速度快且适合处理大型数据。此外，宁建飞[137]、夏天[138]将词向量融入 TextRank 模型，实现词图网络方法与深度学习方法的结合，提升热点识别准确性。

四、语义匹配方法

语义匹配是对节点和边的标签中隐性和显性信息进行语义对应的方法[139]。目前主要有基于语料库、基于语义距离和基于混合式语义[140]等相似度计算方法。但由于语料库方法没有考虑词汇在上下文中的实际含义[141]，语义距离方法忽略了信息特征间的语义组合关系[142]，因此，混合式语义相似方法在语义匹配方面应用广泛。本书重点介绍两类方法的应用。

基于本体与语料库结合的相似匹配方法：在本体语义相似度计算被提出后，学者们将其划分为基于结构、基于内容、基于属性和混合式四类计算[143]，并提出了本体与语料库结合的多重语义特征融合模型[144]，基于词汇映射的本体语义相似度检测模型[145]，基于本体树的语义相似度模型[146]等。此外，为更好地解决上下文环境问题，Zhu 等[147]提出了基于上下文词语与实体信息词之间语义相似度的消歧模型，并利用基于知识和基于语料库的语义相似性方法进行实体消歧验证。Jiang 等[148]从维基百科分类结构中提取概念，并提出基于信息内容的概念相似度算法（IC），来解决传统方法需要人工标注语料库以及语料库移植性弱等局限性。

基于词向量与语料库结合的相似匹配方法：为应对一词多义和一义多词的问题，利用大规模语料库训练进行语义相似研究成为学者关注的焦点，其中，基于词向量的语义相似研究成果较多。蒋振超等[149]借助大规模文本利用依存关系和上下文关系来训练词向量以更准确地表达词语的语义信息；Wu 等[150]指出基于关键字匹配的方法将每个文本文档表示为一组关键词，但对语义信息考虑较少，进而提出一种基于维基百科语义匹配方法来进行文档分类；谷重阳等[151]为解决基于词向量的文本语义处理方法无法体现词汇在语料库中的分布情况，提出以 TF-IDF 值作为权重的向量空间模型表示文本，利用改进的词向量距离公式计算文本相似度。

目前技术供需匹配的研究主要聚焦于定性分析。例如，早在1989年Brownlie等[152]就认为过度关注技术供给可能导致产品导向，提出供需匹配的战略管理思维。Klerkx等[153]针对农业技术知识供给与需求的匹配问题，提出技术创新市场中介机制和知识管理模式。Hung[154]结合案例背景和本体知识管理思想，为技术供需匹配建立知识库。宋志红[155]从技术联盟网络与知识管理的匹配程度分析公司创新能力。张娴[50]针对技术研发端与产业需求端的信息对接问题，建立一套利用本体技术实现专利技术知识表示和供需信息知识匹配的知识组织模式。利用上述语义匹配方法研究技术供需匹配的研究还有待进一步深入探索。

五、本章小结

本章主要介绍了文本语义挖掘的主要方法以及研究进展，包括分词技术、语义分析方法、语义匹配计算方法以及文本关键特征识别研究等，为本书中技术需求识别以及供需信息匹配研究提供基础方法和工具支撑。

第四章 异构信息网络概述

1998 年，Watts 和 Strogatz 在《自然（Nature）》[156] 上发表关于小世界网络的文章。1999 年，Barabdsi 和 Albert 在《科学（Science）》[157] 上发表关于无标度网络的文章，对复杂网络研究起着里程碑作用。复杂网络理论将复杂系统抽象为网络，将复杂系统中的个体抽象为网络中的节点，将个体之间的联系或是相互作用关系抽象为网络中连接节点的边，据此建立起可表示复杂系统的网络模型。用以研究网络结构、演化及链接预测等问题，并在生物网络[158]、技术网络[159]、社会网络[160]、科学合作网络[161]、企业网络[162]等各领域得到广泛应用，为分析复杂系统提供了理论和方法论。然而，已有复杂网络的研究大多关注同构网络，即网络中仅包含单一类型节点和链接。这种将所有节点和关系链接视为同一种类型可能会忽略重要的语义信息，而将每一个节点都作为一个单独的类型同样会丢失有价值的信息[71]。因此，同构网络无法准确刻画客观世界中多类型对象间的复杂关系而受到应用局限。因此，本章将重点介绍本书中应用的两种异构网络研究方法。

一、ERGM 理论及方法

随着统计计量方法的不断深入发展，由 Frank，Strauss[163]、Wasserman 和 Pattison[164] 等研究提出的指数随机图模型（Exponential Random Graph Model，ERGM）由于能够融合网络结构属性、节点属性及关系属性，更加真实地反映现实网络情况。同时，因其在刻画网络形成及演化动因方面的优势而得到广泛应用。ERGM 是一种依赖网络数据拟合真实网络结构的复杂网络统计方法[165][166]。其中，网络节点之间连接的可能性是一个随机变量，这些随机变量之间的依赖假设决定了网络构成的形式[167]。当捕获观测网络的结构时，ERGM 能够融合多种内生结构、节点属性与关系协变量属性的依赖。即通过使用类似于逻辑回归的一般指数形式（P＊模型）[168]综合考虑社会影响模型中的节点属性和社会选择模型中的网络拓扑结构，运用蒙特卡洛—马尔可夫最大似然估计方法估计变量参数，通过不断的迭代过程，构建基于节点属性与网络拓扑结构的随机图概率，并根据赤池信息准则（AIC）与贝叶斯信息准则（BIC）选择拟合效果最佳的模型[169]，两值越小说明仿真网络越贴近观测网络[170]。最终基于变量系数及显著性分析探究网络形成的动因以及演化规律。

（一）基本概念

本部分主要对该模型中结构变量、节点属性及关系协变量属性等基本概念进行描述。

1. 二元组

在网络中，二元组是指由两个节点及其关系组成的简单结构。一般地，二元组可以组成有向边与无向边。

2. 三元组

三元组是指三个节点及其关系组成的构型，反映三个节点之间的局部结构关系，进一步细分为有向三元组与无向三元组，其含义差异较大。无向三元组多用于反映节点的封闭性与连通性；有向三元组由于其方向多样，常用于分析网络集聚性、连通性、封闭性的基础，三种结构关系见图 4 – 1 所示。

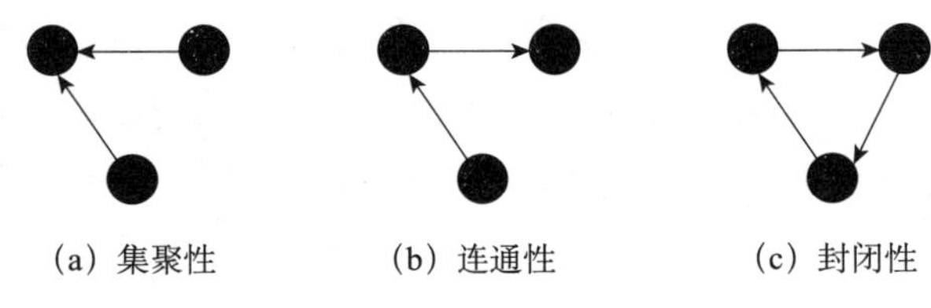

图 4 – 1　三元组示意图

3. 子图

子图是指网络中的局部结构，若干个子图可以组成网络。在图 4 – 1 中，包含（a）（b）（c）三个子图。特别地，边也作为一种特殊的子图存在。

4. 构型

网络可以由众多子图构成，但对于一般研究而言，子图的不确定性将会使研究陷入复杂的境地。为能清晰描述网络构成，将每种类型的子图称之为构型。如图 4 – 2 所示，三个节点含两条边及其连边组成的子图为 2 – star 构型，边数为 3 的节点及其连边组成的子图称之为 3 – star 或 triangle 构型，两个节点及其连边组成的构型为最简单的 1 – star 构型。图 4 – 2 展示了网络构型。

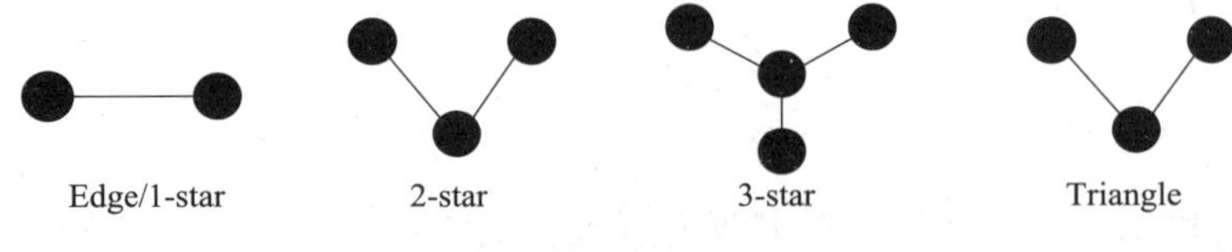

图 4 – 2　网络构型示意图

传统的分析方法统计网络的平均度、中心势等仅能获取有限信息，在挖掘深层次网络结构信息方面存在一定的局限性。通过网络构型，能够挖掘更多规律。例如，在有向网络中，三角形数量反映了网络的传递性，不同的三角形构型，可反映交易网络的封闭性或循环性，边的数量反映了网络的度分布等。

5. 观测网络

本书定义真实的因变量网络为观测网络，即本研究中，专利技术交易网络就是观测网络。在指数随机图模型中，通过似然估计产生的随机图与真实网络的统计量进行比对，能够发现仿真网络对于真实网络的拟合效果，其中观测网络能够反映真实网络的统计特征。

6. 内生结构依赖

内生结构是指网络的局部结构，该结构在一定程度上刻画了网络的某种特征，内生结构依赖是指网络中的联结依赖于局部结构的存在，更多的存在于三个或者更多的节点之间，主要反映在网络中是否存在某种结构关系。如在技术交易网络中，如果节点 A 与节点 B 之间有联结，节点 B 与节点 C 之间有联结，则节点 A 与节点 C 之间存在联结的概率很大，这是由内生结构依赖决定的网络联结，通过不同的内生结构依赖，我们将对专利技术交易网络形成的结构因素进行细致探究，并对网络演化及未来关系预测进行探索。

7. 外生变量

外生变量包括节点属性与关系协变量属性两种类型。网络中任意两个节点之间是否有联结通常由网络的内生结构依赖和外生属性共同决定。如在专利技术交易网络中，主体的研发投入与技术专业化程度越高，似乎更容易达成交易，因此我们将这种可能影响网络中关系形成的客观属性或关系称之为外生变量。

8. 网络参量

网络参量是指网络中某个网络构型对应的统计量，反映网络中构型

的数量，该参量可以由网络统计获得。

9. 模型参数

在指数随机图模型结果中，每个网络参量对应一个具体数值的参数，最佳参数估计值可以通过最大似然估计得到。参量和参数的不同组合形式构成不同的指数随机图模型。

（二）ERGM 的一般形式

ERGM 一般形式如下：

$$\Pr(Y=y)=\frac{1}{c}\exp\left\{\sum_{k=1}^{k}\theta_k z_k(y)\right\} \tag{4-1}$$

在由 n 个节点组成的网络中，对于每个节点对（i，j），Y_{ij}表示一个网络联结的随机变量。当 $Y_{ij}=1$ 时，表示节点 i，j 间有联结，否则表示没有。y_{ij}是 Y_{ij}的观测值，y 是 Y 的观测网络，Y 既可以是有向的，也可以是无向的。在公式（4－1）中，$\frac{1}{c}$是一个归一化常量，用来确保概率始终保持在 0－1 的范围之内，同时保证所有可能联结的概率和为 1，θ_k 是网络统计量 z_k（y）所对应统计项的参数，k 为参量的数量，包括 ERGM 中所有的内生结构变量、节点属性及关系变量。

（三）ERGM 参数估计方法

根据 ERGM 的一般形式，我们希望获得 Pr（$Y=y$）的概率值最大，当该值最大时，表示观测网络与拟合网络的拟合程度最高。其基本流程如图 4－3 所示。首先我们随机选取一个初始的 η，开始进行网络仿真，得到初始网络，在初始网络基础上进行参数估计。由于在参数估计过程中，考虑到参数估计与取对数单调性相同，因此采用对数近似的方法对参数进行估计。在参数估计过程中，由于归一化常量计算量巨大，故采用马尔科夫—蒙特卡洛最大似然估计方法对参数中变量进行处理。设定迭代次数，不断对比每次迭代后的参数估计值，求得最佳的 θ 值即为最终的参数估计值。

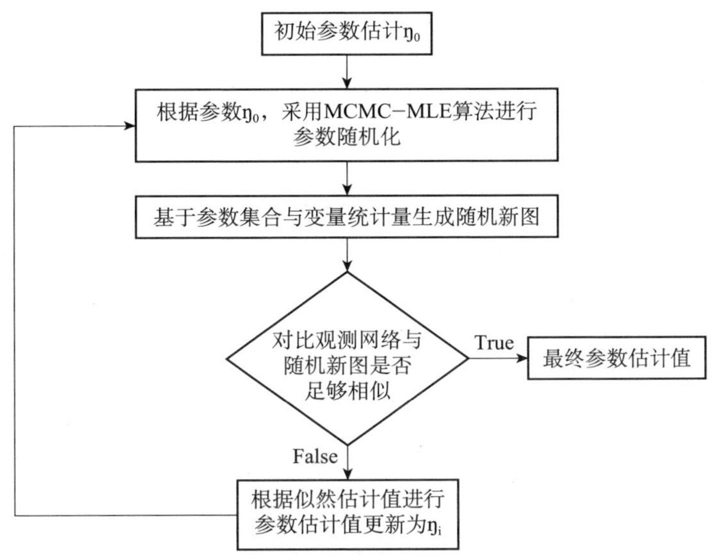

图 4-3 马尔科夫—蒙特卡洛最大似然估计方法参数估计流程

在参数估计过程中，我们的目标是获得最佳的参数，以保证仿真网络与观测网络足够接近，使得模型的参数具有客观的意义。最终当模型达到收敛状态下，我们认为该估计得到的参数是可解释的。接下来，根据拟合优度检验多个指数随机图模型的拟合效果，从而选择最佳的参数估计值。目前，针对指数随机图模型进行网络建模及参数估计的平台有很多，较为流行的为基于 R 语言的 Statnet 平台。

二、异构信息网络概念

2009 年 Sun 等[171] 提出了异构信息网络（Heterogeneous Information Network，HIN）的概念，用以刻画网络中对象类型大于 1 或者关系类型大于 1 的情形。与同构网络相比，HIN 在描述多种类型节点及关系方面具有较强的优势[172]。HIN 的定义为：已知网络 $G = <V, E>$，其中 V 表示网络中节点集，E 表示网络连边集合，网络中存在节点类型映射函数

ψ: $V \to A$，G 中每个节点 $v \in V$ 属于节点类型集合 A，即 $\psi(v) \in A$；同理，$\phi(e) \in R$ 表示每条边 $e \in E$ 属于边类型集合 R。当且仅当且 $|A| > 1$ 或 $|R| > 1$ 时，G 为异构信息网络。

下面从节点类型和边的类型对异构信息网络的相关概念进行梳理，并总结如表 4－1 所示。

表 4－1　　异构信息网络相关概念特征

异构信息网络相关概念	节点类型（A）/边类型（B）
超图于 1973 年由 Berge 等提出[173]	A > 1 或 B > 1：异质超图
超网于 1984 年由 Sheffi 等提出[174]	A > 1 或 B > 1：异质网络
二分网络/二模网络/二部图于 2001 年由 Milner[175] 提出	A = 2，B = 1
多关系网络于 2005 年由 Cai 等提出[176]	A = 1，B > 2
多模网络于 2008 年由 Tang 等提出[177]	A > 3，B ≥ 2
异构信息网络于 2009 年 Sun 等提出[20]	A > 1 或 B > 1
依存性多层网络于 2010 年由 Buldyrev 等提出[178]	A > 1，B > 1
多维网络于 2010 年由 Mucha 等提出[179]	A = 1，B > 2
复合网络于 2012 年由 Li 等提出[180]	A > 1 或 B > 1

通过表 4－1 可得：从 1973 年提出的超图，到超网、二分网络、多关系网络、多模网络以及 2010 年后提出的依存性多层次网络、多维网络、复合网络等，都基本具有异构信息网络特征，但不同概念及其研究的方法论和侧重点有所区别。其中：① 超网分为基于网络的超网络（supernetwork）[181] 和基于超图的超网络（hypernetwork）[182]，前者强调梳理网络结构，适合解决多层次、多属性的网络问题；后者以超图理论为基础，引入超边将有关联关系的特征集合在一起，模拟多模态特征之间的多元关系，降低了网络结构的复杂度，且能够清晰地描述多个节点之间的复杂联系[183][184]。② 二分网络（又称二模网络[185][186]）其抽象的拓扑图为二部图，只包含两类节点，且只允许异类节点间有连边[187]，通过映射关系研究两类节点集间的相互作用关系[188]。③ 多关系网络（也称多维网络）中节点集合只有一种类型，关系集合存在多种类型[189]，侧重研究节点间的多关系特征[190]。④ 多模网络在结构上主要表现为节点

类型多样，侧重研究多模对象间的链接关系，揭示异质节点间表现出来的模式化结构[191]。⑤ 异构信息网络能挖掘不同类型对象以及对象间丰富的语义信息，侧重对网络微观结构的解读[192]，强调节点间的交互作用[193]。⑥ 依赖性多层次网络关注网络层级间的交互和依存关系[194]以及整体功能的涌现性质[195]。⑦ 复合网络灵活地将具有不同行为和关系的交互网络（单独网络或子网络）联系在一起，实现对多类对象间多种关系的描述[196]。

上述概念中多关系网络与依存性多层次网络有一定交叉，即多关系网络可以表示为多层次网络，根据网络中存在的不同关系进行层次化是其常用的表征方法[27][197]；多关系网络和多维网络具有相同含义[198]，均体现了节点间的多关系集合[199]；复合网络实质上也是一个多关系网络[200][201]。已有研究中的复杂网络具有一般性、重尾性、高聚集系数、社区化、小世界以及无标度等特征[202]，用以描述和刻画复杂同质网络，并集中于对宏观信息的把握[203]。而异构信息网络为从微观上挖掘网络中的隐语义提供了新方法。

三、异构信息网络基本结构

异构信息网络中基本结构包括网络模式、元路径及元结构。

（一）网络模式

为更好地理解网络中的对象和链接类型，Han[192]等提出网络模式来表示网络中的元层特征。网络模式是带有对象类型映射 ϕ：$V \to A$、链接映射 ϕ：$E \to R$ 的异构信息网络 $G=(V, E)$（G 是一个定义在对象类型 A 和关系类型集合 R 上的有向图）的元模板，记为 $T_G=(A, R)$。HIN 的网络模式只捕获对象类别和其二元关系，不考虑对象类型的属性，被视为一个具体的网络模板，阐明网络中对象集合以及对象间关系集合的类型限制。网络模式一旦确定，整个 HIN 的元级结构也随之被确定。这使

得 HIN 半结构化，可以更有效地进行网络语义信息挖掘。例如，图 4－4 的异构信息网络实例包括 4 种类型的实体（论文（P）、出版载体（V，如会议或期刊）、作者（A）以及专业术语（T））和 8 种类型的链接关系（论文与作者之间的链接描述了“写”与“被写”的关系，论文和出版处之间的链接描述了“发表”和“被发表”的关系，论文和论文之间的链接描述了“引用”和“被引用”的关系，论文和术语之间的链接描述了“包含”和“被包含”的关系）。这些对象类型与链接类型通过网络模式（图 4－4）可以直观表达。根据网络模式的规则构建的信息网络被称为该网络模式的网络实例。

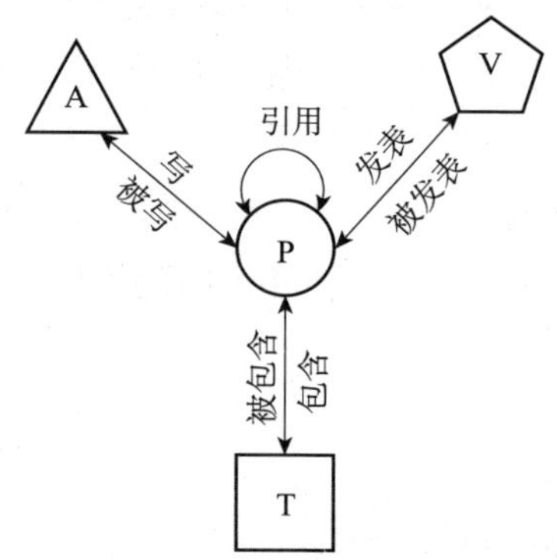

图 4－4　文献异构信息网络模式示意图

（二）元路径

Sun[204] 于 2011 年提出元路径的概念，揭示 HIN 中对象间的隐藏关系，定义为：元路径 L 是定义在网络模式 $T_G=(A,\ R)$ 图上的一条路径，符号表示为：$A_1 \xrightarrow{R_1} A_2 \xrightarrow{R_2} \cdots \xrightarrow{R_l} A_{l+1}$。元路径在实体类型 A_1 和 A_{l+1} 之间定义了一个复合关系 $R=R_1 \circ R_2 \circ \cdots \circ R_l$，其中“$\circ$”代表关系上的复合运算。如在图 4－4 中元路径 $A \to P \to A$ 表示“两位作者是合作关系”；$A \to P \to T \to P \to A$ 表示“两位作者在论文中都提到了同一个术语”。元路径的提出为异构信息网络中对象间相似性度量及网络关系预测提供了基础。

（三）元结构

2016年，Huang和Sun[205]等提出了元结构的概念，用来捕获两个HIN对象之间复杂的语义关系，元结构要求有一个起点和终点，中间结构并不限制[206]。元路径本质上是元结构或元图的特例[207]。定义如下：

元结构S是定义在网络模式 $T_G=(A, R)$ 上，具有单个源节点 n_s 和单个目标节点 n_t 的有向无环图，对任意对象关系 $x \in N$，$x \in A$，链接关系 $(x, y) \in M$，$(x, y) \in R$，都有 $S=(N, M, \mathrm{n_s}, n_t)$，其中N代表一组对象，M代表一组链接关系。

给定HIN和元结构 $S=(N, M, \mathrm{n_s}, n_t)$，G上的元结构实例 $s=(N_s, M_s)$ 是G的子图，使得s、h_s：$N_s \to N$ 的映射满足如下条件：①对象映射：对任意对象 $v \in N_s$，它的对象类型为 $\phi(v)=h_s(v)$；②链接映射：对任意链接 $(u,v) \in (\notin) M_s$，均有 $(h_s(u),h_s(v)) \in (\notin) M$。图4-5为元结构示意图。

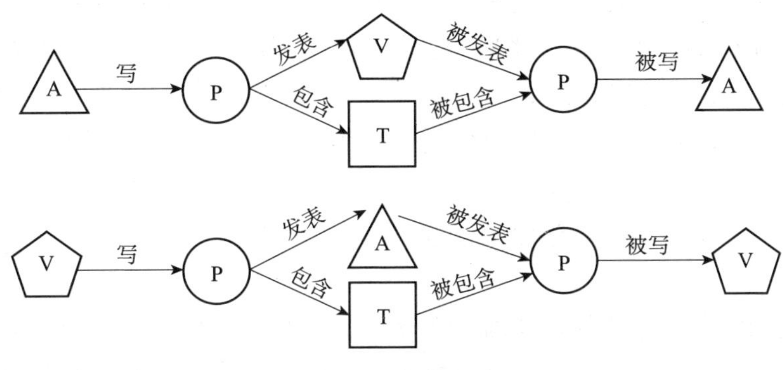

图4-5 元结构示意图

四、异构信息网络挖掘方法

异构信息网络推荐是考虑链接节点间不同类型元路径的语义特征，

并基于元路径相似性构建模型进行推荐[208]。而在 HIN 中通过元路径的选择与组合进行节点间链接关系预测[209][210]，通常等同于 HIN 推荐[211][212][213]。因此元路径是 HIN 中链接关系预测的关键概念，而基于元路径的对象间相似性度量是关系预测的核心[214]。本书中主要应用基于元路径[215]和基于元结构[207]相似度量的预测方法。

（一）基于元路径相似的关系预测

2011 年 Sun[204]等首次提出了基于元路径的异构信息网络实体推荐方法，该方法能够充分利用用户与项目的属性信息，推荐结果优于传统的协同过滤推荐方法[216]。同时，相关研究表明[217]，基于元路径方法在解决推荐系统中的冷启动问题具有优势。元路径是用来表达异构网络节点间不同类型关联关系的组合[218]，在评估用户和项目的相似性[219]、实体间相似性以及融合用户属性[220]等方面优势明显，目前该方法在文献推荐[221]、音乐推荐[222]、医疗诊断推荐[223]、疾病基因预测[224]等方面应用较多。为进一步考虑异质对象间的强弱关系，Shi[225]第一次提出了加权 HIN 和加权元路径概念，并通过学习网络中的关系权重[226]、元路径权重[227]提高推荐模型的性能。目前，元路径仅能捕获相对简单的语义信息，且元路径过长并不能够使信息增益[228]。

（二）基于元结构相似的关系预测

如何表述推荐系统中的高级语义关系是基于异构信息网络推荐的关键问题。2016 年，Huang 等提出了基于元结构的异构对象间相似匹配度量方法，不仅能够捕捉 HIN 对象间复杂的语义关系，同时能够区分细微的语义差别，在用户 APP 推荐[229]、文献排序[230]及聚类研究[205]中取得较好应用。目前基于元结构进行相似度度量的研究多采用矩阵分解框架，在处理大规模网络推荐方面计算复杂度较高[231]。

网络嵌入方法在解决大数据集推荐问题和挖掘隐含结构特征方面优势明显[232]。2015 年 Chang[233]等第一次将网络嵌入方法扩展到 HIN 中。近年来，融合元路径与网络嵌入等深度学习方法的异构信息网络嵌入为解决推荐中的冷启动问题带来便利[215]，且能提高推荐性能[232]。与矩阵分解相比，嵌入方法在表征网络全局结构信息、多维分析等方面具有优势[234]。目前，异构信息网络嵌入在用户行为预测[235]、疾病诊疗方案推荐[223]、情感关系预测[236]、金融欺诈风险识别[237]等方面开始有所应用。

因此，为应对矩阵分解技术计算复杂度高，且元路径无法全面表征网络异构信息等局限，本书将融合加权元路径和元结构等异构信息，并利用网络嵌入等方法开展专利技术主体间交易机会预测研究。

五、本章小结

本章主要介绍了 ERGM 方法的基本原理和过程，以及 HIN 的基本概念和挖掘方法，后续将分别利用这两种方法，从不同视角构建技术交易机会预测模型并进行模型检验与实证研究。

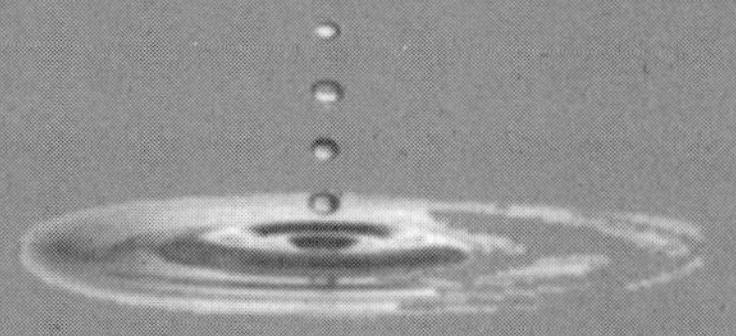

第五章 基于SAO结构分析的技术需求识别

技术供给侧改革是我国供给侧结构改革的重中之重，以需求为导向的技术供给是提高有效供给的关键。本章提出了一种基于SAO结构分析的在线技术交易平台需求热点识别模型，并进行实证研究。

一、问题描述

近年来，互联网、人工智能等技术广泛应用，在线技术交易平台在政府的政策支持和技术的驱动下逐渐发展并快速壮大，这不仅打破了技术交易在地理空间上的局限，为众多科技主体参与技术交易提供了平台。同时，海量的技术需求信息在平台能够实时更新，为挖掘区域、产业以及科技主体的技术需求提供了宝贵的数据支持。

本章将以在线技术交易平台为数据来源，采集新能源与节能技术领域需求文本，利用SAO结构分析方法并结合NLP自然语言处理工具，提取技术需求文本的SAO结构（其中：S表示对技术问题的描述，A、O表示解决问题的技术方案），探讨SAO结构相似度计算方法并实现技术特征及技术方案的聚类，最终在技术发展生命周期的不同阶段进行技术需求布局研究。该研究是对网络技术需求文本进行技术特征及技术方案挖掘的探索，对识别技术需求热点及研判需求在产业化链条中的分布及技术成熟度具有现实意义。

二、基于 SAO 的技术需求识别模型

基于 SAO 结构分析的需求识别模型建模过程为：第一，采集需求文本并进行初步处理；第二，提取 SAO 结构，获取技术需求特征；第三，给出 SAO 结构相似度计算方法，实现技术需求聚类；第四，构建技术地图，完成技术产品、技术需求热点、技术生命周期的三维映射。

（一）SAO 结构提取

1. 数据采集与预处理

利用 Python 工具，爬取在线技术交易平台中技术需求文本信息，人工去除冗余数据，并去除停用词。

2. XML 结构依存句法关系获取

在文本预处理基础上进行 XML 结构依存句法关系分析，包括针对技术需求文本进行分词、词性标注并获取词语间依存句法关系。该步骤是 SAO 结构提取的基础。以“工业废气净化处理技术与装备。”为例，利用分词工具 LTP 获得 XML 结构的结果如图 5－1 所示。

本章涉及的依存句法关系（relate）主要包括 4 大类，关系描述与标记如表 5－1 所示。

```
<?xml version="1.0" encoding="utf-8" ?>
<xml4nlp>
    <note sent="y" word="y" pos="y" ne="n" parser="y" semparser="n" lstmsemparser="n" wsd="n" srl="n" />
    <doc>
        <para id="0">
                <sent id="2" cont="工业废气净化处理技术与装备。">
                <word id="0" cont="工业" pos="n" parent="1" relate="ATT" />
                <word id="1" cont="废气" pos="n" parent="2" relate="SBV" />
                <word id="2" cont="净化" pos="v" parent="-1" relate="HED" />
                <word id="3" cont="处理" pos="v" parent="2" relate="COO" />
                <word id="4" cont="技术" pos="n" parent="2" relate="VOB" />
                <word id="5" cont="与" pos="c" parent="6" relate="LAD" />
                <word id="6" cont="装备" pos="n" parent="4" relate="COO" />
                <word id="7" cont="。" pos="wp" parent="2" relate="WP" />
            </sent>
        </para>
    </doc>
</xml4nlp>
```

图 5-1　依存句法关系和词性标注 XML 结果

表 5-1　依存句法关系类型标记

依存句法标记	依存句法关系	描述	示例
SBV	主谓关系	即"主题与陈述"关系	"废气"与"净化"为主谓关系
ATT	定中关系	即"修饰词与中心词"关系	"工业"与"废气"为定中关系
HED	核心关系	指"整个句子的核心"	"净化"为整个句子的核心
VOB	动宾关系	指"动词与直接宾语"关系	"净化"与"技术"为动宾关系

3. SAO 结构提取

在 XML 结构依存句法关系分析基础上，借鉴金健[238]等提出的三元组特征抽取思想，利用 Python 工具并借助依存句法关系与词性标注结果进行 SAO 结构提取，提取规则如表 5-2 所示。

表 5-2　SAO 结构提取规则

提取类型	提取规则
谓语提取	relate = "HED" 和 pos = "v"（词性为动词）
主语提取	relate = "SBV" 和 relate = "ATT"
宾语提取	relate = "VOB"

以"工业废气净化处理技术与装备"为例，其中："净化""处理"的词性标注为"v"，"净化"的依存句法关系为"HED"，选取"净化"作为该结构的谓语（A）；谓语之前为泛取主语，其中"工业"与"废气"的依存句法关系分别为"ATT"和"SBV"，因此将"工业废气"

作为主语（S）；谓语之后为泛取宾语，其中“技术”一词的依存句法关系为“VOB”，将“技术”作为该结构的宾语（O）。最终抽取该技术需求文本的SAO结构为“工业废气净化技术”，其中“工业废气”代表蕴含需求的技术特征，“技术”代表需求解决方案。

（二）SAO结构相似度计算及聚类

考虑到上下位概念、等同关系及同义词的情况，采用HowNet与Word 2Vec结合的方式对上述提取的SAO结构进行相似度计算。因传统的维基百科中文语料库并不能完全覆盖新能源与节能领域的专有领域词汇，为提高SAO结构相似度计算的准确性，在Word 2Vec计算相似度过程中将中文维基百科与新能源领域的专利数据作为语料库，经过XML结构解析、繁体转简体、转码、分词等操作，获取最终的空间词向量。

由于SAO结构中“S”和“O”中会存在词汇组合情况，如主语“工业废气”为一个词汇组合，因此将“工业”“废气”分别作为两个原子术语。所以在计算SAO结构语义相似度时，须构建词汇组合术语及原子术语。相似度计算步骤及公式如下：

1. SAO结构综合相似度计算

两个SAO结构 $G_1=(S_1, A_1, O_1)$ 和 $G_2=(S_2, A_2, O_2)$ 间的相似度计算方法如下：

$$Sim(G_1, G_2)=\beta\times SimDep(P_1, P_2)+(1-\beta)\ Sim(A_1, A_2) \tag{5-1}$$

其中，$SimDep(P_1, P_2)$ 表示 G_1 和 G_2 中实体对 $P_1=\{S_1, S_2\}$ 和 $P_2=\{O_1, O_2\}$ 的相似度，$Sim(A_1, A_2)$ 表示谓语间的相似性，β 表示 $SimDep(P_1, P_2)$ 在SAO结构综合相似度 $Sim(G_1, G_2)$ 中的权重系数，参考已有研究[239]并结合本章研究内容，将 β 设为0.75。

2. SAO结构中“S”和“O”间相似度计算

由于 P_1 与 P_2 存在词汇组合的情况，即 $P_1=\{(S_{11}, S_{12}, \cdots, S_{1m}),$

$(S_{21}, S_{22}, \cdots, S_{2n})\}$，$P_2 = \{(O_{11}, O_{12}, \cdots, O_{1l}), (O_{21}, O_{22}, \cdots, O_{2f})\}$，其中 m，n，l，f 为词汇个数，$Sim(S_1, S_2)$，$Sim(S_1, O_2)$，$Sim(S_2, O_1)$，$Sim(O_1, O_2)$ 的计算采用笛卡尔积形式如图 5－2 中（a）（b）（c）（d）所示。

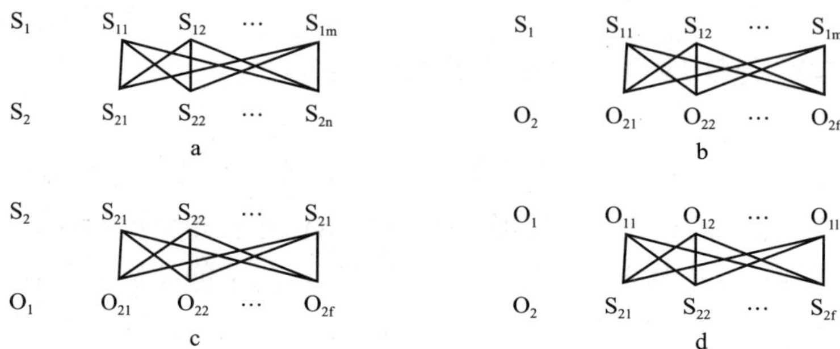

图 5－2　S 与 O 四种笛卡尔积相似度计算方式

则 $Sim(S_1, S_2)$ 的计算公式如下：

$$Sim(S_1, S_2) = \frac{max\{Sim[(S_{11}, S_{12}, \cdots, S_{1m}) \times (S_{12}, S_{22}, \cdots, S_{2n})]\} + min\{Sim[(S_{11}, S_{12}, \cdots, S_{1m}) \times (S_{12}, S_{22}, \cdots, S_{2n})]\}}{2} \quad (5-2)$$

其中，$Sim[(S_{11}, S_{12}, \cdots, S_{1m}) \times (S_{21}, S_{22}, \cdots, S_{2n})]$ 表示 S_1，S_2 中元素笛卡尔积的相似度，$max()$ 表示相似度的最大值，$min()$ 表示相似度的最小值。

$Sim(S_1, O_2)$ 的计算公式如下：

$$Sim(S_1, O_2) = \frac{max\{Sim[(S_{11}, S_{12}, \cdots, S_{1m}) \times (O_{12}, O_{22}, \cdots, O_{2f})]\} + min\{Sim[(S_{11}, S_{12}, \cdots, S_{1m}) \times (O_{12}, O_{22}, \cdots, O_{2f})]\}}{2} \quad (5-3)$$

$Sim(S_2, O_1)$、$Sim(O_1, O_2)$ 的计算同理。

则 SAO 结构中“S”和“O”间相似度计算公式如下：

$$SimDep(P_1, P_2) = \frac{max[Sim(P_1, P_2)] + Sim[remain(P_1) \times remain(P_2)]}{2} \quad (5-4)$$

其中，$max[Sim(P_1, P_2)]$ 表示 $Sim(S_1, S_2)$，$Sim(S_1, O_2)$，

Sim（S_2，O_1），Sim（O_1，O_2）中相似度的最大值，Sim（$remain$（P_1）$\times remain$（P_2））表示去掉相似度最大的元素之后剩余元素的相似度。

3. SAO 结构中原子术语间的相似度计算

以 S_{11}，S_{21} 为例，S_{11}，S_{21} 为 $G_1=(S_1, A_1, O_1)$ 与 $G_2=(S_2, A_2, O_2)$ 中的两个原子术语，则 Sim（S_{11}，S_{21}）的计算公式如下：

$$Sim(S_{11}, S_{21})=\begin{cases}1, & Sim_{HowNet}(S_{11}, S_{21})=1\\ Sim_{Word2Vec}(S_{11}, S_{21}), & Sim_{HowNet}(S_{11}, S_{21})=0\\ \dfrac{Sim_{Word2Vec}(S_{11}, S_{21})+Sim_{HowNet}(S_{11}, S_{22})}{2}, & other\end{cases} \tag{5-5}$$

其中，$Sim_{HowNet}(S_{11}, S_{21})=\dfrac{\alpha}{d+\alpha}$，在 HowNet 计算相似度的过程中，每个词对应一个义原，所有的义原根据上下位关系构成了一个树状的义原层次体系。通过计算词对应义原的距离来表示词语的相似度。d 表示义原 S_{11}，S_{21} 在树状义原结构层次体系的路径长度；α 为动态可调节参数，参考已有文献[240]，取 $\alpha=1.6$。

借助 Word 2Vec 工具计算词语间的相似度的原理为：通过将语料库中的词语映射到高维空间中，每个词用一个词向量表示，通过计算词向量在空间中的余弦距离作为其相似度，以 Sim（S_{11}，S_{21}）计算为例[241]，计算公式如下：

$$Sim_{Word2Vec}(S_{11},S_{21})=\frac{\sum_{i=1}^{n}(x_i\times y_i)}{\sqrt{\sum_{i=1}^{n}(x_i)^2}\times\sqrt{\sum_{i=1}^{n}(y_i)^2}} \tag{5-6}$$

其中，x_i，y_i 分别为 S_{11}，S_{21} 的词向量，n 为词向量的维数，$x_i\times y_i$ 表示词向量相乘。

4. 潜在技术需求热点聚类

由 SAO 结构相似度计算得到技术需求文本间相似度矩阵 B，如图 5－3 所示。

$$B=\begin{bmatrix} & SAO_1 & SAO_2 & SAO_3 & \cdots & SAO_k & \cdots & SAO_n \\ SAO_1 & 1 & & & & & & \\ SAO_2 & \mathrm{Sim}(SAO_1,SAO_2) & 1 & & & & & \\ SAO_3 & \mathrm{Sim}(SAO_1,SAO_3) & \mathrm{Sim}(SAO_2,SAO_3) & 1 & & & & \\ \cdots & \cdots & \cdots & \cdots & 1 & & & \\ SAO_k & \mathrm{Sim}(SAO_1,SAO_k) & \mathrm{Sim}(SAO_2,SAO_k) & \mathrm{Sim}(SAO_3,SAO_k) & \cdots & 1 & & \\ \cdots & \cdots & \cdots & \cdots & \cdots & \cdots & 1 & \\ SAO_n & \mathrm{Sim}(SAO_1,SAO_n) & \mathrm{Sim}(SAO_2,SAO_n) & \mathrm{Sim}(SAO_3,SAO_n) & \cdots & \mathrm{Sim}(SAO_k,SAO_n) & \cdots & 1 \end{bmatrix}$$

图 5－3　SAO 结构相似度矩阵

从技术需求文本中挖掘潜在技术热点，运用凝聚 Agglomerative 算法[242]对上述 SAO 结构相似度矩阵进行聚类（同一类别即为一个技术产品名称）。检索国家产业标准文档获取聚类结果的技术产品名称，通过比对技术产品名称的需求分布识别潜在技术热点。

（三）技术地图及需求布局

按照向小东[243]对于技术生命周期的划分并结合本章研究内容将生命周期分为研发、设计、升级、应用四个阶段。在技术需求的 SAO 结构中，“A” 和 “O” 可反映技术需求在技术生命周期中的阶段性，因此，在识别技术热点的同时，将技术需求映射到技术生命周期的发展阶段。从技术产品名称、技术需求与技术生命周期三个角度构建技术地图，识别潜在技术需求热点及布局。

由于网络技术需求文本的复杂性，语句表达方式随意性，分类的不确定性造成网络文本中含有干扰数据。因此须对聚类结果进行降噪处理，降噪过程分为两步：第一步，计算技术需求 SAO 结构与技术产品名称的相似度，设置阈值 δ 过滤相似度低的技术需求；第二步，通过计算 “A” 或 “O” 与技术生命周期阶段的相似度，设置阈值 γ 过滤相似度较低的技术需求，选择最大相似度的阶段作为该技术需求的发展阶段，从而得到最终技术需求的聚类结果。

三、实证研究与模型检验

（一）SAO 结构提取

1. 数据采集与预处理

运用 Python 爬取中国最大的技术交易网络平台（技 E 网：http：//www. ctex. cn）中新能源与节能领域的技术需求数据，经过人工预处理最终获取 660 条数据。采用搜狗停用词表去除技术需求数据中的停用词得到规范的技术需求数据。

2. XML 结构依存句法关系获取

为提高分词效果，结合新能源与节能领域的领域词典，采用 Stanford Parser、LTP、Baidu、ICTCLAS 四种工具进行分词，采用精确度 P、召回率 R 和 F_1 值[244]三个信息提取评价标准指标对比分词效果。对新能源与节能领域的技术需求文本进行分词结果如表 5－3 所示。

表 5－3　　　四种分词结果的精确度、召回率、F_1 值

分词方式	精确度	召回率	F_1 值
Standford Parser	73. 55%	70. 59%	72. 04%
LTP	86. 71%	92. 88%	89. 69%
ICTCLAS	78. 86%	90. 09%	84. 10%
Baidu	88. 51%	90. 24%	86. 74%

由表 5－3 可得，LTP 分词的精确度、召回率与 F_1 值分别为 86. 71%、92. 88%、89. 69%，Baidu 分词准确率略高于 LTP 分词，但综合考虑到分词质量与正例占比，本部分采用哈工大的 LTP 工具进行分词，

并以 XML 结构的依存句法结果表示分词结果。

3. SAO 结构提取

按照 SAO 结构提取规则，对技术需求数据进行 SAO 结构提取，部分结果如表 5 –4 所示。

表 5 –4　NLP 工具提取技术需求 SAO 结构（部分）

SAO 编号	需求名称	S	A	O
SAO_1	多晶硅制造技术	多晶硅	制造	技术
SAO_2	太阳能发电吸热研究	太阳能发电	吸热	研究
SAO_3	太阳能板清洗装置	太阳能板	清洗	装置
SAO_4	玻璃垃圾分离	玻璃垃圾	分离	—
SAO_5	燃气锅炉脱硝技术	燃气锅炉	脱硝	技术
SAO_6	尾矿干排	尾矿	干排	—
SAO_7	石油液化气转化烃	石油液化气	转化	烃
SAO_8	太阳能电池提升技术	太阳能电池	提升	技术
SAO_9	新能源汽车建设项目	新能源汽车	建设	项目
SAO_{10}	太阳能光伏发电系统	太阳能光伏	发电	系统

（二）SAO 结构的技术需求相似性计及聚类

运用公式（5 –1）、公式（5 –6），计算技术需求 SAO 结构间的相似度。受篇幅影响，以表 5 –4 中的“石油液化气转化烃”与“太阳能发电吸热研究”两条 SAO 结构为例，计算相似度过程如表 5 –5 所示。

表 5 –5　SAO 结构相似度计算过程

相似度计算描述	SAO 结构名称	主语 S	谓语 A	宾语 O
SAO_1（G_1）	石油液化气转化为烃	石油、液化气	转化	烃
SAO_2（G_2）	太阳能发电吸热研究	太阳能、发电	吸热	研究

续表

相似度计算描述	SAO 结构名称	主语 S	谓语 A	宾语 O
原子术语相似度 (S_{11}，$S_{12} \cdots S_{1m}$，S_{21}，$S_{22} \cdots S_{2n}$；O_{11}，$O_{12} \cdots O_{1l}$，O_{21}，$O_{22} \cdots O_{2f}$)	（石油，太阳能：0.448） （石油，研究：0.471） （液化气，发电：0.352） （烃，研究：0.236） （发电，烃：0.300）	（石油，发电：0.593） （液化气，太阳能：0.353） （液化气，研究：0.176） （太阳能，烃：0.344）		
词汇组合相似度 (P_1，P_2)	（石油液化气，太阳能发电：0.473）（烃，研究：0.126） （石油液化气，研究：0.471 （太阳能发电，烃：0.344）			
谓语相似度 (A_1，A_2)	（转化，吸热：0.554）			
SAO 整体相似度 (G_1，G_2)	（石油液化气提升技术，太阳能发电吸热研究：0.363）			

运用R语言将SAO结构实体对间的相似度转化成SAO结构相似度矩阵。针对表5－4中抽取的10组SAO结构，其相似度矩阵如图5－4所示。

$$B=\begin{bmatrix} & SAO_1 & SAO_2 & SAO_3 & SAO_4 & SAO_5 & SAO_6 & SAO_7 & SAO_8 & SAO_9 & SAO_{10} \\ SAO_1 & 1 \\ SAO_2 & 0.578 & 1 \\ SAO_3 & 0.567 & 0.618 & 1 \\ SAO_4 & 0.165 & 0.345 & 0.446 & 1 \\ SAO_5 & 0.163 & 0.578 & 0.448 & 0.458 & 1 \\ SAO_6 & 0.307 & 0.398 & 0.344 & 0.310 & 0.399 & 1 \\ SAO_7 & 0.423 & 0.363 & 0.547 & 0.887 & 0.553 & 0.421 & 1 \\ SAO_8 & 0.313 & 0.444 & 0.658 & 0.808 & 0.782 & 0.249 & 0.365 & 1 \\ SAO_9 & 0.511 & 0.449 & 0.496 & 0.821 & 0.669 & 0.322 & 0.486 & 0.349 & 1 \\ SAO_{10} & 0.653 & 0.427 & 0.831 & 0.849 & 0.622 & 0.497 & 0.458 & 0.586 & 0.430 & 1 \end{bmatrix}$$

图5－4 对应表5－4中10组SAO结构相似度矩阵

针对SAO结构相似度矩阵进行聚类，并结合国家发展和改革委员会公布的《战略性新兴产业重点产品和服务指导目录（2017年第1号文）》中的新能源汽车产业（第5章）、新能源产业（第6章）和节能环保产业（第7章）三个类别中技术产品名称，将技术需求聚类结果与技术产品进行映射，匹配出30个技术产品，具体分类如表5－6所示。

表5－6　　技术需求聚类结果对应的技术产品名称

类别	技术产品名称	技术需求量	类别	技术产品名称	技术需求量
0	燃料电池电堆技术	1	15	高纯元素及化合物	3
1	新能源汽车电机及其控制系统	**53**	16	新型显示器件	41
2	厌氧发酵产沼技术	9	17	增材制造	11
3	高效节能技术	**47**	18	热发电产品	12
4	太阳能生产设备	25	19	新型化学纤维及功能性防治材料	26
5	高效照明产品及系统	40	20	燃料电池系统及核心零部件	41
6	大气污染防治装备	14	21	太阳能产品	18
7	生物质煤锅炉发电技术技术	22	22	储能装置材料及器件	6
8	稀有贵金属材料	6	23	海洋工程平台装备	2
9	特色建筑材料	34	24	新能源汽车整车	13
10	高效节能锅炉窑炉装备	8	25	智能装备关键基础零件	26
11	太阳能发电技术	31	26	智能制造装备	17
12	风电场相关系统与设备	55	27	生物质能原料供应体系	9
13	先进电力电子装置	27	28	固定废物综合利用	11
14	矿产资源综合利用	38	29	网络设备	16

过滤干扰项，得到聚类编号（C1）、类内技术需求量（C2）（过滤干扰项前）、过滤干扰项后的类内技术需求量（C3）、技术产品名称（C4）、类内技术需求SAO结构（C5）、设置阈值（$\delta \geqslant 0.4$）后的技术产品名称与类内技术需求SAO相似度（C6）、代表技术需求的谓语或宾语（C7）、技术生命周期C8（研究/项目（C81）、开发/设计（C82）、改造/升级（C83）、技术/应用（C84））以及技术需求设置阈值（$\gamma \geqslant 0.4$）后所属技术周期的阶段（C9），其部分具体聚类结果如表5－7所示。

表5－7　技术需求（部分）SAO结构相似度矩阵聚类结果

C1	C2	C3	C4	C5	C6	C7	C8				C85
							C81	C82	C83	C84	
4	25	12	太阳能生产设备	太阳能电池组件	0.828	组件	0.103	0.477	0.413	**0.537**	C84
				太阳能发电聚光系统设备技术	0.816	技术	0.275	0.494	0.263	**1.00**	C84
				太阳能电源控制系统	0.789	系统	0.234	0.362	0.35	**0.489**	C84
				太阳能电池提升技术	0.785	提升	0.091	0.256	**0.607**	0.338	C83
				发电吸热技术研究	0.778	研究	**1.00**	0.242	0.176	0.275	C81
				节能型产品研发	0.741	研发	0.338	**0.785**	0.457	0.571	C82
				太阳能电池转换效率	0.741	转换	0.099	0.242	**0.51**	0.283	C83
				太阳能供电系统	0.434	系统	0.234	0.362	0.35	**0.489**	C84
				太阳能电池技术研究	0.732	研究	**1.00**	0.242	0.176	0.275	C81
				太阳能电池技术	0.709	技术	0.275	0.494	0.263	**1.00**	C84
				太阳能并网技术	0.656	技术	0.275	0.494	0.263	**1.00**	C84
				太阳能电池滤光技术	0.435	技术	0.275	0.494	0.263	**1.00**	C84
7	22	12	生物质煤锅炉发电技术	生物质燃料技术	0.932	技术	0.275	0.494	0.263	**1.00**	C84
				生物质气化炉优化	0.741	优化	0.26	0.385	**0.453**	0.378	C83
				石墨烯制造技术	0.74	技术	0.275	0.494	0.263	**1.00**	C84
				生物质锅炉设计	0.71	设计	0.113	**0.486**	0.196	0.402	C82
				生物质能源工程技术	0.681	技术	0.275	0.494	0.263	**1.00**	C84
				生物柴油生产	0.677	生产	0.198	**0.578**	0.337	0.372	C82
				生物质能源利用项目	0.66	项目	**1.00**	0.268	0.234	0.369	C81
				生物质供气系统	0.638	系统	0.234	0.362	0.35	**0.489**	C84
				生物质能发电项目	0.614	项目	**1.00**	0.268	0.234	0.369	C81
				生物质制造设备	0.523	设备	0.162	0.385	0.299	**0.57**	C84
				生物质液体燃料技术研究	0.518	研究	**1.00**	0.242	0.176	0.275	C81
				石油控制阀开发	0.488	开发	0.242	**1.00**	0.429	0.494	C82
8	6	5	稀有贵金属材料	钼基合金顶头开发	0.715	开发	0.242	**1.00**	0.429	0.494	C82
				钼镍石墨共生工艺	0.62	工艺	0.265	0.232	0.265	**0.513**	C84
				噻苯隆粉剂加工	0.586	加工	0.224	0.356	**0.487**	0.386	C83
				锂电池隔膜方法	0.431	方法	0.232	0.164	0.105	**0.496**	C84
				锂电池配方工艺	0.42	工艺	0.26	0.23	0.26	**0.51**	C84

续表

C1	C2	C3	C4	C5	C6	C7	C8				C85
							C81	C82	C83	C84	
21	18	14	太阳能产品	太阳能光伏发电系统	0.83	系统	0.234	0.362	0.35	**0.489**	C84
				太阳能路灯研发	0.812	研发	0.338	**0.785**	0.457	0.571	C82
				太阳能能源技术	0.8	技术	0.275	0.494	0.263	**1.00**	C84
				太阳能集热器技术	0.755	技术	0.275	0.494	0.263	**1.00**	C84
				太阳能路灯控制器研究	0.731	研究	**1.00**	0.242	0.176	0.275	C81
				太阳能领域	0.73	领域	0.222	0.152	0.13	**0.489**	C84
				太阳能热水器技术	0.726	技术	0.275	0.494	0.273	**1.00**	C84
				太阳能逆变电源	0.724	逆变	0.107	0.375	0.312	**0.481**	C84
				太阳能集热系统	0.674	系统	0.234	0.36	0.35	**0.489**	C84
				太阳能空气热水器技术	0.656	技术	0.275	0.494	0.263	**1.00**	C84
				太阳能光伏并网发电项目	0.569	项目	**1.00**	0.268	0.234	0.369	C81
				太阳能密封技术	0.566	技术	0.275	0.494	0.263	**1.00**	C84
				太阳能光电灯控制研究	0.474	研究	**1.00**	0.242	0.176	0.275	C81
				太阳能光伏焊带技术	0.461	技术	0.275	0.494	0.263	**1.00**	C84
24	13	11	新能源汽车整车	新能源客车研究项目	0.808	项目	**1.00**	0.268	0.234	0.369	C81
				新能源汽车动力电池	0.808	研发	0.338	**0.785**	0.457	0.571	C82
				新能源汽车项目	0.761	项目	**1.00**	0.268	0.234	0.369	C81
				新能源技术	0.721	技术	0.265	0.494	0.263	**1.00**	C84
				新能源建设节能路灯技术	0.692	技术	0.265	0.494	0.263	**1.00**	C84
				新能源汽车建设	0.624	建设	0.26	0.405	**0.46**	0.399	C83
				新能源研究	0.6	研究	**1.00**	0.242	0.176	0.275	C81
				新能源项目	0.598	项目	**1.00**	0.268	0.234	0.369	C81
				新能源传感器配套能技术	0.597	配套	0.173	0.35	0.326	**0.403**	C84
				新能源发展项目	0.495	项目	**1.00**	0.268	0.234	0.369	C81
				蓄电池板栅生产设备	0.463	设备	0.162	0.385	0.299	**0.57**	C84

（三）技术地图及需求布局

将技术需求热点聚类结果按技术产品名称与技术需求生命周期绘制

技术地图，其中纵轴为技术产品名称（C4），横轴为技术需求热点在技术生命周期中的阶段（C85），技术需求热点大小由 C6 确定。技术地图与需求布局如图 5－5 所示。

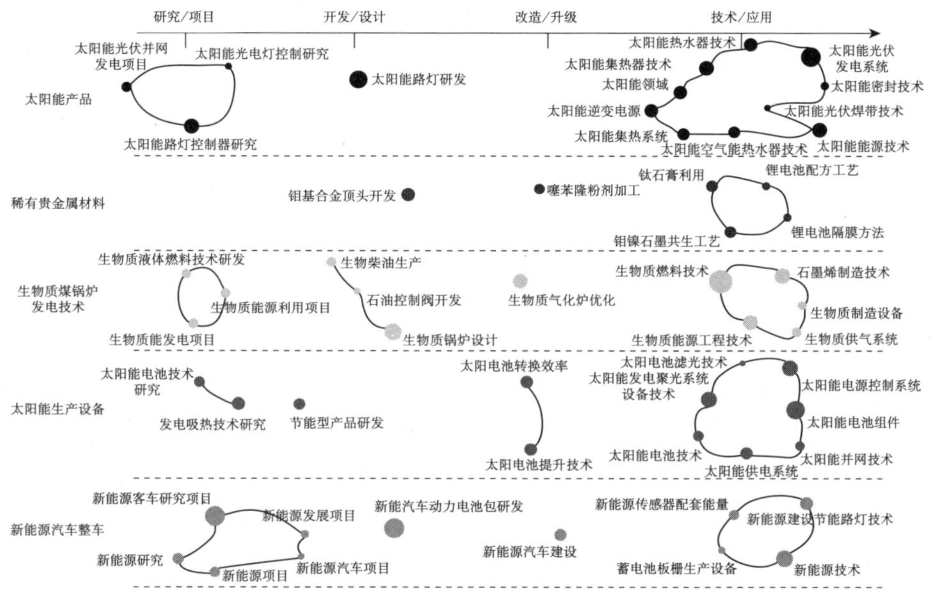

图 5－5 技术地图与需求布局（部分技术产品名称）

通过表 5－6、表 5－7、图 5－5 可得如下结论：

第一，通过分析技术产品的技术需求量，新能源汽车电机及其控制系统技术需求量占整个技术需求数据的 8%；高效节能技术需求量占技术需求总量的 7.12%；风电场相关系统与设备的技术需求量占技术需求总量的 8.3%；相对于其他技术产品比例较高，故本章通过 SAO 结构语义对技术需求的分析得到新能源汽车电机及其控制系统技术、高效节能技术、风电场相关系统与设备三个技术需求热点。通过比对 2016 年国家能源局、发改委关于《能源技术革命创新行动计划（2016—2030 年）》文件，清洁节能燃料是未来的发展方向，而新能源汽车电机及其控制系统技术、高效节能技术、风电技术的发展是清洁能源转换的关键。从侧面印证了基于 SAO 结构分析的潜在技术需求热点识别方法的可行性。

第二，通过分析图 5－5 技术产品名称的技术生命周期阶段，太阳能产品处于技术应用阶段的技术需求较多，而处于开发与升级改造阶段较

为稀少，反映了太阳能产品相比其他阶段，处于技术应用阶段较活跃；稀有贵金属材料在技术研发与应用阶段较为活跃；在太阳能生产设备技术上，大量的技术需求聚集在技术应用阶段，反映出太阳能生产设备主要以技术应用为主；生物质煤锅炉发电技术处于研究、开发、应用阶段比较均衡，且技术应用阶段突出；太阳能生产设备处于技术应用阶段较活跃；新能源汽车整车技术分析其技术需求布局，得出传感器、蓄电池等具体技术处于技术应用阶段，而新能源汽车整车处于研发阶段。

四、本章小结

本章提出了基于 SAO 结构语义分析的潜在技术需求热点识别模型，并以新能源与节能领域技术需求文本数据为例进行检验。得出结论如下：

第一，基于 SAO 结构的技术特征提取能够全面挖掘技术需求热点、技术功能及技术所处应用阶段，相比基于关键词和主题词的技术特征提取，其结果更准确更全面。

第二，将 Word 2Vec 与 HowNet 语义相似度结合，提出 SAO 结构相似度计算方法，实现潜在技术需求热点聚类，并通过聚类结果与战略性新兴产业重点技术产品的映射，检验了模型的有效性。

第三，绘制技术需求热点、技术产品与需求技术所处生命周期的三维映射图，一方面挖掘不同阶段存在哪些技术需求热点，引导技术研发方向；另一方面研判需求技术的成熟度和研发空间。

由于技术需求热点识别过程中需对数据进行降噪处理，技术产品名称识别的精确性有待于进一步提高，未实现自动化的基于 SAO 结构识别技术需求热点。因此，下一步将重点研究技术交易与技术需求等多源异构数据的融合算法，提高技术特征提取的准确性，提升潜在技术需求预测的准确性。

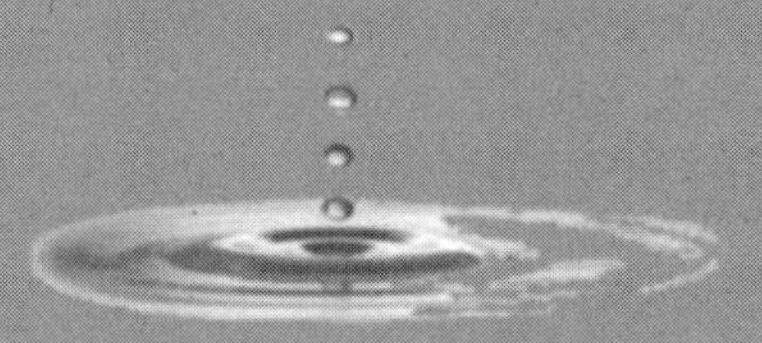

第六章 面向供需匹配的技术需求识别

本章将在供需匹配视角下，基于技术供需文本语义相似与专利交易数据，构建技术需求热点识别模型。与第五章研究的侧重点不同，本章将实现在线技术交易平台的需求文本与 IncoPat 专利数据库中的数据融合，通过供需匹配识别有效技术需求，这对提高技术供需匹配效果、提升专利技术产业化程度具有重要意义。

一、问题描述

技术需求识别的目的是引导研发并促进技术供需对接，尤其是在促进技术供需对接方面，我们不仅要关注需求文本本身，还要兼顾技术供给与技术需求的匹配度，进而研判哪些技术需求是有效需求，即能够匹配到有效供给的需求。因此，本章将综合考虑技术供需文本的语义匹配度，将深度学习算法词向量与词图网络方法等相结合，在技术供需匹配视角下，提出基于语义相似与专利交易的技术需求热点识别模型，并以新能源与节能领域为例构建技术需求数据库和专利供给知识库，挖掘领域技术需求热点并分类。

二、面向供需匹配的技术需求识别模型

模型构建步骤主要包括：第一，采集网络技术需求文本数据并提取关键短语；第二，基于 BM25 模型结合技术需求关键短语与转让专利索引库，构建专利供给知识库；第三，给出技术供需文本语义匹配权值计算方法；第四，基于技术供需匹配权值筛选技术需求，使用 Fasttext 工具构造领域语料库，得到技术需求词向量；第五，基于词向量相似性与专利交易数据，识别技术需求热点并分类。模型框架如图 6－1 所示。

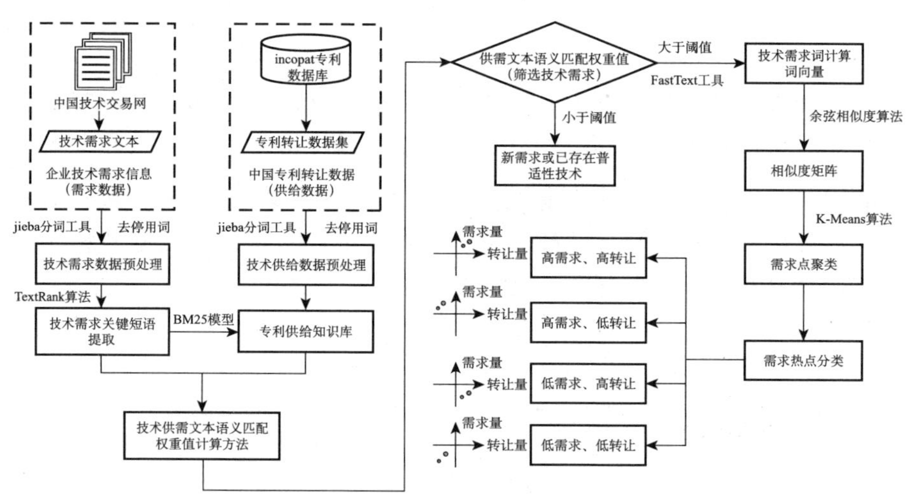

图 6－1 供需匹配视角下技术需求热点识别模型框架

（一）采集技术需求文本并提取关键短语

1. 需求文本采集与分词

利用 Python 工具，确定技术领域后，爬取中国最大技术交易网上公布的企业技术需求文本数据（http：//www. ctex. cn），包括技术需求名

称、需求简介等。然后从 IncoPat 专利数据库提取该领域专利技术文本，人工划分技术词构建领域词典，并基于领域词典利用 jieba 分词工具及搜狗停用词表进行技术需求文本的中文分词。

2. 基于 TextRank 算法提取技术需求文本关键短语

技术需求文本分词后，利用 TextRank 算法，根据词语间的邻接关系构建无向无权词图网络 $G=(V, E)$，其中，节点集 V 表示所有词构成的集合，边集 E 表示所有词语间的邻接关系集合，若词语 a 邻接出现词语 b，则节点 a 和节点 b 之间存在一条边。词图网络中每个节点的 TextRank 值[120]计算公式如下：

$$t(u) = \beta \sum_{v \in adj[u]} p(v \rightarrow u) t(v) + (1 - \beta) \frac{1}{|V|} \tag{6-1}$$

其中，$\beta \in [0, 1]$ 为阻尼系数，表示任一节点均有 β 的概率随机跳转到词图网络中的其他节点，通常取值为 0.85[43]；$adj[u] = \{v \mid (v \rightarrow u) \in E\}$表示节点 u 的相邻节点集；$p(v \rightarrow u)$ 表示节点 v 达到 u 的随机跳转概率。计算公式如下：

$$p(u \rightarrow v) = \begin{cases} \dfrac{1}{\deg(u)}, & if \exists (u \rightarrow v) \in E \\ 0, & \text{Otherwise} \end{cases} \tag{6-2}$$

其中，$\deg(u)$ 为节点 u 的度，循环迭代最终得到每个词的 TextRank 值，并选取 TextRank 值较高的词为关键词。Mihalcea[45]曾提出 TextRank 关键短语的概念，即在原文本中若存在两个相邻的关键词，则这两个相邻的关键词构成一个关键短语。本章将通过设定关键短语出现次数的阈值，提取关键短语作为技术需求热点识别的需求点集合。

（二）专利供给知识库构建

技术需求关键短语代表科技主体技术需求的主要内容和方向，本章以需求关键短语为检索词，在相关技术领域的专利文本中，利用 BM25 相关度搜索模型检索出高相关的专利，作为专利供给知识库，为技术供需文本语义匹配提供供给数据集合。

1. 构造转让专利索引库

从 IncoPat 数据库中采集 2010—2017 年该技术领域转让专利信息，提取标题、摘要、IPC 号和转让次数作为文本集，以 IPC 号作为唯一索引 ID，构建转让专利索引库，需要说明的是，选择转让专利作为索引库的目的是提高技术供给的有效性，当然，也可以扩大专利范围，选择有效专利作为索引库。

2. 基于关键短语与 BM25 相关度搜索模型构建专利供给知识库

利用 BM25 相关度搜索模型，将技术需求关键短语作为查询词 Q（*Query*）在转让专利索引库中进行搜索，提取 BM25 相关度最高的前 n 个专利，作为该技术需求的技术供给知识库。其中，BM25 模型的主要思想为：首先对查询词 Q（*Query*）进行语素解析，产生语素 q_i，然后对专利索引库中每一个文档 d，计算每个语素 q_i 与 d 的相关性得分。最后将 q_i 相对于 d 的相关性得分进行加权求和，从而得到查询词 Q（*Query*）与索引库中每个文档 d 的相关性得分，通过排序得到与查询词相关度最高的文档。BM25 的评分公式如下[245]：

$$Score(Q,d) = \sum_{i}^{n} W_i \times R(q_i, d) \tag{6-3}$$

其中，将查询词 Q（*Query*）分词得到语素 q_i。W_i 的定义为 IDF，公式如下：

$$IDF\ (q_i) = \log \frac{N - n\ (q_i) + 0.5}{n\ (q_i) + 0.5} \tag{6-4}$$

其中，N 为专利索引库中的全部文档数量，n（q_i）为索引库中包含了语素 q_i 的文档数，根据 IDF 定义可得，对于给定的索引库文档集合，包含语素 q_i 的文档越多，说明 q_i 越普遍，q_i 的权重越低，该语素用于判断相关性的重要程度就越低。

R（q_i，d）的计算公式如式（6-5）所示，其中 k_1，k_2，b 为调节因子，通常 $k_1 = 2$，$k_2 = 1$，$b = 0.75$[245]是查询词 Q（*Query*）在文档 d 中出现的次数，qf_i 代表每个语素 q_i 在查询词 Q（*Query*）中出现的次数，dl 是文档 d 的长度，$avgdl$ 是索引库全部文档的平均长度。

$$R\ (q_i,\ d)\ = \frac{f_i\ (k_1+1)}{f_i+K}\times\frac{qf_i\ (k_2+1)}{qf_i+k_2} \tag{6-5}$$

$$K=k_1\left(1-b+b\,\frac{dl}{avgdl}\right) \tag{6-6}$$

由于查询语句中语素一般仅出现一次，所以 qf_i 可以看成 1，因此 $R(q_i,\ d)$ 右边因数等于 1，公式（6－5）可简化为公式（6－7）。

$$R\ (q_i,\ d)\ = \frac{f_i\ (k_1+1)}{f_i+K} \tag{6-7}$$

因此 BM25 算法的相关性得分公式如下。

$$Score(Q,d)\ =\ \sum_{i}^{n} IDF(q_i)\times\frac{f_i(k_1+1)}{f_i+k_1\left(1-b+b\,\frac{dl}{avgdl}\right)} \tag{6-8}$$

本章使用 Go 语言构建专利供给知识库搜索引擎，使用 BM25 相关度算法为每个需求关键短语在转让专利索引库中进行检索，提取前 n 个相关度最高的专利组成该需求关键短语的专利供给知识库，记为 p。p 中的第 r 个专利记为 p_r，查询检索 BM25 相关度记为 $z\ (p_r)$。

（三）技术供需文本语义匹配权值计算

针对每一个技术需求关键短语 x_i，计算其与所对应的专利供给知识库 p 中每条相关专利 p_r 的供需匹配权值 W_p，公式所下：

$$W_p(x_i)\ =\ \frac{\sum_{p_r\in p}\left[z(p_r)\sum_{m_{jpr}\in S_p(p_r)}\sigma(x_i,m_{jpr})\right]}{\sum_{p_r} z(p_r)\,|S_p(p_r)|} \tag{6-9}$$

其中，$S_p\ (p_r)$ 是技术需求关键短语 x_i 对应的专利供给知识库中各专利标题和摘要分词、去停用词后的文本合集，$|S_p\ (p_r)|$ 是 $S_p\ (p_r)$ 包含词语总数，m_{jpr} 是 $S_p\ (p_r)$ 中的每个词，$\sigma\ (x_i,\ m_{jpr})$ 是关键短语 x_i 和 m_{jpr} 的语义相似度。本章使用 Fasttext 工具分别计算 x_i 和 m_{jpr} 的词向量，并计算词向量的语义相似度，$z\ (p_r)$ 是专利 p_r 的 BM25 相关度值，用于调节语义相似度值。

供需匹配权值 $W_p\ (x_i)$ 是计算技术需求短语 x_i 与供给专利知识库 p 的匹配度，权值越高，说明对应技术需求的专利技术供给水平越高，技

术需求转化为现实需求的程度越高，专利产业化的效率也越高，通过设置权重值阈值 γ，即可从供需匹配的视角下筛选技术需求。

（四）技术需求词向量计算

在自然语言处理中，要将自然语言理解转化为机器学习问题，需将自然语言符号数字化[109]，将每个词表示为一个向量形式。在深度学习中，一般采用分布式表示（Distributed Representation）的方法表示词向量[246]，这种方法将词用一种低维实数向量表示，优点在于相似的词在距离上更接近，能够体现出不同词之间的相关性，从而反映词之间的依赖关系。

利用 Fasttext 工具的 CBOW 模型获取词向量，旨在以较小的计算复杂度获取词的分布式表示。CBOW 模型类似于前反馈神经网络，但只包括输入层、投影层和输出层。输入层、输出层表示每个词的词向量，均采用分布式表示，维数一般300维。模型利用未来的信息 w（$t+1$）、w（$t+2$）等训练当前词 w（t），真正实现根据上下文得到最优词向量。

（五）技术需求识别

在多维空间中，每个技术需求词都以词向量的形式映射在多维空间向量中，计算两个向量之间的余弦相似度 cos（$\cos\theta \in [-1, 1]$），判断词语间的相似程度。$\cos\theta$ 越接近1，两个词的语义越相似，$\cos\theta$ 越接近 -1，两个词的语义越不同。

假设技术需求 a 向量为 $[x_1, x_2, \cdots, x_k]$，技术需求 b 向量为 $[y_1, y_2, \cdots, y_k]$，两个技术需求词的余弦相似度公式如下：

$$c_{a,b} = \cos\theta = \frac{\sum_{i=1}^{k}(x_i \times y_i)}{\sqrt{\sum_{i=1}^{k}(x_i)^2} \times \sqrt{\sum_{i=1}^{k}(y_i)^2}} = \frac{xy}{|x| \times |y|} \quad (6-10)$$

迭代计算，最终得到技术需求词之间的语义相似度矩阵如下：

$$M=\begin{bmatrix} c_{11} & c_{12} & \cdots & c_{1n} \\ c_{21} & c_{22} & \cdots & c_{2n} \\ \cdots & \cdots & \cdots & \cdots \\ c_{n1} & c_{n2} & \cdots & c_{nn} \end{bmatrix}$$

运用 K-Means 算法[247]对上述语义相似度矩阵进行聚类，得到按语义归类的技术需求，同时统计每类技术需求所对应的专利技术交易数据，识别需求热点并进行进一步归类。

三、实证研究与模型检验

（一）需求数据采集与关键短语提取

运用 Python 爬取中国技术交易网络平台（技 E 网）上科技在主体发布的新能源与节能领域技术需求文本，共 660 条技术需求数据（2014 - 2016 年）。从 IncoPat 专利数据库提取 2017 年的 3000 项新能源领域专利文本数据，人工划分技术词构建领域词典。将需求文本进行分词处理与预处理，得到技术需求文本信息。

按照 TextRank 算法提取技术需求文本的关键短语，设定关键短语共现次数≥2，最终获取 276 个关键短语，部分结果如表 6 - 1 所示。

表 6 - 1　　基于 TextRank 提取技术需求关键短语（部分）

新能源领域网络技术需求关键短语			
电力能源	太阳能电池	生物柴油	动力汽车
太阳能发电组件	电机控制器	发电装置	金属材料
汽车电子部件	锂离子电池	太阳能能源	节能减排
生物质锅炉结构	新能源汽车	太阳能发电	生物能源
多晶硅太阳能电池	生物质燃料	锂电子电池	生物柴油生产线
沼气发电装置	电池技术	电池温度	锅炉烟气
高压电缆	汽车电机	电力电子装置	节能技术

（二）构建技术供给知识库

下载 IncoPat 专利数据库 2010 - 2017 年新能源领域的转让专利共 38253 条。将专利进行文本预处理构造转让专利索引库，使用 Go 语言搭建搜索引擎。将 276 个技术需求查询词在索引库中进行搜索，将检索到的专利文件按相关度排序并返回相关度前 50 的专利数据集记为技术供给知识库 p，数据集中每个专利文件记为 p_r，同时记录每个专利的查询相关度 $z(p_r)$。

以表 6 - 1 中“太阳能发电组件”为例，在转让专利索引库中进行搜索，得到“太阳能发电组件”的技术供给知识库，如表 6 - 2 所示。

表 6 - 2　“太阳能发电组件”技术供给知识库（部分）

公开号	专利名称	相关度	转让次数
CN104126271A	太阳能发电装置	21.06	2
CN203398126U	纵向安装光伏组件	17.52	5
CN201681951U	太阳能光伏组件用 45°角 90°角组装边框组件	17.08	2
CN203223849U	一种光伏发电物联网 LED 灯	16.04	2
CN204271985U	一种太阳能聚光发电装置	16.02	2
CN202332912U	一种外连组合式太阳能电池组件构造	16.02	2
CN201674430U	太阳能光伏发电组件用滑动挂钩	15.79	2
CN201674428U	太阳能光伏发电组件用支架组件	15.59	2
CN301794356S	太阳能光伏组件接线盒	15.56	2
CN202513847U	太阳能发电窗	15.45	4

（三）技术供需文本语义匹配权值计算

将搜索出的技术供给知识库 p 的专利标题和摘要进行分词处理后，与技术需求关键短语 x_i 进行语义供需匹配，运用技术供需文本语义匹配权值计算公式（6 - 9）进行计算，过程及结果如表 6 - 3 所示。

表 6-3 供需匹配权重值计算过程

供需匹配权值计算描述		技术名称 & 摘要	数值
技术需求	x_i	太阳能发电组件	
技术供给专利	p_1	太阳能/发电装置	$z(p_1)=21.06$
	p_2	纵向/安装/光伏组件	$z(p_2)=17.52$
	…	…	
	p_n	太阳能/发电窗	$z(p_n)=15.45$
技术供需语义相似度	$\sigma_1(x_1 m_{1p_1}, x_2 m_{2p_2}, \cdots, x_n m_{np_n})$	(太阳能发电组件 & 太阳能，太阳阳能发电组件 & 发电装置，…)	$\sum_{m_{ip_1} \in S_p(p_r)} \sigma_1(x_i, m_{ip_1}) = 0.87$
	$\sigma_2(x_1 m_{1p_1}, x_2 m_{2p_2}, \cdots, x_n m_{np_n})$	(太阳能发电组件 & 纵向，太阳能发电组件 & 安装，太阳能发电组件 & 光伏组件，…)	$\sum_{m_{ip_2} \in S_p(p_r)} \sigma_2(x_i, m_{ip_2}) = 0.87$
	…		
	$\sigma_n(x_1 m_{1p_n}, x_2 m_{2p_n}, \cdots, x_n m_{np_n})$	(太阳能发电组件 & 太阳能，太阳能发电组件 & 发电窗，…)	$\sum_{m_{ip_n} \in S_p(p_r)} \sigma_n(x_i, m_{ip_n}) = 0.97$
供需匹配权值	$W_p(x_i)$	太阳能发电组件：6.43	

针对 276 个关键短语分别与技术供给知识库进行匹配，得到 276 个供需匹配权值。设定阈值 $\gamma = W_p(x_i) = 3$，小于阈值的技术需求，我们认为存在技术需求，但现阶段技术供给市场无法满足需求。而满足阈值条件 $W_p(x_i) \geqslant 3$，可认为当前已有技术可以进行匹配。

设置阈值后，小于阈值的技术需求有 112 个，表明现阶段专利供给没有与之匹配的技术，该类需求属于新需求或普适性技术，前者现阶段没有可直接满足条件的专利技术，企业可持续关注，有针对性地对该类需求进行技术创新；后者技术属于公开性技术，不需要通过专利技术交易的形式即可获得。

而其他 174 个满足阈值条件的技术需求点，处于现阶段技术可行且具有市场价值及企业需求的技术点，将结合技术交易情况进行需求分类。

（四）技术需求热点识别与分类

1. 技术需求聚类与热点识别

针对 174 个技术需求点，进行需求热点识别和分类。首先提取 2010－2016 年新能源领域专利文本约 16 万条作为语料库并利用 Fasttext 进行训练，维度设定为 300 维。然后将 174 个技术需求点分别使用训练好的 Fasttext 模型计算词向量，每个技术需求都得到 300 维的词向量作为该语义多维空间中的坐标。最后利用余弦相似度计算 174 个技术需求点之间的相似度矩阵，部分结果如图 6－2 所示。

M=	风电机组	太阳能热	输电线路	远程输电	绝缘子串	智能电网	太阳能电池板	海水淡化	保持继电器	发电装置
风电机组	1									
太阳能热	0.134	1								
输电线路	0.184	0.130	1							
远程输电	0.108	0.032	0.084	1						
绝缘子串	0.144	0.069	0.724	0.060	1					
智能电网	0.093	0.140	0.237	0.460	0.213	1				
太阳能电池板	0.086	0.551	0.134	0.101	0.100	0.0800	1			
海水淡化	0.126	0.313	0.037	−0.141	0.056	−0.007	0.011	1		
保持继电器	0.158	0.018	0.135	0.100	0.170	0.270	−0.002	−0.098	1	
发电装置	0.057	0.312	0.014	−0.132	−0.053	−0.115	0.192	0.225	0.019	1

图 6－2　技术需求点相似度矩阵（部分）

基于技术需求相似度矩阵，采用 K-Means 算法进行聚类，循环迭代最终选取最优解，得到 26 个技术需求聚类。结合《战略性新兴产业重点产品和服务指导目录（2017 年第 1 号文）》中的新能源汽车产业、新能源产业和节能环保产业三个类别中技术点名称，将技术需求聚类结果与文件中技术点进行对应。同时统计各技术需求类对应的专利技术交易量，并展示技术交易量排名前五的技术需求热点类别如图 6－3 所示。其中，5 类技术需求对应的专利技术转让频次共 3772 次，占新能源领域全部技术转让次数的 73.4%。图 6－3 中技术点重叠范围代表技术点之间的语义相似程度。

2. 技术需求热点分类

结合技术需求类别和所对应的专利技术交易情况，将技术需求热点分为四类：高需求、高转让；低需求、高转让；高需求、低转让；低需

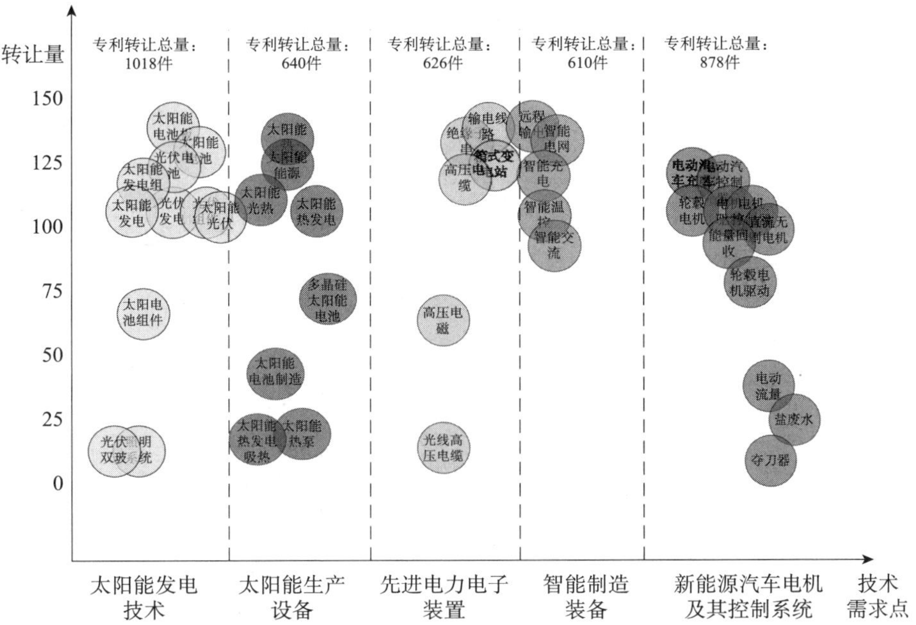

图6－3　技术需求转让量排名前五的技术聚类图

求、低转让。具体各类特征如下：

第一，“高需求，高转让”技术点：如“太阳能发电技术”（聚类11），该类技术需求量占新能源领域整体需求数量的6.25%，对应的专利转让量占总转让量的8.99%；“新能源汽车电机及其控制系统”（聚类15）技术需求量占整体技术需求数据6.25%，对应的专利转让量占总转让量7.75%。该类技术点属于网络技术需求量较大，专利技术交易频繁，说明技术供需匹配水平较高，技术产业化趋势较好。图6－4上方为技术需求热点分类图，原点为需求量与转让量平均值，图6－4下方为聚类11的主要技术需求点，红色条形图代表此需求点在该聚类下技术转让量的占比（单位%），可以看到太阳能电池板在太阳能发电技术热点中技术转让量占比最大。

第二，“低需求，高转让”技术点：如“智能制造装备”（聚类20）和“先进电力电子装置”（聚类23）技术点，其中“智能制造装备”对应技术需求如图6－5所示，该类技术需求量占比为2.84%，“先进电力电子装置”的技术需求量占比为3.41%，均低于平均值3.85%。但专利

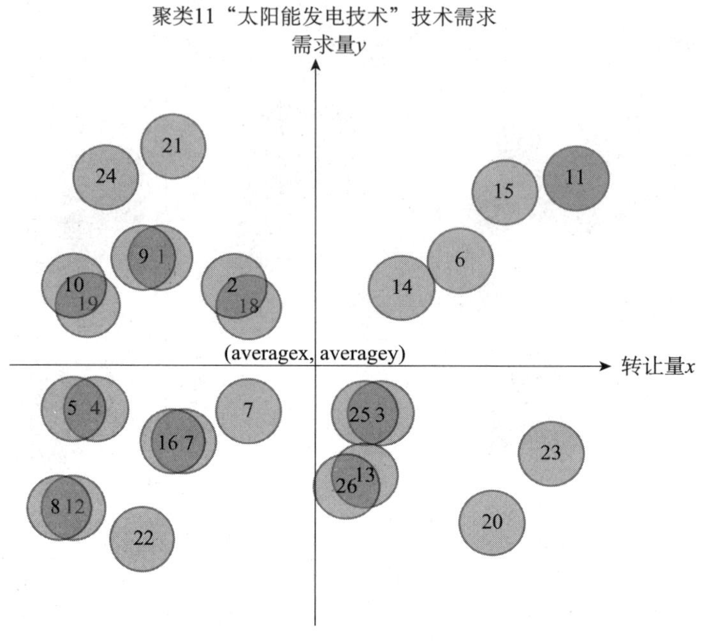

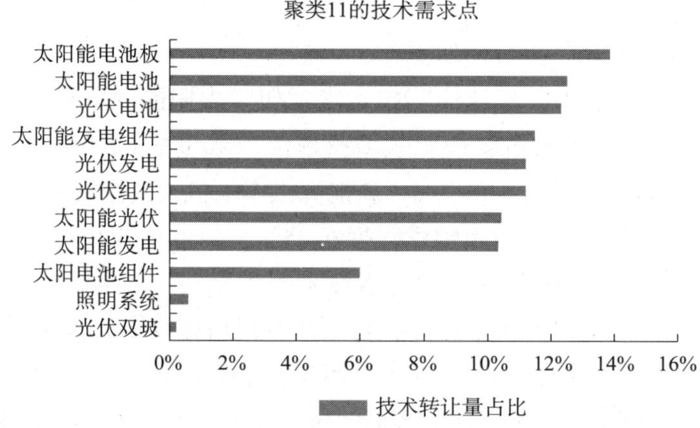

图6－4　“太阳能发电技术”技术需求图

技术交易活跃，“智能制造装备”转让量占比为5.39%，“先进电力电子装置”转让量占比为5.53%，均高于平均值3.85%。该类技术点市场交易活跃，但网络需求不频繁，反映了线下技术交易主体间已形成相对稳定合作，技术需求不属于新需求，技术供给有效性较高，企业通过网络平台寻求需求及合作伙伴的意愿不强。

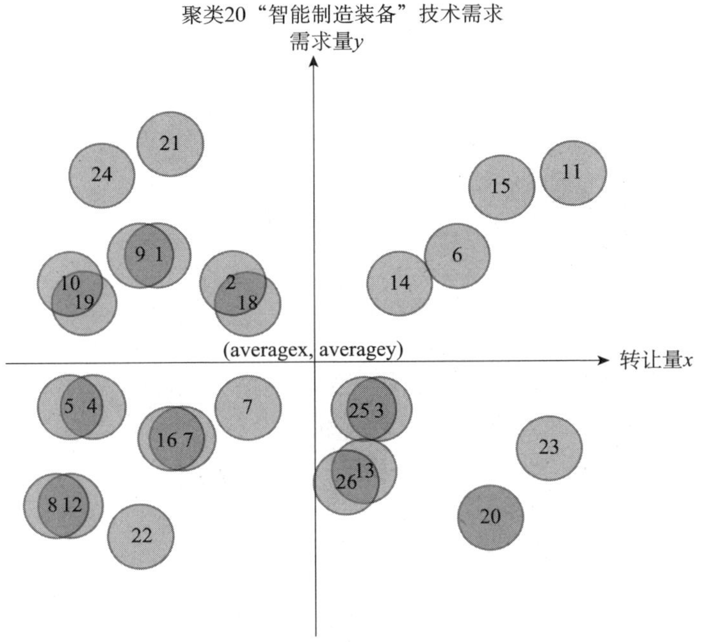

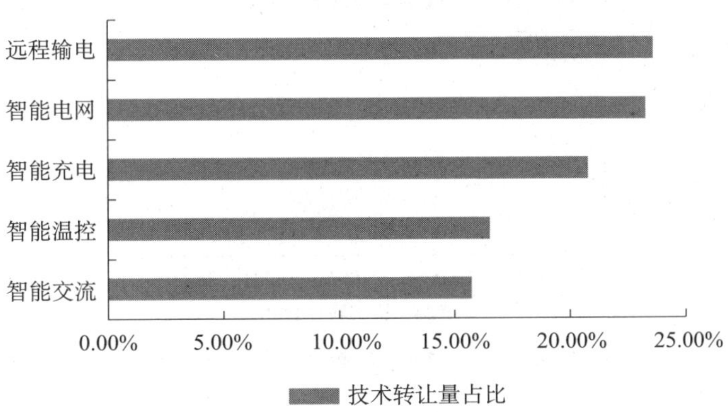

图 6-5 “智能制造装备”技术需求图

第三，“高需求，低转让”技术点：如“新型元器件”（聚类 24），技术需求点如图 6-6 所示。“新型元器件”技术需求量占比为 6.25%，但市场转让占比仅为 3.67%，一方面源于专利供给有效性不足，另一方面技术供需主体间交易机会较少。

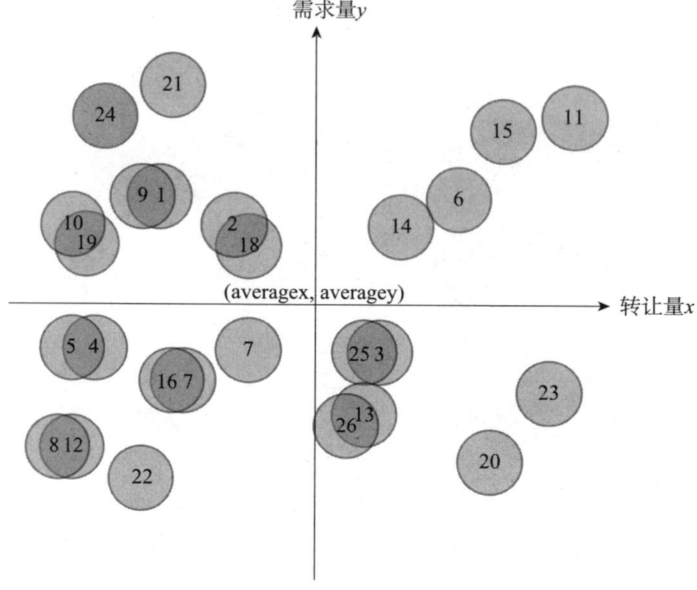

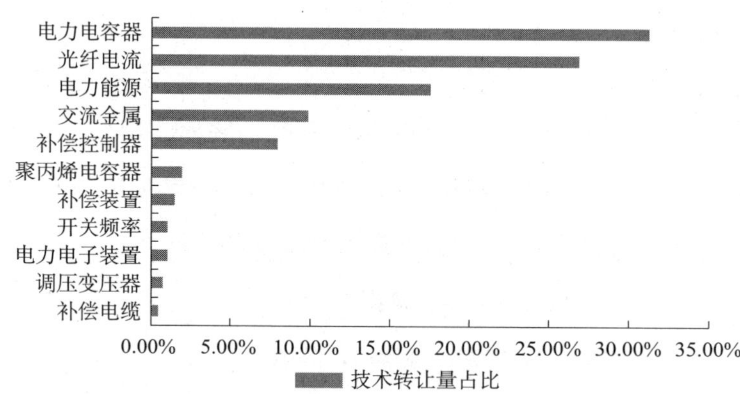

图 6－6　“新型元器件”技术需求图

第四，“低需求，低转让”技术点：如“加热制冷技术”（聚类12），技术需求点如图 6－7 所示。“加热制冷技术”需求量仅为 2.84%，专利转让占比为 1.62%。说明该类技术需求市场空间不大，交易不频繁，一方面源于技术的市场空间不大，属于狭窄技术市场空间，研发主体和需求主体较少；另一方面当技术处于生命周期的末端时，也会出现需求少，供给减弱的情形。

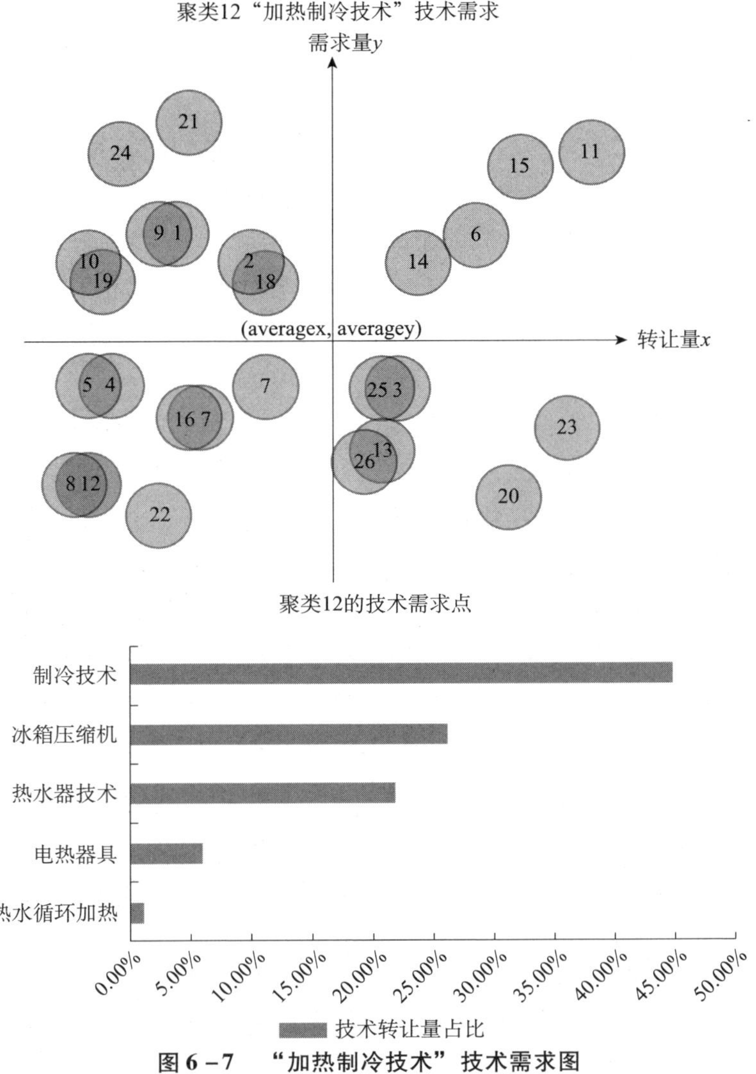

图6－7 “加热制冷技术”技术需求图

四、本章小结

本章建立了网络技术需求文本库与专利技术供给知识库，在技术供需文本匹配视角下，结合词向量语义相似度模型与专利转让交易数据，

构建了技术需求热点识别与分类模型，并以新能源技术领域为例进行模型检验，识别出该领域网络技术需求热点 174 个，并基于语义相似聚为 26 类，结合需求量与对应专利转让量，将 26 类技术需求热点分为四类，并分析了每类技术需求与供给的特征。通过将识别出的技术需求热点、聚类结果与国家文件对照，一方面检验了模型的可用性，另一方面针对不同类别技术需求，提出相应对策建议：

针对“高需求、高转让”技术点，要兼顾技术交易市场机制引导与技术供需升级转化，提高专利技术产业化效率与需求满足水平的同时，开展新需求挖掘与新技术研发。

针对“高需求、低转让”技术点，要充分挖掘技术交易不频繁的原因，一方面要提高专利技术的有效供给，加快技术研发力度，提高技术研发质量，另一方面要挖掘技术供需主体双方的交易机会，搭建交易平台，促进专利产业化。

针对“低需求、高转让”技术点，一方面针对线下技术交易主体间形成的合作联盟给予政策支持，确保联盟稳定发展；另一方面要吸引众多中、小微企业充分利用网络平台，公开技术需求信息，提升参与线上技术交易的积极性。

针对“低需求、低转让”技术点，一方面做好高端需求引导与技术创新，尽快淘汰低端技术需求与无效技术供给；另一方面针对狭窄技术市场空间，给予市场保护机制，促进技术升级换代，提高技术扩散水平与产业价值。

针对已有研究中基于文献、专利数据，从技术供给视角，挖掘技术热点。本章兼顾网络技术需求与专利技术交易信息，在技术供需匹配视角下，结合文本挖掘、自然语言处理、深度学习及统计方法，构建技术需求热点识别与分类模型，为挖掘产业、企业的技术需求提供了新的思路。

第七章
基于本体和SAO的在线技术供需匹配模型

近年来，快速发展的线上技术交易平台为技术产品供需信息共享与科技主体对接提供了新的渠道。然而，技术供需对接中，线上供需信息不标准、非结构且增长迅速，技术供需信息检索成本高与供需匹配难[248]的问题突出。因此，研究技术供需信息语义匹配模型与方法，对提高技术供需主体的信息检索效率、促进线上技术供需有效对接，提高线上技术成果转化，具有重要的理论意义和现实意义。

一、问题描述

技术市场中外生性信息（指技术交易行为发生前由技术本身的特点所决定的信息）不对称一直是影响技术交易形成的重要因素之一[249][250]。近年来，在线技术转移平台快速发展，技术项目供给和技术需求信息的及时发布和共享，在一定程度上缓解了技术交易中外生性信息的不对称问题。但与此同时，由于技术供需信息非结构化特征明显，且技术需求文本的描述偏口语化，导致技术供需信息难以匹配，用户搜

索成本加大，许多潜在交易机会不易被发现[65]。因此，在线技术供需信息的准确匹配是技术供需有效对接的精细化智能管理的基础，是科技成果转化精准服务的保障，对技术商业化价值实现与企业创新能力提升具有重要推动作用[251][252]。

现有技术供需匹配的成果主要侧重主体偏好[253]、匹配意愿[254]等因素研究主体匹配策略。这类方法在大规模技术市场中的拓展应用具有难度。本章将本体理论和SAO结构分析方法结合，抽取线上技术供需文本中供给技术的创新特征及技术需求的问题特征，研究在线技术供需信息多维语义结构匹配模型。

二、基于本体和SAO的技术供需匹配模型

模型构建步骤为：第一，利用本体理论结合技术领域信息构建领域本体，利用SAO结构分析抽取技术供需信息多维语义结构；第二，对应每一语义结构，设计相似匹配算法；第三，利用熵值法得出权重，建立技术供需信息多维语义结构匹配模型[255]。模型框架如图7－1所示。

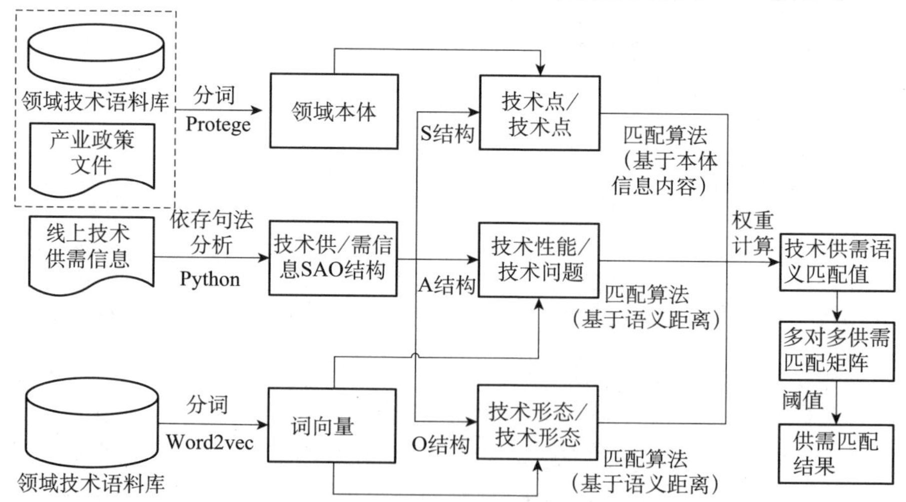

图7－1　技术供需信息匹配模型框架

（一）技术领域本体构建

结合 IncoPat 数据库中领域专利及线上技术供给文本人工构建领域词典，获取技术领域词构建本体，具体过程[256]：（1）明确领域本体概念范围：实现概念命名并对概念进行分类，得出本体层次。（2）创建领域概念层次关联关系：包括“一种”“部分”等关系，构建完整本体树。（3）利用 Protege 工具实现本体可视化。

（二）技术供需信息 SAO 语义结构提取

根据依存句法分析提取技术供需信息文本的 SAO 结构，并给出语义结构的形式化表示，其中：供给信息表示为 $C_T=\{S_T, A_T, O_T\}$，需求信息表示为 $C_D=\{S_D, A_D, O_D\}$。映射到实际语义中，S_T 和 S_D 为技术供给和技术需求中的技术点，A_T 为技术供给中的技术性能描述，A_D 为技术需求中的技术问题描述，O_T 和 O_D 为技术供给和需求中的技术形态。

（三）技术供需信息多维语义结构匹配算法及模型

1. 技术点（S 结构）相似匹配算法

技术点是技术领域的知识表现，具有较强的层次性和推理性，而本体是对术语层次关系的反映[257]，本部分引入基于信息内容的本体概念间相似度算法，结合构建的领域本体，充分考虑本体树中每个层次节点所携带的信息量，计算 S 结构的匹配值，公式如下[258]：

$$Sim(S_T, S_D)=\frac{2IC(\text{common}(S_T, S_D))}{IC(S_T)+IC(S_D)} \tag{7-1}$$

其中，common（S_T，S_D）为概念 S_T 和概念 S_D 之间的共性，在本体树中即为这两个概念信息量最大的公共父概念，IC 为计算概念信息量的函数，IC 函数的计算参考 Sanchez[259] 提出的算法。公式如下：

$$IC(S_C) = -\log\left(\frac{|leaves(S_C)|/|subsumers(S_C)|+1}{\max\_leaves+1}\right) \quad (7-2)$$

其中，$IC(S_C)$ 表示概念 S_C 所携带的信息量，$|leaves(S_C)|$ 为概念 S_C 下所有叶子概念总数，$|subsumers(S_C)|$ 为概念 S_C 和 S_C 的所有父概念的总个数，max_*leaves* 表示技术点本体中所有叶子概念的总数目。

实际中，每条技术信息所包含的技术点不止一个，因此对该模型进行扩充。当供需信息中有多个技术点时，分别构建技术点集合，则技术供需信息中技术点间的相似度计算转化为两个技术点集合间的计算，过程如下[260]：

第一步：构建矩阵。设需求信息的技术点为 $S_T=\{S_{T\_1}, S_{T\_2}, \cdots, S_{T\_m}\}$（$m=1, 2, \cdots$），供给信息的技术点为 $S_D=\{S_{D\_1}, S_{D\_2}, \cdots, S_{D\_n}\}$（$n=1, 2, \cdots$），对这两个集合以笛卡尔积形式计算集合中每个技术点之间的相似度，构建出如下 $m\times n$ 的矩阵 M_1：

$$M_1=\begin{bmatrix} \mathrm{Sim}(S_{T\_1},S_{D\_1}) & \mathrm{Sim}(S_{T\_1},S_{D\_2}) & \cdots & \mathrm{Sim}(S_{T\_1},S_{D\_n}) \\ \mathrm{Sim}(S_{T\_2},S_{D\_1}) & \mathrm{Sim}(S_{T\_2},S_{D\_2}) & \cdots & \mathrm{Sim}(S_{T\_2},S_{D\_n}) \\ \vdots & \vdots & \ddots & \vdots \\ \mathrm{Sim}(S_{T\_m},S_{D\_1}) & \mathrm{Sim}(S_{T\_m},S_{D\_2}) & \cdots & \mathrm{Sim}(S_{T\_m},S_{D\_n}) \end{bmatrix}$$

矩阵中 $\mathrm{Sim}(S_{T\_i}, S_{D\_j})$（$i=1, 2, \cdots, m$；$j=1, 2, \cdots, n$）表示集合 S_T 中的技术点 S_{T_i} 和集合 S_D 中的技术点 S_{D_j} 之间的相似度。

第二步：计算技术点矩阵 M_1 中各元素的值。M_1 中各个元素的值即技术供需信息中各个具体的技术点间的相似度，利用公式（7－1）和公式（7－2）计算。

第三步：计算两个技术点集合的相似度。找出 M_1 中最大值元素 $Sim(S_{T\_i}, S_{D\_j})$ 添加到集合 G 中，删除与技术点 S_{T_i} 和技术点 S_{D_j} 有关的所有相似度的值，即删除 $Sim(S_{T\_i}, S_{D\_j})$ 所在的第 i 行和第 j 列的所有元素值，重复以上过程，直到集合 G 中的所包含的元素个数 K 为 $\min(m, n)$，集合为 $G=\{\mathrm{Sim}_1, \mathrm{Sim}_2, \cdots, \mathrm{Sim}_K\}$。最后对集合 G 中所有的元素进行标准化，得出技术点集合间的最终相似度的值。公式如下：

$$Sim(S_T,S_D)=\frac{(m+n)\sum_{k=1}^{K}Sim_k}{2mn} \quad (7-3)$$

2. 技术性能和技术问题（A 结构）相似匹配算法

利用SAO结构提取的技术性能、技术问题虽然不具有概念层次性，但每条信息可能会包含多个描述，并以词集的形式表达，即技术性能为 $A_T=\{A_{T\_1},A_{T\_2},\cdots,A_{T\_p}\}$，技术问题为 $A_D=\{A_{D\_1},A_{D\_2},\cdots,A_{D\_q}\}$。由此特性，分别从语法和语义两个层面构建相似匹配算法。

在语法层面，A_T 和 A_D 两个词集里的词汇即为技术性能和技术问题的特征，参考 Rodriguez 等[261]所提出的特征法公式（R&E 公式）对 A_T 和 A_D 进行相似计算。公式如下：

$$Sim_{R\&E}(A_T,A_D)=\frac{|A_T\cap A_D|}{|A_T\cap A_D|+0.5|A_T\setminus A_D|+0.5|A_D\setminus A_T|} \tag{7-4}$$

其中，“| |”为求集合势的符号，“∩”为交集符号，“\”为差集的符号。当两个词集中相同的词汇个数越多，所对应词集的语法相似度就越高，但是计算中忽略掉了词汇本身的含义以及与其他词汇的语义关系，因此引入语义层面的算法。步骤如下：

第一步：去除词集中的共同部分。统计集合 A_T 和集合 A_D 的交集个数 r，r 必满足 $0\leqslant r\leqslant\min(p,q)$。去除交集，$A_T$ 变为$\overline{A}_T=\{\overline{A}_{T_1},\overline{A}_{T_2},\cdots,\overline{A}_{T_p-r}\}$，$A_D$ 变为$\overline{A}_D=\{\overline{A}_{D_1},\overline{A}_{D_2},\cdots,\overline{A}_{D_q-r}\}$。

第二步：构建相似度矩阵。词集$\overline{A}_T$ 和$\overline{A}_D$ 间的相似度以笛卡尔积的形式计算，得出一个 $(p-r)\times(q-r)$ 的语义相似度矩阵 M_2：

$$M_2=\begin{bmatrix}\mathrm{Sim}(\overline{A}_{T\_1},\overline{A}_{D\_1}) & \mathrm{Sim}(\overline{A}_{T\_1},\overline{A}_{D\_2}) & \cdots & \mathrm{Sim}(\overline{A}_{T\_1},\overline{A}_{D\_q-r})\\ \mathrm{Sim}(\overline{A}_{T\_2},\overline{A}_{D\_1}) & \mathrm{Sim}(\overline{A}_{T\_2},\overline{A}_{D\_2}) & \cdots & \mathrm{Sim}(\overline{A}_{T\_2},\overline{A}_{D\_q-r})\\ \vdots & \vdots & \ddots & \vdots\\ \mathrm{Sim}(\overline{A}_{T\_p-r},\overline{A}_{D\_1}) & \mathrm{Sim}(\overline{A}_{T\_p-r},\overline{A}_{D\_2}) & \cdots & \mathrm{Sim}(\overline{A}_{T\_p-r},\overline{A}_{D\_q-r})\end{bmatrix}$$

M_2 中的 $Sim(\overline{A}_{T\_i},\overline{A}_{D\_j})$ $(i=1,2,\cdots,p-r;\ j=1,2,\cdots,q-r)$ 为$\overline{A}_T$ 中词汇$\overline{A}_{T_i}$和$\overline{A}_D$ 中词汇$\overline{A}_{D_j}$的语义相似度，是对词汇之间的计算，适用基于语义距离的相似算法。在此过程中，首先，将从 IncoPat 数据库中采集的大量领域技术文本作为原始语料库，通过 Python 中的 jieba 包对其进行繁体转简体、转码、分词、去除停用词等预处理，得到规范

的语料库；然后，利用 Word 2Vec 训练文本，将语料库中的词汇映射到高维空间中，得到空间词向量模型。最后，利用余弦距离得到词汇间的相似度，以 Sim（$\overline{A}_{T\_1}$，$\overline{A}_{D\_1}$）为例，设 a_i 和 b_i 分别为$\overline{A}_{T_1}$和$\overline{A}_{D_1}$的词向量，h 为词向量的维数，则计算公式如下：

$$Sim(\overline{A}_{T\_1},\overline{A}_{D\_1}) = \frac{\sum_{i=1}^{h}(a_i \times b_i)}{\sqrt{\sum_{i=1}^{h}(a_i)^2} \times \sqrt{\sum_{i=1}^{h}(b_i)^2}} \tag{7-5}$$

第三步：计算两个词集之间的相似度。找出 M_2 中最大值元素 Sim（$\overline{A}_{T\_i}$，$\overline{A}_{D\_j}$）添加到集合 R 中，删除 Sim（$\overline{A}_{T\_i}$，$\overline{A}_{D\_j}$）所在的第 i 行和第 j 列的所有元素值；重复以上过程，直到集合 R 中的元素个数 M 为 min（$p-r$，$q-r$），此时矩阵 M_2 中所有的元素值都被删除；最后得到集合 $R=\{Sim_1, Sim_2, \cdots, Sim_M\}$，词集$\overline{A}_T$ 和$\overline{A}_D$ 的相似度即为集合 R 中各元素的加权平均值，根据集合中元素的平等性，这里的加权平均值按算数平均计算。将其结果标准化，计算最终相似度公式如 7－6。

$$Sim_{SET}(A_T,A_D) = \mathrm{Sim}_{SET}(\overline{A}_T,\overline{A}_D) = \frac{(p+q)\times(r+\sum_{m=1}^{M}Sim_m)}{2pq} \tag{7-6}$$

融合语法和语义信息，得出供需信息中技术性能与技术问题语义相似度。公式如下：

$$Sim(A_T, A_D) = 0.5\mathrm{Sim}_{R\&E}(A_T, A_D) + 0.5\mathrm{Sim}_{SET}(A_T, A_D) \tag{7-7}$$

3. 技术形态（O 结构）相似匹配算法

技术形态是指某个技术最终呈现的状态和某个需求最终想要的技术形式，如“设备”“装置”“技术”“专利”“项目”等。技术形态间相似度也是针对词汇计算，因此在该部分仍旧采用基于语义距离的算法。过程与“技术性能和技术问题（A 结构）相似匹配算法”类似，在此不再赘述。

（四）技术供需信息多维语义结构匹配模型

1. 多维语义结构融合

技术供需信息匹配模型需要融合多维语义结构，公式如下：

$$Sim(C_T,C_D) = w_1Sim(S_T,S_D) + w_2Sim(A_T,A_D) + w_3Sim(O_T,O_D) \tag{7-8}$$

其中，w_1、w_2 和 w_3 分别为三部分的权重，满足 $w_1+w_2+w_3=1$。利用熵值法[42][262]确定权重，假设 $Sim(S_T, S_D)$、$Sim(A_T, A_D)$、$Sim(O_T,O_D)$ 分别为技术相似匹配的三个指标 x_1、x_2、x_3，其中 $x_i = \{x_{i1}, x_{i2}, \cdots, x_{ig}\}$ $(i=1, 2, 3)$。首先对各指标标准化为 y_1、y_2、y_3，标准化公式为 $y_{ij} = \frac{x_{ij}-\min(x_i)}{\max(x_i)-\min(x_i)}$。然后求出指标的信息熵 $E_i = -\ln(g)^{-1}\sum_{i=1}^{g}p_{ij}\ln(p_{ij})$，其中 $p_{ij} = \frac{y_{ij}}{\sum_{i=1}^{g}y_{ij}}$，当 $p_{ij}=0$ 时，则定义 $\lim_{p_{ij}\to 0}p_{ij}\ln(p_{ij})=0$。最后根据信息熵计算各指标权重，公式为 $w_i = \frac{1-E_i}{\sum_{i=1}^{3}(1-E_i)}(i=1,2,3)$。

2. 技术供需信息匹配过程

针对技术供给信息 $C_T=\{C_{T\_1}, C_{T\_2}, \cdots, C_{T\_e}\}$ 和需求信息 $C_D=\{C_{D\_1}, C_{D\_2}, \cdots, C_{D\_f}\}$，以笛卡尔积形式计算最终匹配值，得出技术供需信息的相似度矩阵 M_3：

$$M_3 = \begin{bmatrix} \mathrm{Sim}(C_{T\_1},C_{D\_1}) & \mathrm{Sim}(C_{T\_1},C_{D\_2}) & \cdots & \mathrm{Sim}(C_{T\_1},C_{D\_f}) \\ \mathrm{Sim}(C_{T\_2},C_{D\_1}) & \mathrm{Sim}(C_{T\_2},C_{D\_2}) & \cdots & \mathrm{Sim}(C_{T\_2},C_{D\_f}) \\ \vdots & \vdots & \ddots & \vdots \\ \mathrm{Sim}(C_{T\_e},C_{D\_1}) & \mathrm{Sim}(C_{T\_e},C_{D\_2}) & \cdots & \mathrm{Sim}(C_{T\_e},C_{D\_f}) \end{bmatrix}$$

将大量技术供需信息的匹配值与人工判断的匹配程度做出对比，确

定最佳阈值，若技术供需信息最终匹配值高于阈值，说明供需匹配程度高。

三、实证研究与模型检验

（一）数据采集与领域本体构建

利用 Python 采集“科易网”上 1173 条技术供给信息，人工构建领域词典，结合 IncoPat 数据库中新能源专利文本和《战略性新兴产业重点产品和服务指导目录》分析其中所包含的技术点，将新能源技术细化为太阳能、风能、地热能、潮汐能、氢能、核电技术、生物质能、新能源汽车和绿色照明九类。其中：太阳能包括太阳能产品、太阳能发电技术和太阳能生产设备；风能包括风力发电机、风力发电机零部件、风能产品、风能相关系统和海上风电相关系统与设备；地热能包括地热能产品、地热能发电及热利用、热泵系统、余热回收和高效换热材料；潮汐能包括发电系统；氢能包括储氢系统、制氢系统和发电技术；核电技术包括核电站技术设备和核燃料加工设备制造；生物质能包括原料供应系统、生物天然气、生物质供热、生物质发电和生物质能液体燃料；新能源汽车包括新能源汽车产品、生产测试设备和充换电及加氢设施；绿色照明包括灯具、芯片和材料；……不断重复，最终得到502 个概念节点。部分本体如图 7 - 2 所示。

（二）技术供需信息 SAO 语义结构提取

利用 Python 从“科易网”上采集新能源领域技术供给信息文本 500 条和技术需求信息文本 244 条，对其进行去除停用词、数字、符号和特殊字符等噪音词预处理。利用哈工大 LTP 分词工具并结合所构建的新能

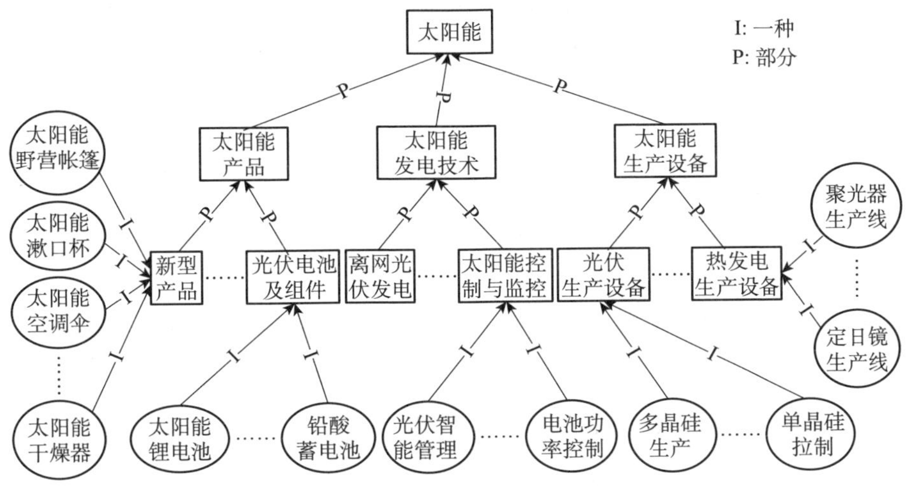

图 7-2 本体示意图（部分）

源领域词典实现技术信息的依存句法分析。以“无汞扣式电池负极材料生产技术”文本为例，得到的语义标注结构如图 7-3 所示。

```
<xml4nlp>
    <note sent="y" word="y" pos="y" ne="n" parser="y" semparser="n" lstmsemparser="n" wsd="n" srl="n" />
    <doc>
        <para id="0">
            <sent id="0" cont="无汞扣式电池负极材料生产技术。">
                <word id="0" cont="无汞扣式" pos="b" parent="1" relate="ATT" />
                <word id="1" cont="电池" pos="n" parent="3" relate="ATT" />
                <word id="2" cont="负极" pos="v" parent="3" relate="ATT" />
                <word id="3" cont="材料" pos="n" parent="5" relate="ATT" />
                <word id="4" cont="生产" pos="v" parent="5" relate="ATT" />
                <word id="5" cont="技术" pos="n" parent="-1" relate="HED" />
                <word id="6" cont="。" pos="wp" parent="5" relate="WP" />
            </sent>
        </para>
    </doc>
</xml4nlp>
```

图 7-3 语义标注结果示意图

通过 LTP 依存句法分析对句子中的“主谓宾”“定状补”这些语法成分进行词性标注，根据语义标注设定 SAO 的提取规则，并用 Python 中的正则表达式实现。提取 SAO 结构中所涉及的语法标注关系如表 7-1 所示。

表 7－1　LTP 依存句法分析标注含义

关系类型	依存句法标记	描述
主谓关系	SBV	subject-verb
动宾关系	VOB	直接宾语，verb-object
间宾关系	IOB	间接宾语，indirect-object
前置宾语	FOB	前置宾语，fronting-object
定中关系	ATT	attribute
核心关系	HED	head

（三）技术供需匹配模型及求解

在采集的技术供需文本中选取人工判断匹配程度较高的 62 对技术供需信息，计算出每对信息多维特征结构的相似匹配值，利用熵值法计算出权重。经测算得出技术点/技术点、技术性能/技术问题、技术形态/技术形态的权重分别为 0.34、0.34 和 0.32，利用多维语义结构匹配模型（即公式 7－8）计算技术供需语义匹配值，部分结果如表 7－2 所示。

表 7－2　文本相似度计算结果示例（部分）

技术供给	技术需求	技术点/技术点	技术性能/技术问题	技术形态/技术形态	综合匹配值
高功率锂离子电池	高功率 18650 动力锂离子电池	0.846	0.564	1	0.799
城市污水处理厂污泥化学调制深度脱水技术	寻求能降低城市污泥含水率的技术	0.918	0.601	1	0.836
废活性炭再生技术	寻求废活性炭再生工艺技术	0.741	0.650	1	0.793
玉米淀粉加工淀粉废水处理技术	寻求淀粉企业污水处理技术	0.810	0.580	1	0.793
高效节能资源化高氨氮废水处理新技术	寻求氨氮废水处理技术	0.810	0.658	1	0.819

续表

技术供给	技术需求	技术点/技术点	技术性能/技术问题	技术形态/技术形态	综合匹配值
智能化电机伺服控制系统	寻求金刚石线切割机伺服系统	0.784	0.579	1	0.783
辐射电能（太阳能的升级技术）	太阳能转换技术	0.798	0.562	1	0.782
太阳能制冷技术或汽车节能制冷技术	太阳能制冷技术	0.749	0.568	1	0.768
电动车电池管理系统	新能源汽车电池管理系统	0.641	0.631	1	0.752
低温脱硝催化剂技术	寻求低温脱硝催化剂生产技术	0.731	0.717	1	0.812

（四）模型准确性评价

精确度、召回率和 F_1 值是用来评测模型的常用指标，精确度表示预测为正的样本中有多少是真正的正样本，召回率表示样本中的正例有多少是被预测正确。首先，从采集的技术供需文本中抽取 28 对供需信息作为样本，其中 14 对从上述 62 对中抽取作为正类样本，另外 14 对从 62 对除外的文本中抽取人工判断不匹配的作为负类样本，正负样本比例为 1∶1；然后，计算出每个供需信息对的匹配值，用第（三）部分所计算的 62 对结果的均值作为阈值，当匹配值大于阈值时即判定为匹配，小于阈值时判定为不匹配；最后分别计算样本的精确度 P、召回率 R 和 F_1 值。公式如下：

$$P = \frac{TP}{TP + FP},\ R = \frac{TP}{TP + FN},\ F_1 = \frac{2 \times P \times R}{P + R} \qquad (7-9)$$

公式中的 TP 表示将正类样本预测为正类的样本数；FP 表示将负类样本预测为正类的样本数；FN 表示将正类样本预测为负类的样本数，指标结果中精确度为 0.733，召回率为 0.786，F_1 值为 0.759，验证了上述

模型的有效性。

四、本章小结

利用本体理论和SAO语义结构分析方法，抽取线上技术供需信息多维语义结构特征，包括技术点、技术性能/技术问题、技术形态，以表征供给技术的创新特征和技术需求的问题特征，并提出技术供需多维语义结构匹配模型。结果表明：①基于本体理论和SAO结构分析能更全面地刻画供给技术的创新特征和技术需求的问题特征，提高供需匹配的准确性。②根据不同语义结构特点设计不同的相似匹配算法，有利于提高匹配模型的有效性，为线上技术供需信息匹配推荐提供基础。

本章为线上技术供需信息语义匹配提供了可行思路，但仍存在不足和局限：①技术供需信息语义匹配中，忽略了科技主体间的合作关系所形成的同群效应对技术供需匹配的影响。②基于本体信息内容计算技术点之间的相似匹配值时，虽考虑了本体概念树携带的信息量，但忽略了概念本身的语义相似。因此，结合技术供需主体的交易合作关系网络信息，完善技术供需信息语义特征匹配算法，探讨综合匹配推荐模型，促进技术供需有效对接，需要后续深入研究。

第八章 多特征融合下在线技术供需匹配模型

与第七章所论述的基于本体和SAO语义分析方法及技术供需匹配模型不同，本章重点探索多特征融合下在线技术供需匹配模型，其中多特征不仅包括语义特征，也将词频特征和相关特征进行融合。

一、问题描述

目前，线上技术交易平台中技术供需匹配研究面临的主要问题为：第一，将以技术术语表述的供给信息与以口语化表述的需求信息进行匹配，需要解决供需双方使用不同词汇描述同一概念以及同一表达在不同上下文中可代表不同含义等语义匹配问题。如词汇空缺问题，传统的基于关键词匹配和共现特征的语义匹配方法就无法较好地应对此类问题。第二，技术供需文本均属于短文本，具有特征词稀疏、缺乏上下文信息、表达不规范等缺点，传统的单一特征匹配模型在应对短文本匹配中也存在特征词稀疏、缺乏上下文信息等局限。

近年来，学者们在多特征匹配方面做了探讨，一是从词汇、语法、

句法等多层次考虑语义特征。例如，Ferreira 等[263]提出一种结合词汇、句法和语义相似度的释义识别系统；荆琪等[264]在维基百科的基础上提出基于词形结构、词序结构以及主题词权重的句子相关度计算方法，对短文本所表达的有限信息进行特征扩展。二是利用主题模型提取短文本语义特征。例如，Liang 等[265]提出一种包括梯度文档生成、混合主题建模和句子排名三个步骤的新的混合主题模型方法，提取文档中敏感话题内容；Xiong 等[266]针对短文本提出了情感—主题模型来确定产品评论主题和观点；Xia 等[267]扩展 LDA 模型提出了一种多特征主题模型（MTM）并将其应用到错误分类的过程中。三是引入概率排序模型对匹配结果进行排序，如 BM25 模型[83][268]、交叉效率排序模型[269][270]等多被使用，其中用于计算相关性评分的 BM25 模型受到广泛应用。

因此，针对线上技术供需文本的特点，本章将提取基于词向量的语义特征、基于 TF-IDF 的词频特征和基于 BM25 模型的相关性特征，并通过多维特征融合构建技术文本供需匹配模型，并以“技 E 网”平台的京津冀区域数据为例进行实证研究，为在线技术转移平台的供需匹配提供方法和思路。

二、多特征融合下在线技术供需匹配模型

模型的主要步骤：第一，采集“技 E 网”平台的技术供需信息，包括全网的技术供给文本和京津冀地区的技术需求文本，进行去重、分词、去停用词等预处理，得出技术供给和技术需求的关键词集合；第二，通过基于词向量的语义相似度、TF-IDF 模型以及 BM25 模型分别获取技术供需文本的语义特征、词频特征和相关性特征；第三，利用熵值法融合多层次特征，构建技术供需匹配模型；第四，利用匹配模型筛选出有效供需匹配对并进行模型检验。具体流程如图 8 – 1 所示。

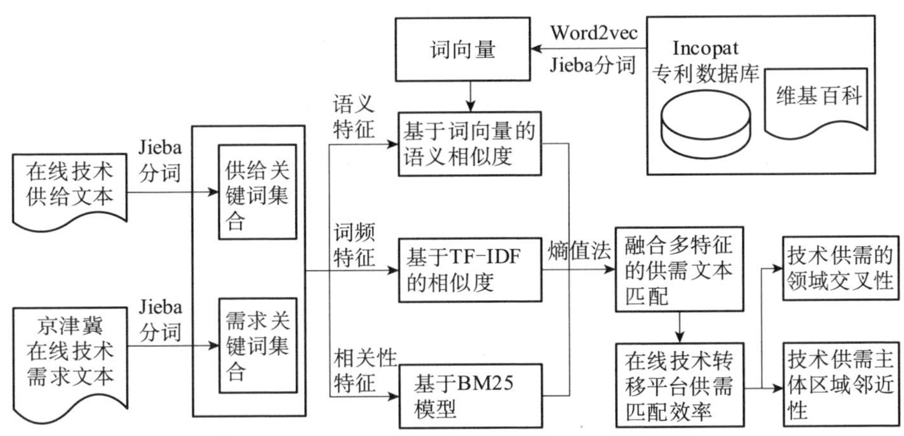

图 8－1　融合多特征的技术供需文本匹配模型流程示意图

（一）多特征提取及匹配算法

在线技术转移平台的技术供需文本的表述方式不同，其中技术供给文本偏专业化，而技术需求文本偏口语化，因此选取 IncoPat 专利数据库中的专利技术文本和维基百科文本两部分作为原始语料库，通过 Python 中的 Jieba 包对其进行繁体转简体、转码、分词、去除停用词等预处理，最终获得规范的语料库；同时对线上技术供需文本的标题和摘要进行分词、去停用词等去噪预处理，以保证所提取特征的有效性，在此基础上提取在线技术供需的语义特征、词频特征和相关性特征，所涉及的匹配算法如下所述：

1. 基于词向量的语义相似度

为提高线上技术需求文本的匹配效率，在语义特征方面采用基于词向量的语义相似度来计算匹配值，其中：线上每条技术供给文本和技术需求文本都以词集的形式表述，技术供给 S 形式化为 $S=\{S_1, S_2, \cdots, S_p\}$，技术需求 D 形式化为 $D=\{D_1, D_2, \cdots, D_q\}$。运用基于词向量的词集相似度计算方法[255][271]，步骤如下：

第一步：去除词集中的共同部分。统计集合 S 和集合 D 的交集个数

r，r 必满足 $0 \leqslant r \leqslant \min(p, q)$。去除交集，则技术供给 S 变为 $\bar{S} = \{\bar{S}_1, \bar{S}_2, \cdots, \bar{S}_{p-r}\}$，技术需求 D 变为 $\bar{D} = \{\bar{D}_1, \bar{D}_2, \cdots, \bar{D}_{q-r}\}$。

第二步：构建相似度矩阵。技术供需词集 $\bar{S}$ 和 $\bar{D}$ 间以笛卡尔积的形式计算相似度，得出一个 $(p-r) \times (q-r)$ 的语义相似度矩阵 M_1：

$$M_1 = \begin{bmatrix} \mathrm{Sim}(\bar{S}_1, \bar{D}_1) & \mathrm{Sim}(\bar{S}_1, \bar{D}_2) & \cdots & \mathrm{Sim}(\bar{S}_1, \bar{D}_{q-r}) \\ \mathrm{Sim}(\bar{S}_2, \bar{D}_1) & \mathrm{Sim}(\bar{S}_2, \bar{D}_2) & \cdots & \mathrm{Sim}(\bar{S}_2, \bar{D}_{q-r}) \\ \vdots & \vdots & \ddots & \vdots \\ \mathrm{Sim}(\bar{S}_{p-r}, \bar{D}_1) & \mathrm{Sim}(\bar{S}_{p-r}, \bar{D}_2) & \cdots & \mathrm{Sim}(\bar{S}_{p-r}, \bar{D}_{q-r}) \end{bmatrix}$$

M_1 中的 $\mathrm{Sim}(\bar{S}_i, \bar{D}_j)$ $(i=1, 2, \cdots, p-r; j=1, 2, \cdots, q-r)$ 为 $\bar{S}$ 中词汇 $\bar{S}_i$ 和 $\bar{D}$ 中词汇 $\bar{D}_j$ 的语义相似度。通过 Python 利用 Word 2Vec 对上述所构建的语料库进行训练，将语料库中的词汇映射到高维空间中（训练中维度设置为 100，窗口设置为 5，即考虑词汇的前后五个关联词），最终得到空间向量模型，利用余弦距离计算词汇间相似度，以 $\mathrm{Sim}(\bar{S}_1, \bar{D}_1)$ 为例，设 a_i 和 b_i 分别为 $\bar{S}_1$ 和 $\bar{D}_1$ 的词向量，h 为词向量的维数，则计算公式如下：

$$Sim(\bar{S}_1, \bar{D}_1) = \frac{\sum_{i=1}^{h}(a_i \times b_i)}{\sqrt{\sum_{i=1}^{h}(a_i)^2} \times \sqrt{\sum_{i=1}^{h}(b_i)^2}} \tag{8-1}$$

第三步：计算两个词集之间的相似度。找出 M_1 中的最大值元素 $Sim(\bar{S}_i, \bar{D}_j)$ 将其添加到集合 R 中，删除 $\mathrm{Sim}(\bar{S}_i, \bar{D}_j)$ 所在的第 i 行和第 j 列的所有元素；重复以上过程，直到集合 R 中的元素个数 M 为 $\min(p-r, q-r)$，此时矩阵 M_1 中所有的元素值都被删除；最后得到集合 $R = \{Sim_1, Sim_2, \cdots, Sim_M\}$，词集 $\bar{S}$ 和 $\bar{D}$ 的相似度即为集合 R 中各元素的加权平均值，根据集合中元素的平等性，这里的加权平均值按算数平均计算。将其结果标准化，计算最终相似度公式如下：

$$Sim_{Vector}(S, D) = \mathrm{Sim}_{Vector}(\bar{S}, \bar{D}) = \frac{(p+q) \times (r + \sum_{m=1}^{M} Sim_m)}{2pq} \tag{8-2}$$

2. 基于 TF-IDF 的文本相似度

在获取词频特征的过程中，利用最为经典的 TF-IDF 模型，并结合余弦相似度计算技术计算供需文档之间基于词频的相似度。计算步骤如下：

第一步：计算技术供需文档的 TF-IDF 值。首先对所有在线技术供需文档进行分词、去停用词等预处理，读取所有文档中的词汇，构建出技术词汇语料库；然后计算每篇文档中每个词汇的 TF 值和 IDF 值，其计算公式分别为：

$$tf_{i,j} = \frac{n_{i,j}}{\sum_{k=0}^{n} n_{k,j}}$$

$$idf_i = \log \frac{N}{\{j:text_j\}}$$

其中，i 代表词汇 word，j 代表文本文档 text，$tf_{i,j}$为第 i 个词汇在文本 $text_j$ 中的 TF 指标，$n_{i,j}$为第 i 个词汇在文本文档中出现的次数，$n_{k,j}$为第 k 个词汇在文档中出现的次数，k 为逐条之意，且 $k \in [0, n]$，$\sum_{k=0}^{n} n_{k,j}$ 为技术文本中所有词汇出现的次数之和，N 为文档总篇数，$\{j: text_j\}$ 为文本库中包含改词汇的文本数量；最后计算词汇的 TF-IDF 值，计算公式为：$TF-IDF = TF \times IDF$。

第二步：计算技术供需文档间余弦相似度。计算出每篇技术供需文档中所有词汇各自的 TF-IDF 值，以此作为每篇文档的词频向量，该向量维度即为技术供需文本库中的词汇总个数 m。则技术供需文本间的相似度可以通过两个文档对应的高维向量间的余弦值 $\cos\theta$ 得到，其计算公式为：

$$\mathrm{Sim}_{TF-IDF}(S,D) = \cos\theta = \frac{\vec{a} \cdot \vec{b}}{|\vec{a}||\vec{b}|}$$

其中，$\vec{a}$ 和 $\vec{b}$ 分别为技术供给 S 和技术需求 D 的文档向量。

3. 基于 BM25 模型的相关性特征

在获取技术供需文本相关性特征的过程中引入 BM25 模型，该模型属于概率排序模型，多用于搜索引擎[272]。在本研究中，BM25 模型用来计算在线技术供需文本的相关性评分，计算步骤如下[273]：

第一步：对每一条技术需求文档 D 进行语素解析，产生语素 d_i；

第二步：计算其与每一条技术供给文档 S 的相关性得分；

第三步：将 d_i 相对于 S 的相关性得分加权求和，得到每一条技术需求 D 与技术供给信息 S 的相关性得分。

BM25 的评分公式如下：

$$Score(D,S) = \sum_{i}^{n} w_i \times R(d_i,S) \tag{8-3}$$

其中，w_i 定义为 IDF。代入公式如下：

$$IDF(d_i) = \log\frac{N - n(d_i) + 0.5}{n(d_i) + 0.5} \tag{8-4}$$

其中，N 为技术供给文档总数量，$n(d_i)$ 为技术供给文档中包含了语素 d_i 的文档数。根据 IDF 定义，对于给定的技术供给文档集合，包含语素 d_i 的文档越多，说明 d_i 越普遍，说明 d_i 的权重越低，该语素用于判断相关性的重要程度就越低。

$R(d_i, S)$ 的计算公式如下：

$$R(d_i,S) = \frac{f_i(k_1+1)}{f_i+K} \times \frac{df_i(k_2+1)}{df_i+k_2} \tag{8-5}$$

$$K = k_1\left(1 - b + b\frac{dl}{avgdl}\right) \tag{8-6}$$

其中，k_1、k_2、b 为调节因子，通常取 $k_1=2$、$k_2=1$、$b=0.75$，f_i 是查询 d_i 在文档中出现的次数，df_i 代表每一个语素在查询词中出现的次数，dl 是文档 d 的长度，$avgdl$ 是所有供给文档的平均长度。

由于查询词中语素一般仅出现一次，所以 df_i 可看作 1，因此 $R(d_i, s_j)$ 右边因数等于 1，公式可以简化为：$R(d_i, s_j) = \frac{f_i(k_1+1)}{f_i+K}$。综上，BM25 的相关性评分计算公式简化如下：

$$Sim_{BM25}(D,S) = \sum_{i}^{n} IDF(d_i) \times \frac{f_i(k_1+1)}{f_i + k_1\left(1 - b + b\frac{dl}{avgdl}\right)} \tag{8-7}$$

（二）多特征融合

本章采取熵值法实现多特征融合，确定出基于词向量的语义特征、基于 TF-IDF 的词频特征和基于 BM25 模型的相关性特征的权重 w_1、w_2、w_3，得出融合多特征的在线技术供需匹配值计算公式如下：

$$Sim(D,S) = w_1 \mathrm{Sim}_{Vector}(D,S) + w_2 \mathrm{Sim}_{TF-IDF}(D,S) + w_3 \mathrm{Sim}_{BM25}(D,S) \tag{8-8}$$

熵值法的计算过程如下[262]：假设 Sim_{Vector}（D，S）、Sim_{TF-IDF}（D，S）、Sim_{BM25}（D，S）分别为技术相似匹配的三个指标 x_1、x_2、x_3，其中，$x_i = \{x_{i1}, x_{i2}, \cdots, x_{ig}\}$ $(i=1, 2, 3)$，g 表示样本总个数。首先对各指标标准化为 y_1、y_2、y_3，标准化公式为 $y_{ij} = \dfrac{x_{ij} - \min(x_i)}{\max(x_i) - \min(x_i)}$；然后分别求出各个指标的信息熵 $E_i = -\ln(g)^{-1} \sum_{i=1}^{g} p_{ij} \ln(p_{ij})$。其中，$p_{ij} = \dfrac{y_{ij}}{\sum_{i=1}^{g} y_{ij}}$，当 $p_{ij}=0$ 时，则定义 $\lim_{p_{ij} \to 0} p_{ij} \ln(p_{ij}) = 0$；最后根据信息熵计算各指标权重，公式如下：

$$w_i = \frac{1 - E_i}{\sum_{i=1}^{3}(1 - E_i)} (i = 1,2,3) \tag{8-9}$$

（三）技术供需匹配的领域及区域特征

技术供需匹配是否具有明显的领域交叉特征，以及供需主体间的地理距离对双方交易是否具有显著影响[10]，受到学术界关注。例如，北京理工大学许云在 2017 年的研究中指出，技术所属区域距离越远，技术转移效率就越低[274]。因此在基于多特征融合的在线技术供需匹配对筛选基础上，研究匹配对的领域交叉特征及区域特征，能从实证角度回答上述问题。领域交叉特征及区域特征分析的方法如下：

1. 技术供需所属领域相似度计算

如果技术供需所属领域相似度较高，说明供需匹配是同领域匹配，否则说明供需匹配具有显著的领域交叉特征。由于领域分类具有显著的树形结构特征，因此引入基于层次结构信息量的计算方法，可以充分考

虑树中每个层次节点所携带的信息量以方便计算领域属性的相似值。

假设技术需求所属领域为 T_D，技术供给所属领域为 T_S，领域相似度的计算公式如下[258]：

$$Sim(T_D, T_S) = \frac{2IC(\mathrm{common}(T_D, T_S))}{IC(T_D) + IC(T_S)} \tag{8-10}$$

其中，common（T_D，T_S）为领域 T_D 和领域 T_S 之间的共性，在树中即为这两个概念信息量最大的公共父概念，*IC* 为计算概念信息量的函数，*IC* 函数的计算参考 Sanchez[259] 提出的算法，公式如下：

$$IC(T_{SD}) = -\log\left(\frac{|leaves(T_{SD})| / |subsumers(T_{SD})| + 1}{\mathrm{max\_}leaves + 1}\right) \tag{8-11}$$

其中，$IC(T_{SD})$ 表示节点 T_{SD} 所携带的信息量，$|leaves(T_{SD})|$ 为节点 T_{SD} 下所有叶子节点总数，$|subsumers(T_{SD})|$ 为节点 T_{SD} 和 T_{SD} 的所有父节点的总个数，max_ leaves 表示树结构中所有叶子节点的总数目。

2. 技术供需主体所属区域特征分析

已有研究[275]将地理邻近性定义为主体间的绝对或相对距离，在此基础上，球面的距离指标[276]、火车运行时间[277]、两个省会城市之间的直线距离[278]等作为地理邻近性的测算指标得到应用。本研究将利用球面距离（即两点之间的最短长度）测算供需技术主体所属区域间距离，通过 Python 引入高德地图的 API 接口，获得各个地区的经纬度，利用 haversine 公式[279]和地球的经纬度计算区域间距离。

三、实证研究与模型检验

（一）数据采集与处理

利用 Python 采集“技 E 网”平台上所有技术项目供给文本和京津冀

三个地区的全部技术需求文本，包括标题、摘要、行业和区域，对其进行文本预处理、去重、去空筛选，最终保留在线技术供给文本16455条，技术需求文本1030条（其中北京、天津、河北的技术需求分别为429条、35条、566条）。其中：技术供需所属领域大类分为电子信息技术、生物与新医药技术、航空航天技术、新材料技术、高新技术服务业及公共事业、新能源及节能技术、资源与环境工程技术、高端装备与先进制造、化学与化学工程技术和现代农业与食品产业技术等10个，通过领域细分共得到两层79个子领域。

经统计，技术供给较多的领域（前3位）包括新能源及节能技术，高端装备与先进制造，新材料技术。京津冀地区的技术需求领域分布具有差异性，其中，北京技术需求比较集中的领域包括现代农业与食品产业技术（占总需求数量的61.07%）、生物与新医药技术（27.51%）、新能源及节能技术（3.03%）。天津技术需求集中在现代农业与食品产业技术（25.71%）、资源与环境工程技术（20.00%）和高端装备与先进制造（17.14%）。河北技术需求则主要集中于高端装备与先进制造（23.50%）、新材料技术（22.79%）和新能源及节能技术（13.60%）。

在此数据集上构建多特征融合下在线技术供需匹配模型并进行实证测算，获得在线技术转移平台的供需匹配效率以及京津冀三个地区的技术需求匹配结果。

（二）多特征融合的匹配模型有效性检验

为检验融合多特征的技术供需匹配模型准确性，从采集的技术供给和需求数据集中分别随机选取5%作为验证样本（其中：技术供给文本822条，技术需求文本52条），并通过人工阅读文本进行经验匹配标注，以标注结果检验模型有效性。通过人工标注方法检验文本特征提取准确性及文本相似测度准确性的结果，可得准确率在60%以上认为可接受[280][281]。基于所选样本构建融合多特征的匹配模型，以笛卡尔积形式对822个技术供给和52个技术需求进行匹配值测算，得出822×52大小的匹配值矩阵，筛选出与每一条技术需求匹配值最大且高于0.5的技术

供给，与人工标注结果进行对比，计算出准确率的综合评价 F_1 值，公式如下[282][283]：

$$F_1 = \frac{2 \times R \times P}{R + P} \tag{8-12}$$

其中，$R = \frac{TP}{TP + FN}$为召回率，表示模型正确识别出供需匹配的对数与人工标注匹配的总对数的比率（其中：TP 表示将人工标注匹配样本识别为匹配的样本数，FN 表示将人工标注匹配样本识别成不匹配的样本数），$P = \frac{TP}{TP + FP}$为查准率，即正确识别出供需匹配的对数与识别为匹配样本的总对数的比率（其中：FP 表示将人工标注不匹配的样本识别为匹配的样本数），F_1 即为两者的调和平均数。由此计算得出基于语义特征的 F_1 值为 48.72%，基于词频和相关性特征的 F_1 值分别为 6.45% 和 7.14%，而融合多特征的匹配模型的 F_1 值为 60.32%，说明融合多特征的技术供需匹配模型具有一定的有效性，且准确率比单一特征模型大幅提高。

（三）实证结果分析

1. 技术供需匹配率分析

对“技 E 网”平台所采集的 16455 条技术供给文本和 1030 条技术需求文本进行多特征融合下的技术供需匹配模型测算，得出 16455 × 1030 大小的匹配矩阵，保留与技术需求匹配值最高的技术供给。参照清华大学杨德林教授的研究，保留特征匹配值高于 0.5 的供需匹配对作为匹配结果（见表 8－1）。各特征融合前后的匹配率为 ρ，其计算公式为 $\rho = \frac{H_\alpha}{H}$（其中，$H_\alpha$ 为技术供需特征匹配值高于 0.5 的需求个数，H 为总需求个数）。表 8－2 为多特征融合下供需匹配值较高的匹配对原始信息（Top10）。

表 8 – 1　各特征识别出的匹配值高于 0.5 的需求数量及匹配率

	词频特征		相关性特征		语义特征		多特征融合		总需求数
	数量	匹配率	数量	匹配率	数量	匹配率	数量	匹配率	
北京	62	14.452%	24	5.594%	419	97.669%	291	67.832%	429
天津	7	20.000%	21	60.000%	35	100.000%	27	77.143%	35
河北	79	13.958%	185	32.686%	562	91.166%	150	26.502%	566
汇总	148	14.369%	230	22.330%	1016	98.641%	468	45.437%	1030

表 8 – 2　多特征融合下供需匹配值前 10 位的信息

供给标题	需求标题	供给行业	需求行业	供给区域	需求区域	匹配值
地毯式无土生态型草坪的繁育方法	SMC 或 BMC 工艺配方调整与技术设计	F 新能源及节能技术丨高效节能技术	D 新材料技术丨其他	北京市海淀区	河北省衡水市枣强县	0.8
细胞分裂因子类植物生长调节剂	γ－氨基丁酸的技术需求	D 新材料技术丨其他	B 生物与新医药技术丨其他	北京市海淀区	河北省石家庄市正定县	0.8
刺激免疫的新型生物活性肽	NMDA 受体的具亚型选择性的变构调节剂合作需求	B 生物与新医药技术丨生物制品	J 现代农业与食品产业技术丨其他	北京市	北京市	0.7
超塑成形技术	橡胶及其制品模具修复技术	B 生物与新医药技术丨中药/天然药物	D 新材料技术丨其他	陕西省	河北省邢台市任县	0.7
一种高膳食纤维火腿肠	麦麸膳食纤维的提取及高纤维面粉构建	J 现代农业与食品产业技术丨食品和农产品深加工	H 高端装备与先进制造丨其他	北京市海淀区	河北省邯郸市邱县	0.7
英国－胰腺癌诊断	新型胰腺导管癌标志物	J 现代农业与食品产业技术丨其他	J 现代农业与食品产业技术丨其他	北京市	北京市	0.7
人工关节及骨植入物松动的检测和治疗	治疗关节炎的大分子前药合作需求	J 现代农业与食品产业技术丨其他	B 生物与新医药技术丨健康相关产品	北京市	北京市	0.7
抗肿瘤药物甲磺酸伊马替尼的合成	血管瘤治疗，癌症治疗相关产品的技术转让需求	B 生物与新医药技术丨医药新技术	J 现代农业与食品产业技术丨其他	湖北省武汉市	天津市	0.6

续表

供给标题	需求标题	供给行业	需求行业	供给区域	需求区域	匹配值
接触氧化除锰滤池的快速启动方法	垃圾渗滤液浓缩液处理集成技术	G 资源与环境工程技术丨环境监测及环境生态保护	G 资源与环境工程技术丨水污染防治与综合利用	吉林省长春市朝阳区	天津市	0.6
光伏并网逆变器（产品）	太阳能并网逆变技术	A 电子信息技术丨计算机硬件	F 新能源及节能技术丨高效太阳能	北京市	天津市	0.6

由表 8 - 1 可知：

第一，基于词频特征筛选出匹配值高于 0.5 的技术需求为 148 条，占总需求数 1030 的 14.369%；基于相关性特征筛选出匹配值高于 0.5 的技术需求为 230 条，匹配率为 22.330%，说明基于上述两个特征的技术供需匹配率不高。这与清华大学杨德林教授基于词频的供需匹配效率研究结果具有一致性（基于 TF-IDF 词频特征计算中国技术交易信息服务平台中技术供需文本的匹配率为 20.723%）。

第二，基于语义特征筛选出匹配值高于 0.5 的技术需求为 1016 条，匹配率高达 98.641%，但基于语义特征的匹配模型准确率（48.72%）相比多特征融合（60.32%）模型较低。因此，融合多特征的供需匹配模型有效性更高。同时，进一步分析匹配值大于（含等于）0.8 的匹配对仅 36 对，占比 3.54%，大部分匹配值都集中在 0.5 - 0.7，说明匹配值依然处于较低水平。

第三，综合考虑多维特征，筛选出匹配值高于 0.5 的技术需求为 468 条，匹配率为 45.437%，不足 50%，进一步分析匹配值大于（含等于）0.8 的仅 29 条，占比 6.2%，约 92.5% 的供需匹配值在 0.6 左右，说明匹配值较低。这在一定程度上验证了目前多个在线技术转移平台技术供需签约率低的事实（科易网签约率为 2%，中国浙江网上技术市场签约率为 20%）。

第四，从京津冀三个地区技术需求匹配率来看，多特征融合下的匹配情况为：北京和天津的匹配率均在 70% 左右，而河北的匹配率仅为 26%，相对较低；但由于天津的总需求数量仅为 35 条，也反映出天津参与在线技术转移的积极性不高，缺乏信息积累。三地供需匹配值集中分布于0.55－0.65，如图8－2所示。

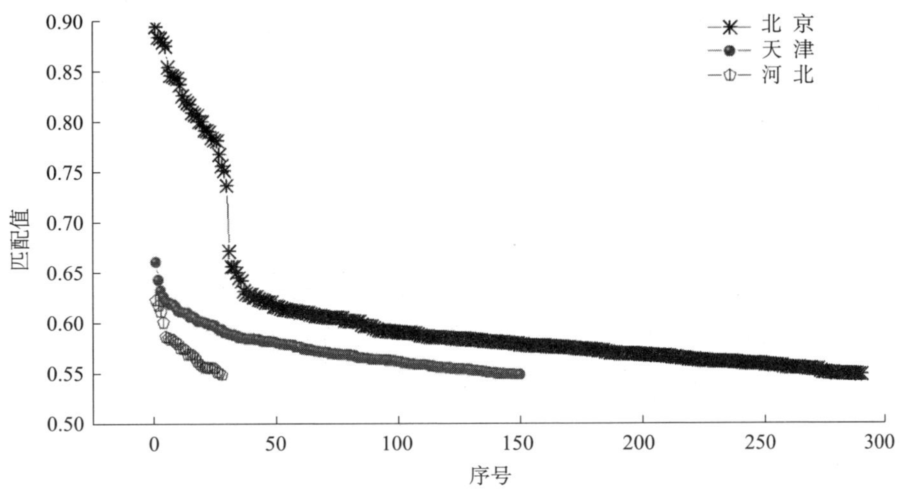

图8－2 京津冀供需匹配值高于0.5的分布情况

2. 技术供需匹配对的领域特征分析

利用本章第二部分第（三）小部分技术供需所属领域相似度计算方法，对多特征融合下匹配值高于0.5的匹配对进行领域相似度计算，得出结论：0.58为界定同领域和交叉领域的阈值，以此筛选领域相似度高于0.58的匹配对，得出结论：供需匹配对中95.94%的供需信息属于同领域（其中北京、天津、河北的同领域比例分别为：99.31%、44.44%、98.67%）。这说明该技术转移平台中供需匹配领域交叉现象不明显。

3. 技术供需匹配对所属区域分析

针对筛选出高于阈值的技术供需匹配对，利用本章第二部分第（三）小部分区域间距离（千米）计算方法，统计京津冀技术供需匹配对所对应的地理距离分布，得出结果：468个供需匹配对中，307个所属区域间距离集中在400千米以内，占比为65.6%，地理邻近性较强，反映出地理距离对技术供需匹配具有一定的负向影响；但通过统计“技E网”平台中技术供给的区域分布，得出结果：北京供给信息占比为74.68%，河北占比为3.45%，天津占比为0.25%，仅有21.62%的供给

分布在其他省市。这说明该在线技术转移平台具有明显的区域特性，这导致筛选的供需匹配对大多地理距离邻近。

四、本章小结

本章采集在线技术转移平台（“技E网”）的技术供需文本，融合文本多特征（语义特征、词频特征和相关性特征）构建技术供需匹配模型，通过实证分析检验模型有效性，并探讨京津冀区域的技术供需匹配率，以及技术供需匹配对的领域交叉特征和区域分布特征。得出结论：

（1）融合多维特征的技术供需文本匹配模型，匹配准确率相比单一特征大幅提高，在应对短文本特征稀疏以及供需文本表述存在差异性等方面，具有优势和可操作性。

（2）目前在线技术交易平台（“技E网”）中京津冀技术供需文本匹配率较低，在多特征融合下计算匹配率仅为45.437%，且大部分匹配值分布在0.5－0.6。其中：北京市和天津市的匹配率在70%左右，河北省的匹配率仅为26%。说明河北省的技术需求在线对接难度更大；同时天津市技术需求数量较少，参与在线技术转移的积极性有待提高。

（3）对筛选的高于阈值的技术供需匹配对进行领域交叉及地理邻近性特征分析，发现：技术供需匹配的领域交叉趋势不明显，技术项目供给更容易在本领域进行转化；同时技术供需匹配对的地理邻近性特征明显，一方面验证了技术供需所属区域距离越远，技术转移越难的观点，另一方面也发现该在线技术转移平台的供需信息存在明显的地域性，不利于跨区域的技术供需匹配。

本研究为在线技术转移平台中技术供需文本匹配提供了可行思路，为平台中需求方的技术供给信息检索节省时间成本，并为平台中技术供需有效对接提供决策依据。不足之处在于：第一，仅对“技E网”单个平台数据进行了实证研究，模型的扩展性有待加强；第二，在线技术转移平台中技术供需信息的智能匹配模型还有待进一步开发。

第九章
在线技术交易平台供需匹配效率研究

本章重点研究在线技术交易平台供需文本匹配效率测度方法，并以“浙江网”“科易网”“技E网”三大平台中电子信息技术领域数据为例，对比供需匹配效率，研究平台技术供需的差异性和一致性，为供需双方有效对接提供决策支持。

一、在线技术交易平台运营现状

国外发达国家技术交易平台建设较早[284]，其中：（1）美国：1989年美国国家技术转移中心（NTTC）成立，开发了能提供全面技术交易信息与专业咨询服务的网络平台；1999年虚拟技术交易平台的先驱—Yet2. com成立，主要开展供需搜索、知识产权组合上市、专利交易等业务；2001年，美国创励公司（Inno Centive）成立，成为开放式创新和众包的先驱。（2）英国：1991年英国政府将英国技术集团（BTG）转让给联合财团，实现BTG私有化，形成了英国政府授权建设、市场化运营的模式。BTG致力于从市场的实际需求出发挑选技术项目并推向市场，包

括寻找、筛选和获得技术、评估技术成果、专利保护、协助进行技术商业化开发、转让等。(3) 德国：1998 年德国史太白基金会（STW）成立史太白技术转移公司，将业务从单纯的技术转移扩展至技术咨询、技术研发等领域。(4) 欧盟：1995 年欧盟委员会建立欧盟创新驿站（IRC)[285]，服务中小企业，主动识别潜在技术需求、实施网络化服务、提供技术信息在线查询、注重跨区域合作等。2008 年 IRC 与欧盟信息中心（EIC）合并形成欧洲企业网络（EEN），服务领域涉及农业食品、生物科技、环境等 17 个行业[286]。此外，类似的技术交易平台还有日本的 Technomart、韩国技术交易所（KTTC）等。

国内在线技术交易平台建设较晚，目前已经形成由政府主导、市场自发、政府支持市场化运营等三种主要发展模式。其中：2002 年由科技部、国家知识产权局和浙江省主办的“浙江网”，是全国首例由政府主办的公益性技术交易平台[287]。2007 年由厦门科易网有限公司创建的“科易网”，并于 2013 年正式推出全国首创的在线技术交易服务体系——“科易宝”，这是市场自发建设的代表。2014 年由中国技术交易所有限公司依托国家科技支撑计划打造的“技 E 网”则由政府支撑企业运营，提供政产学研金介一站式服务。

二、技术供需匹配效率指标研究

技术供需匹配效率的概念尚无统一界定，科技成果转化率、科技成果应用率、科技成果推广率等是常用指标[288][289][290]。但多基于数量维度，无法真实反映技术成果转化的实际经济价值或社会效益。基于价值导向的转移效率测算中最具代表性的是欧洲知识转移测度专家委员会[291]提出的知识转移测度指标，包括发明披露、专利申请和许可量、产学研 R&D 合作协议、许可或转让收入、衍生企业等指标。其中专利申请和授权、转让率、转让收入和成本—收益以及衍生产品等[292][293]常用来衡量高校专利技术转化效率；肖国华等[294]则提出以技术成果市场化程度、高新技术产业化程度、科技促进经济社会发展程度测量技术转移活动产出效益。

基于数量或价值维度的成果转化效率无法衡量科技成果转化和可利用的潜力。尤其针对在线技术交易平台中海量技术供需信息，如果能测算转化行为发生之前的供需匹配效率，一方面能实现技术供需推荐，降低供需双方搜索成本，另一方面能为促进供需对接提供针对性策略。杨德林从技术转移网络平台的特点出发，基于需求导向，运用空间向量模型、TF-IDF 函数以及相似度计算，提出了供需匹配效率测算的新方法。本章将在此研究基础上，进一步探索基于语义特征挖掘的技术供需匹配效率测算方法。

三、基于词向量的技术供需匹配效率模型

设计该模型的主要步骤包括：①供需文本采集及词集抽取；②词向量模型训练；③基于词向量的供需文本语义匹配度及效率计算；④供需文本主题差异分析。

（一）供需文本采集及词集提取

利用 Python 采集在线技术交易平台供需文本并进行预处理，获得供给文本集 $S=\{S_1, S_2, \cdots, S_i, \cdots, S_m\}$ 及需求文本集 $D=\{D_1, D_2, \cdots, D_j, \cdots, D_n\}$，$m$ 和 n 分别为供给和需求文本数。将供需文本通过 Python 切词工具转换成供需词集，则供给和需求文本词集表示为 $S_i=\{S_{i\_1}, S_{i\_2}, \cdots, S_{i\_p}\}(i=1, 2, \cdots, m)$ 和 $D_j=\{D_{j\_1}, D_{j\_2}, \cdots, D_{j\_q}\}(j=1, 2, \cdots, n)$，其中 p 和 q 分别为供给词集 S_i 和需求词集 D_j 中词的个数。当两个词集中相同的词个数越多，所对应词集的语法相似度就越高，但就忽略了词汇本身的含义及与其他词汇的语义关系，因此对供需词集去重处理后，S_i 的供给词集变为 $\overline{S_i}=\{\overline{S}_{i\_1}, \overline{S}_{i\_2}, \cdots, \overline{S}_{i\_p'}\}$，$D_j$ 的需求词集变为 $\overline{D_j}=\{\overline{D}_{j\_1}, \overline{D}_{j\_2}, \cdots, \overline{D}_{j\_q'}\}$，其中 p' 和 q' 分别为去重后的供给

词集 $\overline{S}_i$ 和需求词集 $\overline{D}_j$ 的词的个数，词集之间的交集个数为 r，r 满足$0 \leqslant r \leqslant \min(p, q)$。

（二）训练词向量模型

将采集的供需信息、维基百科数据、IncoPat 专利数据库中的领域专利文本（标题和摘要）作为语料库，利用 Word 2Vec 训练文本，将语料库中的词汇映射到高维空间中，得到空间词向量模型。

（三）供需文本语义匹配度计算

利用基于词向量的词集相似度方法[255]计算供需文本语义匹配度。以计算 $\overline{S}_i$ 和 $\overline{D}_j$ 中的 $Sim(\overline{S}_{i\_1}, \overline{D}_{j\_1})$ 为例，设 a_i 和 b_i 分别为 $\overline{S}_{i\_1}$ 和 $\overline{D}_{j\_1}$ 的词向量，h 为词向量的维数，则计算公式如下：

$$Sim(\overline{S}_{i\_1}, \overline{D}_{j\_1}) = \frac{\sum_{i=1}^{h}(a_i \times b_i)}{\sqrt{\sum_{i=1}^{h}(a_i)^2} \times \sqrt{\sum_{i=1}^{h}(b_i)^2}} \quad (9-1)$$

同理，得到 $p' \times q'$ 的语义匹配度矩阵 M_1：

$$M_1 = \begin{pmatrix} \mathrm{Sim}(\overline{S}_{i\_1}, \overline{D}_{j\_1}) & \mathrm{Sim}(\overline{S}_{i\_1}, \overline{D}_{j\_2}) & \cdots & \mathrm{Sim}(\overline{S}_{i\_1}, \overline{D}_{j\_q'}) \\ \mathrm{Sim}(\overline{S}_{i\_2}, \overline{D}_{j\_1}) & \mathrm{Sim}(\overline{S}_{i\_2}, \overline{D}_{j\_2}) & \cdots & \mathrm{Sim}(\overline{S}_{i\_2}, \overline{D}_{j\_q'}) \\ \vdots & \vdots & \ddots & \vdots \\ \mathrm{Sim}(\overline{S}_{i\_p'}, \overline{D}_{j\_1}) & \mathrm{Sim}(\overline{S}_{i\_p'}, \overline{D}_{j\_2}) & \cdots & \mathrm{Sim}(\overline{S}_{i\_p'}, \overline{D}_{j\_q'}) \end{pmatrix}$$

找出 M_1 中最大值元素 Sim（$\overline{S}_{i\_k}$, $\overline{D}_{j\_v}$）添加到集合 R 中，删除 Sim（$\overline{S}_{i\_k}, \overline{D}_{j\_v}$）所在的第 k 行和第 v 列的所有元素值；重复以上过程，直到集合 R 中的元素个数 T 为 min（p', q'），进而得到集合 $R = \{\mathrm{Sim}_1, \mathrm{Sim}_2, \cdots, \mathrm{Sim}_T\}$，词集 $\overline{S}_i$ 和 $\overline{D}_j$ 的匹配度即为集合 R 中各元素的加权平均值，根据集合中元素的平等性，加权平均值按算数平均计算并进行标准化，公式如下：

$$\mathrm{Sim}(S_i, D_j) = \mathrm{Sim}(\overline{S}_i, \overline{D}_j) = \frac{(p+q) \times (r + \sum_{t=1}^{T} \mathrm{Sim}_t)}{2pq} \quad (9-2)$$

同理，得到技术供需文本的相似度矩阵 M_2：

$$M_2 = \begin{pmatrix} \mathrm{Sim}(S_1, D_1) & \mathrm{Sim}(S_1, D_2) & \cdots & \mathrm{Sim}(S_1, D_n) \\ \mathrm{Sim}(S_2, D_1) & \mathrm{Sim}(S_2, D_2) & \cdots & \mathrm{Sim}(S_2, D_n) \\ \vdots & \vdots & \ddots & \vdots \\ \mathrm{Sim}(S_m, D_1) & \mathrm{Sim}(S_m, D_2) & \cdots & \mathrm{Sim}(S_m, D_n) \end{pmatrix}$$

其中，$\mathrm{Sim}(S_i, D_j)$ 为技术供给 S_i 与技术需求 D_j 之间的匹配度。按照上述筛选过程，得到集合 $G = \{\mathrm{Sim}_1, \mathrm{Sim}_2, \cdots, \mathrm{Sim}_g\}$，即筛选后的技术供需文本匹配度和匹配对。将匹配度高于 0.5 的匹配对作为成功匹配结果，并统计所有成功匹配的供需对数目 c，技术供需匹配效率 e 的计算公式如下：

$$e = \frac{c}{min\ (m,\ n)} \times 100\% \qquad (9-3)$$

（四）供给相似度与需求相似度测算

利用基于词向量的词集相似度计算方法，分别计算供给和需求文本各自的相似矩阵，进而分析供给和需求的集中度，并研判供需匹配效率与集中度之间的关系。以需求相似为例，得到矩阵 M_3：

$$M_3 = \begin{pmatrix} \mathrm{Sim}(D_1, D_1) & \mathrm{Sim}(D_1, D_2) & \cdots & \mathrm{Sim}(D_1, D_n) \\ \mathrm{Sim}(D_2, D_1) & \mathrm{Sim}(D_2, D_2) & \cdots & \mathrm{Sim}(D_2, D_n) \\ \vdots & \vdots & \ddots & \vdots \\ \mathrm{Sim}(D_n, D_1) & \mathrm{Sim}(D_n, D_2) & \cdots & \mathrm{Sim}(D_n, D_n) \end{pmatrix}$$

M_3 中第 i 行所有元素的算数平均值 $\mathrm{Sim}\ D_i$ 即为技术需求文本 D_i 与技术需求集合中所有需求文本的平均相似性，计算最终相似度公式如下：

$$\mathrm{Sim}\ D_i = \frac{\sum_{j=1}^{n} \mathrm{Sim}(D_i, D_j)}{n} \qquad (9-4)$$

（五）供需主题差异性分析

当技术需求与技术供给的自相似度都很高，但匹配度很低时，则要

分析供需主题差异性。本部分将 TextRank 算法与 LDA 主题模型结合研究供需主题分布及差异。首先，针对一篇技术供给或需求文本，可以根据组成词汇的邻接关系构成一个词图，根据词汇在词图中的结构特征计算其重要性，进而提取关键词集合，作为领域词典；然后利用 LDA 主题模型研究供需文本的主题分布。其中计算每个词的 TextRank 值公式如下[273]：

$$TR(V_i) = (1-d) \times \sum_{V_j \in \mathrm{ut}(V_i)} \frac{w_{ji}}{\sum_{V_k \in Out(V_j)} w_{jk}} TR(V_j) \qquad (9-5)$$

$d \in [0, 1]$ 为阻尼系数，通常取值 0.85；w_{ji} 为词汇 V_j 到 V_i 的连接权重；从词汇 V_j 出发指向所有词汇的集合为 $Out(V_j)$，所有指向词语 V_i 的词语集合为 $\mathrm{In}(V_i)$。初始默认每个词汇节点权重为 1，在计算词汇节点权重贡献时以权重均分的形式向相邻节点传递[295]。

筛选出关键词后，利用潜在狄利克雷分配模型[296]进行主题提取，其基本原理[297]是将每一个文档都看作潜在主题的概率分布，而每一个潜在的主题都被看作文档集包含的词汇上的一个概率分布，进而筛选高概率主题，进行供需差异性分析。

四、实证研究与模型检验

（一）数据采集

选取政府主导建设的“浙江网”、市场自发建设的“科易网”、政府支持市场化运营的“技 E 网”三大平台为典型代表进行实证分析，一方面探讨运营模式对技术供需匹配效率的影响，另一方面为不同类型的平台发展提供针对性建议。利用 Python 爬取电子信息领域的技术供需信息（前 50 页非专利技术信息），包括供需项目名称与项目简介。去重处理后得到：“浙江网”供给 475 篇，需求 405 篇；“科易网”供给 500 篇，需求 445 篇；“技 E 网”供给 495 篇，需求 480 篇。

（二）供需匹配模型准确性检验

以“技 E 网”为例，首先从采集的技术供给和需求文本中抽取 40 对作为验证样本，其中 20 对为人工判断匹配的作为正类样本，20 对为人工判断不匹配的作为负类样本，正负样本比例为 1∶1。然后利用供需匹配模型计算供需文本对的匹配度，结果大于 0.5 即判定为匹配，否则为不匹配。最后与人工标注结果对比，模型的精确度 P、召回率 R 和 F_1 值的计算公式如下：

$$P = \frac{TP}{TP + FP}, R = \frac{TP}{TP + FN}, F_1 = \frac{2 \times P \times R}{P + R} \tag{9-6}$$

其中，TP 表示将正类样本预测为正类的样本数，FP 表示将负类样本预测为正类的样本数，FN 表示将正类样本预测为负类的样本数。经检验得模型精确度为 0.739，召回率为 0.850，F_1 值为 0.791，说明模型具有有效性。

（三）技术供需匹配效率计算

利用供需文本语义匹配模型分别计算三个平台中供给和需求文本的语义匹配度矩阵，设置匹配度大于 0.5 的为匹配成功，并基于双边匹配的思想筛选匹配对，计算平台供需匹配效率，结果如表 9－1 及图 9－1 所示。

表 9－1　三大平台供需匹配效率及供给需求相似度

指标＼平台	“技 E 网”	“科易网”	“浙江网”
供需匹配效率（%）	54.38	28.99	64.69
供给相似度	0.5635	0.5317	0.5283
需求相似度	0.4827	0.5390	0.4833

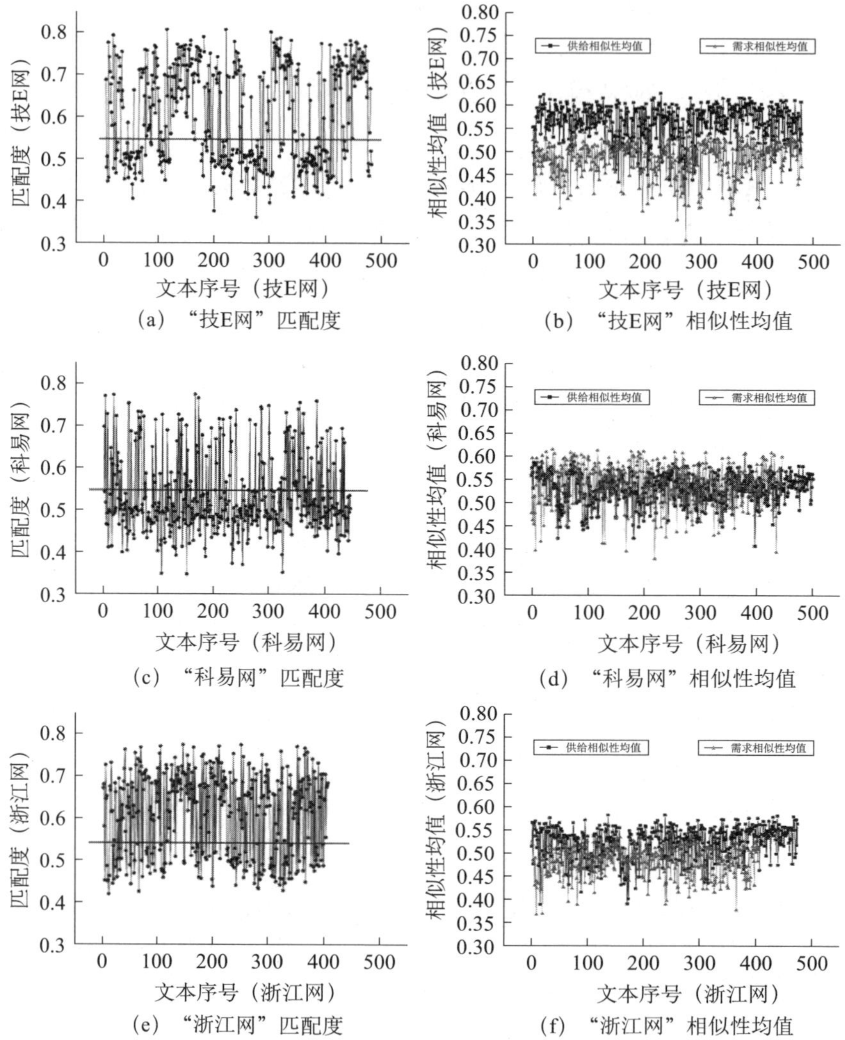

(a)“技E网”匹配度

(b)“技E网”相似性均值

(c)“科易网”匹配度

(d)“科易网”相似性均值

(e)“浙江网”匹配度

(f)“浙江网”相似性均值

图9－1　“技E网”“科易网”“浙江网”供需匹配度及供给需求相似度

从供需匹配效率来看，政府主导建设的“浙江网”（64.69%）>政府支持市场化运营的“技E网”（54.38%）>市场自发建设的“科易网”（28.99%），说明政府支持对供需匹配效率起了促进作用，同时也说明“浙江网”和“技E网”的供需文本较规范。

从供需匹配度来看，“浙江网”“技E网”“科易网”的有效匹配对中，分别有90%、81%、93%的匹配对其匹配度集中在0.6－0.7。

从供给需求相似度来看，“技 E 网”和“浙江网”的供给相似度均值均高于需求相似度均值，说明技术供给方向一致性较高，结合较高的匹配效率可得，两大平台的供给方向和需求方向的差异性较低；“科易网”的供给相似性均值和需求相似性均值差异不大，但结合较低的匹配效率可得，该平台的供给方向和需求方向具有较大差异性。为进一步分析三大平台中技术供给与需求方向的差异性，对供需文本进行 LDA 主题抽取。

（四）三大平台技术供给和需求文本的主题分布

利用 Python 实现 TextRank 关键词提取后，进行 LDA 主题抽取，筛选前 50 个主题词，再结合国家发展和改革委员会公布的《战略性新兴产业重点产品和服务指导目录（2017 年第 1 号文）》中“新一代信息技术产业”（第 1 章）和“高端装备制造产业”（第 2 章）中技术和产品分类以及每类下的细分产品目录，将 50 个主题词进行人工分类和主题词归类。结果如表 9－2、表 9－3、表 9－4 所示。

表 9－2　“科易网”供需文本主题分布

序号	供给分类	供给文本主题	序号	需求分类	需求文本主题
1	人工智能软件及设备	大数据　平台　智慧　软件　系统　智能　管理　服务	1	人工智能软件及设备	大数据　平台　智慧　软件　系统　智能　管理　服务　项目　互联网　IT
2	光通信设备	LED 通信　技术　无线　设备　传输　装置　平板灯　照明　测试　信号　光纤　光学	2	光通信设备	LED 通信　技术　无线　设备同屏传输　天线　蓝牙　锂离子　电池　微波　方案
3	网络设备及电子仪器	传感器　电子　网络　传感网　电磁　半导体　存储	3	网络设备及电子仪器	传感器　电子　网络　物联网　线路板　传导仪　计算机
4	卫星移动通信、导航终端	车载　记录仪　防盗　地理　定位	4	信息终端设备	APP　触摸屏　游戏　多媒体　手机　打印机
5	虚拟现实技术	VR　AR　仿真　三维　模拟　环境	5	电子行业高效节能技术和装备	能源　环保　材料

续表

序号	供给分类	供给文本主题	序号	需求分类	需求文本主题
6	数字视频监控系统	数字 图像 视频 音频 3D 检测 监控 扫描 监测 实时 远程	6	电子商务及电子信息人才方面	电商 消费 专利 投资 创业 人才 劳动力 研发 创新 应用 建设

表 9-3　“技 E 网”供需文本主题分布

序号	供给分类	供给文本主题	序号	需求分类	需求文本主题
1	人工智能软件及设备	智能 服务 系统 数据管理 软件 平台 机器人 语音 预警系统	1	人工智能软件及设备	智能 服务 系统 数据 软件 平台 管理 应用软件
2	光通信设备	无线 光纤 频段 装置 设备 基站 载荷 超声波 电缆 夜视仪 变送器 方案 激光 器件 组件 电源	2	光通信设备	无线 光纤 变频 装置 设备 通信 通信 LED 液晶 背光源 冷阴极 光栅 荧光灯 电池 二极管
3	网络设备及电子仪器	计算机 控制器 传感器 电机 模块 路由器 激光器 探测器 热计量 网络	3	网络设备及电子仪器	计算机 控制技术 传感器 电机 模块 传感网 平板 控制系统 物联网 RFID
4	卫星移动通信、导航终端	定位 区域 分辨率	4	卫星移动通信、导航终端	自动定位 监控系统
5	数字视频监控系统	图像 视频 产品 数字 远程 检测	5	数字视频监控系统	图像 视频 产品 数字 远程监测 监控 图像识别 检测技术
6	虚拟现实技术	虚拟现实 场景 目标	6	云计算设备	云计算 算法
7	网络与信息安全软件	数据库 数据中心 信息	7	集成电路	电极 电阻 芯片 电路

表 9-4　“浙江网”供需文本主题分布

序号	供给分类	供给文本主题	序号	需求分类	需求文本主题
1	人工智能软件及设备	人工智能 互联网 管理系统 数据 平台 服务 智能 决策 智慧 管理 软件 机器人	1	人工智能软件及设备	智能 互联网 管理系统 数据 平台 服务 管理软件 智慧 服务平台 数据采集 机器人 软件开发

续表

序号	供给分类	供给文本主题	序号	需求分类	需求文本主题
2	光通信设备	无线　光纤　传感器 天线　微波　激光　传感 宽带　测试　设备	2	光通信设备	无线　光缆　传感器 通信　通信　信号　设备
3	网络设备及电子仪器	网络　电子　控制 物联网　模块 电磁流量计	3	网络设备及电子仪器	网络　电子　控制器 物联网　模块　服务器 宽带　控制系统　数据存储
4	卫星移动通信、导航终端	移动　自动　定位系统	4	卫星移动通信、导航终端	GIS　定位系统
5	数字视频监控系统	数字　视频　监控系统 远程　监测　图像检测 在线　识别系统　产品	5	数字视频监控系统	数字　视频　监控系统 远程　监测　检测 实时　视频监控
6	信息终端设备	手机　终端　多媒体	6	信息终端设备	手机　终端　微信
7	网络与信息安全软件	信息　区块链	7	网络与信息安全软件	信息　网络安全　数据库 编程　后台　网络监控
8	电子商务	电子商务　企业 物流　客户	8	电子商务	电子商务　企业管理 供应链

由表9－2、表9－3、表9－4可以看出：

（1）“浙江网”的供需主题分布差异最小，共分8类：人工智能软件及设备，光通信设备，网络设备及电子仪器，卫星移动通信、导航终端，数字视频监控系统，信息终端设备，网络与信息安全软件，电子商务等领域。技术供需主题类型及主题词的低差异性，在一定程度上提升了供需匹配效率。

（2）“科易网”的供需主题分布差异最大，其中供需主题类型一致的包括：人工智能软件及设备，光通信设备，网络设备及电子仪器；同时该平台在技术供给方面还涉及卫星移动通信、导航终端，虚拟现实技术，数字视频监控系统等领域。而技术需求则侧重信息终端设备、电子行业高校节能技术和装备以及电子商务及电子信息人才等。该平台供需匹配效率最低。

（3）“技E网”的供需主题分布差异较小，其中供需主题类型一致

的包括5大类：人工智能软件及设备，光通信设备，网络设备及电子仪器，卫星移动通信、导航终端，数字视频监控系统。同时该平台在技术供给方面还涉及虚拟现实技术以及网络与信息安全软件，而需求方面则侧重云计算设备和集成电路。该平台供需匹配效率相对较高。

五、本章小结

本章基于Word 2Vec和余弦相似度构建了在线技术交易平台供需文本语义相似匹配模型，并结合人工标注和精确度、召回率、F_1检验模型有效性。通过对“浙江网”“科易网”“技E网”三大类型平台中电子信息技术供需文本进行实证得出结论：政府主导建设的“浙江网”供需匹配效率最高，为64.69%；市场自发建设的“科易网”供需匹配效率最低，为28.99%；政府支持市场化运营的“技E网”的供需匹配效率为54.38%。说明政府支持对平台供需匹配效率具有正向促进作用。三大平台中有效匹配对的匹配度值均较低，约88%的匹配度值集中在0.6－0.7。结合TextRank算法和LDA模型研究三大平台中技术供需文本的主题分布规律得出结论：“浙江网”技术供需主题差异性最小，“科易网”技术供需主题差异性最大。技术供需主题差异性对供需匹配效率具有负向影响作用。为在线技术交易平台供需文本匹配效率研究提供了语义分析视角，为技术供需信息检索和准确推荐提供了决策支持。

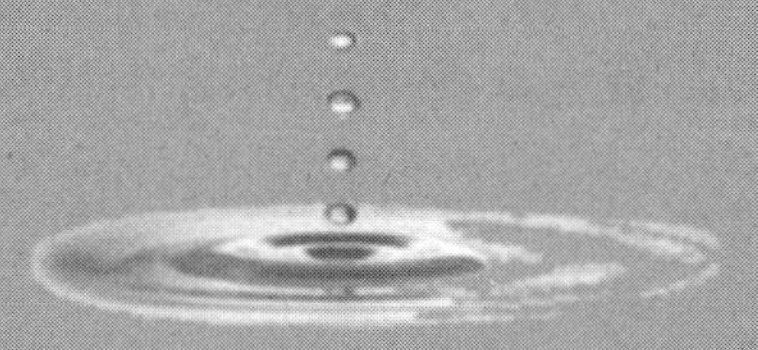

第十章
基于 ERGM 的技术交易机会挖掘

本章将构建科技主体间专利技术交易网络，从网络内生结构、科技主体间关系属性、科技主体个体属性等多维度提出影响专利交易的假设变量，建立复杂网络指数随机图模型（ERGM），挖掘科技主体间专利技术交易机会。通过 2012－2016 年新能源领域专利技术的实证研究，并将 ERGM 预测精度与传统链接预测方法对比，验证了 ERGM 在预测方面的优势和可行性。该研究一方面为技术交易网络中主体间交易机会预测提供有效方法，另一方面为专利技术交易推荐与主体对接提供决策。

一、问题描述

（一）科技主体间专利技术交易的动因研究

已有研究主要聚焦于科技主体间合作动因，第一，研究个体属性

如：企业吸收能力、企业规模、企业研发战略开放度[298]，企业社会资本[299]对科技合作的影响；第二，研究关系属性如：合作伙伴知识共享、地理邻近性[300]，企业间信任[301]等对研发协同的影响；第三，研究结构属性如：网络内生结构效应[302]对网络合作关系形成的影响。上述研究均从单一视角研究影响主体间合作的动因，预测精度较低[303]，因此，融合节点属性与网络结构的链接预测快速发展[304][305]，如基于概率模型的链接预测，综合考虑了网络结构和节点属性信息，预测精度较高，但计算复杂度及非普适性的参数使其应用范围受到限制。

（二）基于 ERGM 的链接预测研究

指数随机图模型（ERGM）可以综合考虑网络内生结构和网络中行动者关系等外生因素，不需要概率模型所必需的完整训练集，多用于研究网络形成与演化动因[306]，同时考虑多因素建模的方法与决策树[307]、支持向量机[308]等相比，能够较好地预测未来链接的概率。目前国内应用 ERGM 进行网络关系预测的研究主要集中于：基于微博的关系推荐[309]，基于情感相似度的社会化推荐[310]。国外应用 ERGM 开展链接预测的成果包括：Robbins[311]借助泊松回归及 ERGM 预测竞争合作网络中权利产生对网络结构与地域流动性的依赖。Relun 等[312]利用 ERGM 与地理及人口统计等外生变量及内生网络结构变量预测欧洲不同生产系统中的各类交易。Chrobot[313]基于 ERGM 预测公司与团队中重要的领导关系存在与否。

综上所述，本章构建新能源领域科技主体间专利技术交易网络，从网络内生结构、科技主体间关系属性、个体属性等多维度提出影响专利技术交易的假设变量，建立 ERGM 模型，预测科技主体间专利技术交易机会。其优势在于：第一，综合考虑交易网络中节点属性、关系属性及结构特征对交易形成的影响；第二，将传统链接预测指标融入 ERGM；第三，将已有链接预测中难以融合的节点内容相似性引入 ERGM。

二、基于 ERGM 的技术交易机会预测模型

（一）ERGM 构建及拟合

首先提出影响技术交易形成的假设变量并构建 ERGM 模型；然后运用蒙特卡洛－马尔可夫最大似然估计方法对 ERGM 进行拟合和变量参数估计，通过对比赤池信息准则（AIC）与贝叶斯信息准则（BIC）评估模型与真实网络的拟合度，选择最优模型，两值越小说明模型综合程度上越贴近观测网络[170]。采用最优拟合优度（Gof）对比基于最优模型生成的网络与观测网络的匹配性。采用 R 语言的 Statnet[314] 进行模型处理。ERGM 的一般表达形式如下：

$$\Pr(Y=y)=\left(\frac{1}{\kappa}\right)\exp\left(\sum_{A}\theta_A g_A(y)\right) \tag{10-1}$$

其中，κ 表示为了保证方程符合概率分布的正常化数值，θ_A 表示观测网络中 A 型结构或属性的参数估计，通过模型拟合获得，$g_A(y)$ 表示与 A 构造或属性相对应的网络统计，对应节点属性、关系属性等假设变量。$g_A(y)=\prod_{y_{ij}\in A}y_{ij}$，若结构 A 在观测网络 y 中被检测到，则 $g_A(y)=1$，否则为 0；$\sum_{A}\theta_A g_A(y)$ 是 A 型结构总和。y 表示指实际观测网络，Y 表示 ERGM 构建的网络结构，其中 $Y_{ij}=1$ 或 $Y_{ij}=0$。

（二）基于 ERGM 拟合的链接概率预测

如果网络中的节点对发生变化，会引起网络中构造同时发生变化，导致概率发生变化，因此在 ERGM 拟合基础上，可根据网络节点对（i，j）建立链接和未建立连接时的概率差值预测节点链接可能性。其中，y_{ij}^{c} 表示除（i，j）以外所有观察网络 y 中构造存在的状态，y_{ij}^{1}表示和 y 相同

网络，且 $Y_{ij}=1$；y_{ij}^{0}是指和 y 相同网络，且 $Y_{ij}=0$；在 $Y_{ij}^{e}=y_{ij}^{e}$条件下，$y_{ij}^{e}=0$ 或 $y_{ij}^{e}=1$，根据 ERGM 模型的一般形式，对比这种结构发生前后的概率变化。则条件概率计算公式如下：

$$\Pr(Y_{ij}=1 \mid Y_{ij}^{e}=y_{ij}^{e})=\frac{\exp(\sum\theta_{A}\Delta(y)_{ij})}{1+\exp(\sum\theta_{A}\Delta(y)_{ij})} \tag{10-2}$$

就推导出基于 θ_A 和构造变化统计量 $\Delta(y)_{ij}$，y_{ij}发生变化时的条件概率。

（三）ERGM 链接预测精度评价

采用 ARC 与 AUC 评估预测精度。针对稀疏网络，本章采取 leave-one-out 法进行模型训练[315]。即每次从观测网络中选取一条边作为测试集，设置为未链接，并预测其出现的可能性。用 Ranking Score 对其预测效果进行评价，其计算公式如下：

$$RankS_{kl}=r_{kl}/H \tag{10-3}$$

其中，H 表示观测网络中未链接边的总数（含测试边），r_{kl}表示测试边对应的主体 k 与主体 l 之间产生链接的概率在 H 中所有边的概率的排名。$RankS_{kl}$值越小表示测试边被成功预测的概率越大；对网络中的 M 条边重复上述操作，得到 M 个 $RankS$ 的值；将 M 个 $RankS$ 值按式（10-4）求其平均值作为预测精度，值越小，代表模型的预测精度越高。计算公式如下：

$$ARC=(\sum RankS_{kl})/M \tag{10-4}$$

AUC 为随机选取观测网络中一条存在链接的节点对的概率 P_{kl}与随机选择一条不存在边的链接概率 P_{ij}，若 P_{kl}大于 P_{ij}，则加 1 分；若相等，则加 0.5 分，则 AUC 计算公式如下：

$$AUC=\frac{n'+0.5n''}{n} \tag{10-5}$$

其中，n'表示测试集中边的链接概率大于不存在边的链接概率的次数，n''表示两者概率相等的次数，n 表示比较的总次数。

三、实证研究与模型检验

（一）数据获取与网络构建

以新能源领域为例，通过查阅文献并阅读1500余篇领域专利构建检索表达式。从IncoPat专利数据库检索2012－2016年专利技术交易信息，利用Python获取交易记录。剔除交易主体含个人及主体重复的记录，并针对同一交易中多主体进行拆分（见表10－1）。共得到6437个主体，交易频次9591；为缩小网络规模提高研究价值，本章筛选了5年中交易次数大于等于10次的243个主体构建交易网络，交易频次为2955。

表10－1 多主体间专利交易拆分规则

原始交易	拆分结果	原始交易	拆分结果
A→AB	A→B	AB→C；AB→ABC	A→C；B→C
AB→A	B→A	A→BC	A→B，A→C

注：A、B、C分别为交易主体。

243个主体中企业183家，占比75%，高校和科研院所60家，占比25%；2955次交易中，企业间的交易频次约占总频次的62%，企业与高校和科研院所间的交易频次约占32%，说明企业间更易发生专利交易。此外243个主体共分布在中国24个省市，按照经济圈划分长三角、珠三角、环渤海、其他区域，各区域主体数占比依次为：珠三角：19.75%；长三角：31.69%；环渤海：32.10%；其他：16.46%。说明在新能源技术领域，环渤海和长三角区域的技术供需主体较多，技术优势和产业优势较明显。

用向量$V=[v_i](i=1, 2, \cdots, n)$表示网络中交易主体集合，用邻接矩阵$E=[a_{i,j}]$表示主体间专利技术交易关系，如果主体$v_i$和$v_j$间发生交易行为，则$a_{i,j}=1$，否则$a_{i,j}=0$。用权重矩阵$W=[w_{i,j}]$表示$v_i$与$v_j$之间2012－2016年进行专利交易的频次，从而由V，E，W共同组成

科技主体间专利技术交易网络（无向加权网）。

（二）网络结构特征分析

1. 集聚性

利用 Gephi 计算网络平均聚类系数为 0.755，平均路径长度 2.308，说明网络具有集聚性和小世界性特征。

2. 同配性

当度数高的节点倾向于与其他度数高的节点相连接，称同类混合，反之称为非同类混合，在 Newman 2002 年提出的无权无向图的度相关性基础上，计算无向加权图的同配性公式如下：

$$R_M^W = \frac{(W_M)^{-1}\sum_m s_i s_j - \left[(W_M)^{-1}\sum_m \frac{1}{2}(s_i + s_j)\right]^2}{(W_M)^{-1}\sum_m \frac{1}{2}(s_i^2 + s_j^2) - \left[(W_M)^{-1}\sum_m \frac{1}{2}(s_i + s_j)\right]^2} \tag{10-6}$$

其中，M 表示网络总边数，W_M 表示网络边权之和，s_i 和 s_j 表示第 m 条边两端的节点强度（加权度），$m=1, 2, 3, \cdots, M$。利用 Matlab 计算结果为 0.0286，$R>0$，说明网络具有同配性。

3. 社团性

利用 Gephi 进行模块划分得出模块度为 0.734，说明网络具有较强的社团性。

（三）ERGM 假设变量选取

链接预测的基本假设即主体间相似度越高，越容易发生链接。本章在已有研究基础上将假设变量分为三部分：一是网络内生结构属性，包括网络的边和几何权重维度；二是网络节点属性，包括节点参与技术交易的开放度（用与该节点发生交易行为的主体数量度量）、节点区域性（节点所在省份）；三是节点关系协变量，包括节点间专利内容相似度（分别以各主体间IPC相似度与专利内容语义相似度度量）、基于结构的节点相似度（选取传统链接预测中的JC、RA、CN、AA4个指标）。部分指标测算及含义如表10－2所示。ERGM中各变量说明及表达式如表10－3所示。

表10－2　假设变量说明

指标名称	计算公式	相关解释
IPC相似度	$s^{IPC}(i,j)=\frac{\Gamma^{IPC}(i)\cap\Gamma^{IPC}(j)}{\Gamma^{IPC}(i)\cup\Gamma^{IPC}(j)}$	主体间IPC相似度定义为：相同IPC领域数量/总IPC领域数量，$\Gamma^{IPC}(i)$、$\Gamma^{IPC}(j)$分别为主体i和主体j的IPC领域集合
语义相似度	$s^{\cos}(a,b)=\cos\theta=\frac{\sum_{j=1}^{g}(a_j\times b_j)}{\sqrt{(\sum_{j=1}^{g}a_j^2)(\sum_{j=1}^{g}b_j^2)}}$	基于LDA方法计算科技主体间专利集合的语义相似性。假设文本a和b的特征向量分别为$[a_1, a_2\cdots, a_g]$，$[b_1, b_2, \cdots, b_g]$，g为技术主题数
Common Neighbors（CN）	$s^{CN}(i,j)=\sum_{z\in\Gamma(i)\cap\Gamma(j)}\min(\omega(i,z),\omega(z,j))$	CN：两节点共同邻居数；其中，$\Gamma(i)$和$\Gamma(j)$分别代表i和j的邻居集合，$\omega(i,z)$表示连接节点i和z的边的权重值，$\min(\omega(i,z),\omega(z,j))$表示节点$i$与$j$连接节点$z$的边中的较小权重
Adamic－Adar（AA）	$s^{AA}(i,j)=\sum_{z\in\Gamma(i)\cap\Gamma(j)}\frac{\min(\omega(i,z),\omega(z,j))}{\log(1+s(z))}$	$s(z)=\sum_{z\in\Gamma(i)}w(i,z)$，代表节点z的强度，即该节点链接的所有边的权重之和
Resource Allocation（RA）	$s^{RA}(i,j)=\sum_{z\in\Gamma(i)\cap\Gamma(j)}\frac{\min(w(i,z),w(z,j))}{s(z)}$	网络中没有连接的两个节点i和j，i通过它们的共同邻居向j传递资源，假设每个邻居节点都有一单位的资源并且平均分配传递给它的所有邻居，则节点j得到的资源数定义为节点i和j的相似度
Jaccard（JC）	$s^{JC}(i,j)=\frac{\sum_{z\in\Gamma(i)\cap\Gamma(j)}\min(w(i,z),w(z,j))}{s(i)+s(j)-\sum_{z\in\Gamma(i)\cap\Gamma(j)}\min(w(i,z),w(z,j))}$	$s(i)$、$s(j)$分别代表节点i和j的强度

表 10-3 ERGM 变量及表达式

变量	符号	构局	表达式
边	*edges*		$\sum_{i,j} y_{i,j}$
维度	*gwdegree*		与交替 K 星类似，受篇幅影响，不做赘述
IPC 相似度（g1-net）	*IPC*	IPC	$\sum_{i,j} y_{i,j} g1_{ij}$
语义相似度（g2-net）	*COS*	COS	$\sum_{i,j} y_{i,j} g2_{ij}$
CN（g3-net）	*CN*	CN	$\sum_{i,j} y_{i,j} g3_{ij}$
AA（g4-net）	*AA*	AA	$\sum_{i,j} y_{i,j} g4_{ij}$
RA（g5-net）	*RA*	RA	$\sum_{i,j} y_{i,j} g5_{ij}$
JC（g6-net）	*JC*	JC	$\sum_{i,j} y_{i,j} g6_{ij}$
开放度（δ^1）	*Opendegree*		$\sum_{i,j} y_{i,j} \delta_i^1$
区域性（δ^2）	*District*		$\sum_{i,j} y_{i,j} \delta_i^2$

（四）ERGM 拟合

ERGM 拟合是链接预测的前提，为得到最佳参数估计值，采用逐步添加变量的方式进行模型优化，分别探讨不同变量组合的 ERGM 拟合参数估计值及拟合效果（见表 10-4）。

表 10-4 技术交易网络 ERGM 拟合过程

变量	Model1	Model2	Model3	Model4	Model5
edges	-3.9855	-4.6090	-8.0976	-4.6169	-8.9757
gwdegree	-0.9885	-0.1746	1.6622	-0.1660	2.1792
IPC			1.0202		1.5955
JC			-10.9964		-7.7251

续表

变量	Model1	Model2	Model3	Model4	Model5
RA			7.2707		14.4783
COS			5.3401		5.54403
CN			-0.3470		0.0784
AA			3.5777		0.4792
Opendegree		0.0464		0.0463	0.0435
District		-0.0079		-0.0078	-0.010
AIC	4251	3562	1577	3562	1445
BIC	4268	3595	1644	3595	1528

通过表10-4发现Model5的AIC与BIC最小，拟合效果较好，并采用Gof检验对比生成网络与观测网络参数的具体拟合结果，选取edge-wise shared partners与degree的拟合分布进行匹配性检验，如图10-1所示。图10-1中实线为观测网络的统计值，小方形图为ERGM生成网络统计值，包含最大值、最小值及均值，实线若位于小方形均值附近，表明模型与观测网络的拟合效果良好。后续将基于Model5进行模型预测精度评价及未知边的概率预测。

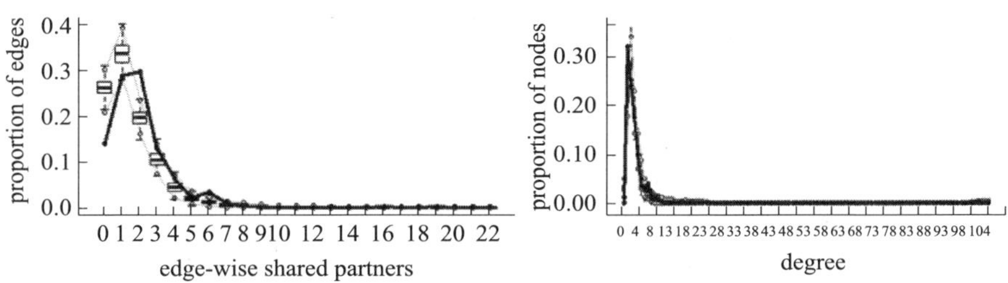

图10-1 Model5中edge-wise shared partners和degree的Gof拟合检验

（五）ERGM预测精度评价

根据第二部分公式及步骤，每次选取观测网络中已存在链接的404条边中的403条作为训练集，1条作为测试集，并与实际未链接的28999条边的链接概率进行比较，计算AUC与ARC。将所得结果与传统链接预测中CN、AA、RA、JC指标的预测结果对比，如表10-5所示。

表 10－5　　ERGM 链接预测精度及对比

<table>
<tr><th>模型</th><th>ARC</th><th>AUC</th><th>模型</th><th>ARC</th><th>AUC</th></tr>
<tr><td>CN</td><td>0.0534</td><td>0.8738</td><td>JC</td><td>0.0997</td><td>0.8478</td></tr>
<tr><td>AA</td><td>0.0423</td><td>0.8762</td><td rowspan="2">ERGM</td><td rowspan="2">0.0167</td><td rowspan="2">0.9834</td></tr>
<tr><td>RA</td><td>0.0364</td><td>0.9010</td></tr>
</table>

由表 10－5 可得：相比传统链接预测的 4 个模型，ERGM 的 ARC 最小，AUC 最大，反映出融合节点内容相似属性、结构相似属性、网络内生结构及节点属性后的 ERGM，其预测结果明显提高。

（六）科技主体间专利技术交易机会挖掘

依据 Model5 中各变量的最大参数估计值（见表 10－4），根据公式（10－2）计算观测网络中 28999 条未知链接的链接概率，依据概率排名选取前 30 位的可能发生专利技术交易的主体对，并进一步对主体对间的关系进行分析（见表 10－6）。

表 10－6　　未来链接预测结果（TOP30）

A 单位	B 单位	概率	单位间关系
国家电网公司	国网湖北省电力公司电力科学研究院	0.930	
国家电网公司	许昌许继软件技术有限公司	0.930	
深圳市比克动力电池有限公司	郑州比克电池有限公司	0.926	B 是 A 的子公司
江苏中科宇泰光能科技有限公司	国网天津市电力公司	0.925	
国家电网公司	广东高航知识产权运营有限公司	0.924	
中国电力科学研究院	南京南瑞集团公司	0.916	
国家电网公司	中国大唐集团科学技术研究院有限公司	0.906	
国网电力科学研究院武汉南瑞有限责任公司	国网中国电力科学研究院	0.906	
中国电力科学研究院	江苏省电力试验研究院有限公司	0.898	
南京南瑞集团公司	国电南瑞南京控制系统有限公司	0.898	B 是 A 的子公司
杭州南都电池有限公司	杭州南都能源科技有限公司	0.892	
国家电网公司	国网山东省电力公司	0.884	B 是 A 的子公司
江苏博特新材料有限公司	江苏省建筑科学研究院有限公司	0.846	B 是 A 的子公司
上海华虹 NEC 电子有限公司	上海宏力半导体制造有限公司	0.828	合并

续表

A 单位	B 单位	概率	单位间关系
山东电力研究院	国网中国电力科学研究院	0.791	
浙江吉利控股集团有限公司	上海华普汽车有限公司	0.791	
南京南瑞集团公司	东南大学	0.781	
中国电力科学研究院	国网湖南省电力公司	0.772	
国家电网公司	华南理工大学	0.763	
国网浙江省电力公司	国网浙江省电力公司杭州供电公司	0.753	B 是 A 的子公司
北京维信诺科技有限公司	昆山维信诺显示技术有限公司	0.753	B 是 A 的子公司
深圳海川工程科技有限公司	深圳市海川实业股份有限公司	0.735	A 是 B 的子公司
国家电网公司	杭州电子科技大学	0.679	
国网江苏省电力公司	国网青海省电力公司电力科学研究院	0.679	
中国科学院微电子研究所	中芯国际集成电路制造（北京）有限公司	0.660	
中海油东方石化有限责任公司	中海油新能源（海南）生物能源化工有限公司	0.651	
中海石油炼化有限责任公司	中海油东方石化有限责任公司	0.623	B 是 A 的子公司
中海石油炼化有限责任公司	中海油新能源（海南）生物能源化工有限公司	0.623	B 是 A 的子公司
国家电网公司	河海大学常州校区	0.567	
中国电力科学研究院	国网福建省电力有限公司检修分公司	0.558	

结合表 10－6 发现：在新能源领域专利技术交易网络中，可以挖掘出多对主体，其发生专利交易的可能性较高。其中 1/3 的主体对之间属于集团公司与子公司的紧密关系，但近 5 年此类主体间专利交易行为不活跃，其原因为第一，双方专利交易出于公司战略需求，或者交易中涉及了兼并、收购等行为，不主动披露交易信息，导致现有交易数据无法全面反映集团公司与子公司间的专利交易行为，而给出较高的交易机会预测；第二，基于企业集团专利管理模式，企业集团内部可能存在不同法人之间的专利转让，但可能会存在法律风险，因此针对此类主体对，需要深入分析其专利交易现状及方式，完善专利技术交易原始数据，提高机会预测的准确性；另外 2/3 的主体对中 65% 的交易机会都是围绕国家电网公司及其直属科研单位中国电力科学研究院而形成，两个单位在

专利交易网络中的节点强度排名前2位，说明其处于该领域专利技术的集聚中心；该结果将为技术供需主体间的交易及合作提供决策支持。

四、本章小结

本章建立科技主体间专利技术交易网络，综合考虑网络内生结构、节点间内容相似度与结构相似度以及节点属性对交易形成的影响，构建ERGM模型，对科技主体间交易机会进行预测。通过新能源领域实证分析，并与传统链接预测结果对比，得出ERGM预测精度明显提高；预测结果为新能源领域专利技术交易推荐及主体对接提供决策支撑。

第十一章 基于多层关系网络的技术交易机会挖掘

本章重点探究影响专利技术主体间交易的多维邻近关系并建立理论框架体系，构建基于多层关系网络（Multi - layer Relational Network，MRN）的主体间交易机会挖掘模型，并采集 2012 - 2018 年电子信息技术领域专利数据进行实证研究。

一、多维邻近关系对技术交易机会的影响

（一）多维邻近关系对技术交易的影响

多维邻近性是影响技术主体间交易的关键因素，已有研究建立了包括地理、认知、组织等邻近性分析框架，且地理邻近[316]、组织邻近[63]、认知邻近[317]、技术邻近[318]等对技术交易网络都具有影响。除地理距离外，主体间基于经济圈的邻近对省际专利技术交易有促进作用[65]。主体间研发的专利存在相互引证关系对交易有促进作用[319]。本部分将总结归纳以往文献中对多维邻近关系的定义，首先对专利技术交易中主体间的

各类邻近性内涵进行阐述，然后将供需主体间的多维邻近性划分为多维结构邻近关系以及内容邻近关系。为进一步构建基于专利技术供需主体间的多层关系网络并阐述多维邻近性对专利技术交易影响的机理打下基础。

1. 地理邻近性

供需主体间的地理距离是影响专利技术交易形成的重要因素。地理距离主要影响组织之间的交流形式与机会。例如，地理距离邻近的主体，更容易产生面对面的交流，从而增加沟通的有效性。同时，地理距离增加会提高主体在试图达成交易的过程中为克服距离障碍的花费，从而降低主体参与交易的意愿。主体之间的地理邻近性强弱往往与主体间的地理距离成反比，即主体间的地理距离越远，地理邻近性越低。本章主体间地理邻近性用主体所处经济区和地理距离的倒数进行表征，主体所处经济区关系及地理距离关系属于结构邻近关系。

2. 认知邻近性

认知邻近性指主体间发现、理解和解释事物方式的相似性，通过主体间合作经验和思维一致性促进技术交易，对技术邻近性具有促进作用。认知邻近是技术交易形成的中间影响因素。本章专利技术主体间的认知邻近性将利用主体的专利技术交易历史、共同申请和专利技术引用进行表征，交易历史、共同申请及专利技术引用关系属于结构邻近关系。

3. 组织邻近性

组织邻近性指主体间在组织结构、规章制度、文化等方面的相似性，通过双方行为方式和接触方式的匹配对接促进交易。组织邻近受地理邻近影响，认知邻近又可增强组织邻近。本部分将组织邻近性分为纵向邻近和横向邻近。其中：纵向邻近指主体具有亲族关系（如控股关系、供应关系等）；横向邻近指组织类别（如高校、科研院所和企业）邻近。组织邻近性是技术交易形成的中间影响因素，本章利用主体类别和主体间的亲族关系进行表征，主体类别与亲族关系属于结构邻近关系。

4. 技术邻近性

技术邻近性指主体间具有相似的技术储备、技术水平和技术基础，为主体间技术关联和供需匹配提供必要条件。技术邻近是交易形成的根本动因，本章的技术邻近性用主体持有专利技术文本集合间的相似性表示，文本集合相似性属于主体间内容邻近关系。

综上所述，在已有研究成果基础上，归纳并提炼主体间多维邻近关系对技术交易行为的影响机理，如图 11－1 所示。

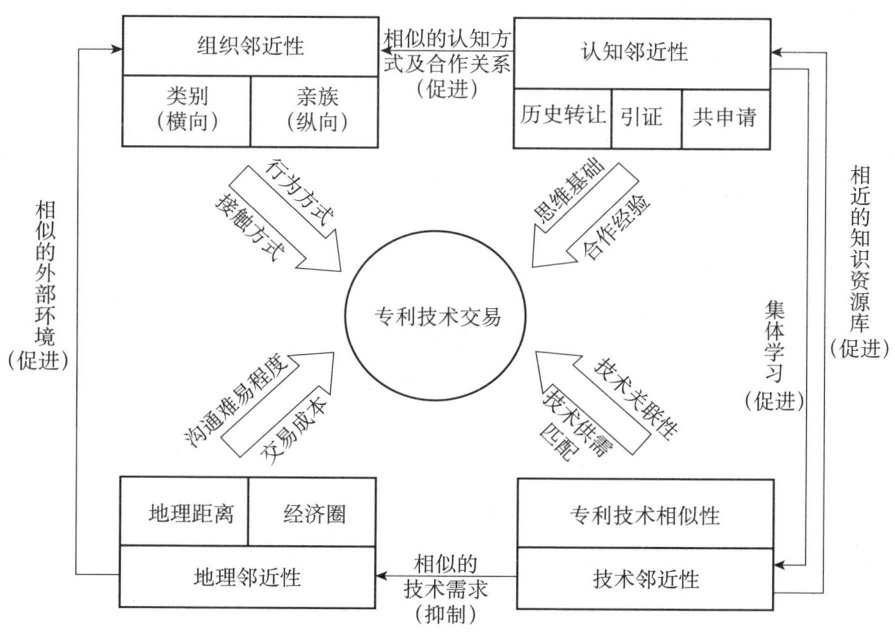

图 11－1 主体间多维邻近关系对技术交易行为影响机理

基于图 11－1 总结：技术邻近性是交易形成的主导动因。无论是新型专利技术的研发，还是专利技术的转化，都是在已有专利技术的基础上进行的，主体在交易过程中往往会特别关注与主体相关的某一个或几个方向的专利，而且这种关注往往是持续的。通过主体间的技术关联和供需匹配为技术交易提供了必要条件；地理邻近性是交易形成的外部动因，在技术邻近基础上，地理邻近将通过对交易成本和沟通难易程度的影响为技术交易提供充分条件，并与技术邻近性形成抑制关系（即技术

邻近性高，克服地理距离障碍的动力增强；技术邻近性低，地理距离障碍效应较大）；认知邻近性是技术交易形成的中间影响因素之一，主体之间在历史上发生的各种形式的合作能够在一定程度上增进主体之间相互了解及积累合作经验，通过主体间的合作经验和思维一致性促进技术交易行为发生。同时，认知邻近性与技术邻近性之间具有相互促进作用，即技术邻近性能推动主体间转让、引证、申请等认知行为发生，而认知邻近性则会通过集体学习进一步促进技术邻近性；组织邻近性是技术交易形成的中间影响因素之一，通过双方行为方式和接触方式的匹配对接促进交易行为发生。组织邻近性受地理邻近性的影响，如同一经济区的主体其制度体系、文化体系、外部环境等往往具有一致性；认知邻近性又可以增强主体间的组织邻近性。

因此专利供需主体间技术交易行为受到技术邻近性这一根本动因、地理邻近性这一外部动因，以及组织邻近性和认知邻近性等中间因素的共同作用和影响。

（二）多维邻近结构关系的网络表征

1. 多层关系网络概念

在传统的单一网络中，网络中的节点和连边往往具有相同的含义即同质性。然而，在现实世界中无论是节点所代表的对象，还是连边所代表的节点间关系都存在异质性。多层网络理论的提出，为研究如何在网络中精确体现节点及连边间的异质关系提供了一种思路。本书以典型的二分网络为例说明多层网络形成的脉络。二分网络是一种特殊的多层网络，网络中同一个节点具有不同属性，如基于顾客与产品之间购买关系的二分网，在传统的构建方式中，将顾客看作一类节点，产品是另一类节点。顾客 C_i 购买某一产品 P_i，则 C_i 与 P_i 之间形成连边，顾客与顾客之间以及产品与产品之间不存在连边。但在现实世界中，还存在顾客间的人际关系、地域关系等，产品间的互补、替代等相关关系。如果把这些联系也加入原本的二分网中，传统的同构网络理论就难以对其进行刻画。这就需要构建多层网络对其进行表征。多层网络理论的发展在不断突破单个网络节点和连边同质性的限制。多层网络中每层的节点间属于同质关系，这种多层网络被称为多维多层网络，每层的节点间属于异质关系，这种网络被称为依赖性多层网络。

多维型多层网络的实质是为了突破传统单个网络中连边同质性的限制，不同的分层表示不同的联系类型，于是便形成了多维型多层网络。严格的多维型多层网络的特点是在每一层中都有一个单个网络，每一层网络的节点集合相同或者存在一定的交集，层与层之间不存在连边，或仅同样节点之间存在连边，每层网络内的连边具有不同的属性，因此多维型多层网络的层数等于连边的类型数。依赖型多层网络，这一概念由 Buldyrev 等[178]于 2010 年首次提出。依赖型多层网络由两个以上单一网络组成，单个网络内的节点是同质的，而单个网络间的节点是不同质的。实质来看，依赖型多层网络是在多维型多层网络的基础上突破节点同质性的限制，且允许不同层中的节点间产生连边。

2. 多层网络关系网络定义

多层关系网络能够对专利技术交易主体间的多维邻近关系进行结构化表示，首先给出多关系网络构建的公式化表示：对于一个具有 M 层的多层关系网络，可以定义为 $G=(g, C)$，其中 g 代表多个单层关系网络，C 代表层间链接。对于网络层 g，有 $g=(G^1, G^2, \cdots, G^\alpha, \cdots, G^M)$ 对于多层关系网络中的任意一层，有 $1\leqslant\alpha\leqslant M$，$G^\alpha=(V^\alpha, E^\alpha, W^\alpha)$，节点集合 $V^\alpha=(v_1^\alpha, v_2^\alpha, \cdots, v_i^\alpha, v_j^\alpha, \cdots, v_{n\alpha}^\alpha)$，边集合 $E^\alpha=(e_1^\alpha, e_2^\alpha, \cdots, e_x^\alpha, \cdots, v_{m\alpha}^\alpha)$，边权集合 $W^\alpha=(\omega_1^\alpha, \omega_2^\alpha, \cdots, \omega_{m\alpha}^\alpha)$，本章构建的多层关系网络中每一层都具有相同的节点数 N，即 $|n_1|=|n_2|=\cdots=|n_\alpha|=N$，由于并非节点在所有层上都产生相同链接，因此对于 $1\leqslant\alpha\neq\beta\leqslant M$，一般有 $E^\alpha\neq E^\beta$。若 G^α 存在方向，有 $1\leqslant i\neq j\leqslant N$，$\{v_i, v_j\}\neq\{v_j, v_i\}$。若 G^α 存在权重，其邻接矩阵可以表示为 $A^{|\alpha|}=\{a_{i,j}^{|\alpha|}\}$，且有：

$$a_{i,j}^{|\alpha|}=\begin{cases}\omega_{i,j}, if(a_{i,j}^\alpha\in E^\alpha)\\0, otherwise\end{cases}$$

对于层间链接 C 有，$C=(E^{\alpha\beta}\subseteq V^\alpha\times V^\beta;\ \alpha, \beta\subseteq\{1, 2, \cdots, M\}, \alpha\neq\beta)$ 表示不同层 G^α，G^β 的层间链接。对应 $E^{\alpha\beta}$ 的层间矩阵可以表示为

$a_{i,j}^{\alpha\beta}$，且有：

$$a_{i,j}^{\alpha\beta} = \begin{cases} 1, if(v_i^{\alpha}, v_i^{\beta} \in E^{\alpha\beta}) \\ 0, otherwise \end{cases}$$

本章构建的多层关系网络为属于对齐异构网络[320]，因此，对于每个 $1 \leqslant \alpha \neq \beta \leqslant M$，有 $E^{\alpha\beta} = \{\{v_1^{\alpha}, v_1^{\beta}\}, \{v_2^{\alpha}, v_2^{\beta}\}, \cdots, \{v_N^{\alpha}, v_N^{\beta}\}\}$。

结合上述多维邻近结构关系，划分多维关系网络的网络层，每一类关系作为多层关系网络中的一层，具体包括：

（1）专利技术交易关系网络。专利技术交易关系网络作为专利技术供需主体认知邻近性中历史交易的网络化表示，是一个加权有向网络，网络中的权重指专利技术交易网络中的边权，对于发生专利转让的供需主体对，边权通过供需主体之间的历史转让次数来衡量。例如，网络中一条边的权重为3，那么这条边链接的供需主体对之间发生过3次转让关系。专利技术交易网络的权重反映了供需主体之间发生交易关系的紧密程度。专利技术交易网络中的边代表供需主体之间的交易关系，边的方向从专利技术的转让方指向受让方，即从专利的供应方指向需求方。网络中同一主体既有可能是转让方也有可能是受让方，因此，供需主体之间可能存在双向关系。专利技术交易网络中的方向也代表了专利技术流动方向。定义符号 T（Transaction）表示专利技术交易关系网络。

（2）共申请关系网络。共申请关系网络作为专利技术供需主体认知邻近性中申请关系的网络化表示，是一个加权无向网络。两个主体之间的共同申请是一种无向的合作，边的权重则代表共同申请专利的个数，反映了主体间在共同申请和研发专利上的合作紧密程度。定义符号 S（Supply）表示共申请关系网络。

（3）引证关系网络。引证关系网络作为专利技术供需主体认知邻近性中主体持有专利间引用关系的网络化表示，是一个加权有向网络。网络中的权重代表了施引主体持有的专利对被引主体持有专利的引用次数，能够在一定程度上反映施引主体对被引主体拥有技术的高兴趣和依存性。由于供需主体分为施引主体和被引主体，因此网络中边的方向从施引方指向被引方。网络中同一主体既有可能是施引方也有可能是被引方，因此，供需主体之间可能存在双向关系。定义符号 C（Citation）表示引证关系网络。

（4）类别关系网络。类别关系网络作为专利技术供需主体间横向组织邻近性的网络化表示，是一个无权无向网络，任意两个主体间都具有类别关系，网络中的连边表示相连的两个主体属于同一类别，不存在连边的主体则表示两个主体不属于同一类别。定义符号 M（Mode）表示类别关系网络。

（5）亲族关系网络。亲族关系网络作为专利技术供需主体间纵向组织邻近性的网络化表示，是一个无向无权网络。同类别关系相似，亲族关系表现的是主体双方是否属于同一集团的公司，网络中的连边表示相连的两个主体属于同一集团（包含上下级和同级关系），不存在连边的主体之间不存在亲族关系。定义符号 F（Family）表示亲族关系网络。

（6）地理距离网络。地理距离网络作为专利技术供需主体间地理邻近性中地理距离关系的网络化表示，是一个加权无向网络，任意两个主体之间都存在实际的地理距离，因此，网络不存在方向，且网络是一个全连接网络。网络中主体距离的测度，根据百度地图上主体所处省市之间的直线距离进行表示，根据地理距离与地理邻近性的内涵，地理距离网络中的权重指主体间地理距离的倒数。需要在此特别指出，供需主体所处同一省市，标记其地理距离为 1，则其取倒数后值最大。定义符号 D（Distance）表示地理距离网络。

（7）经济区关系网络。经济区关系网络作为专利技术供需主体间地理邻近性中所处经济区关系的网络化表示，是一个无权无向网络。网络中的边代表所连接的两个主体所处同一经济区，不存在连边的主体之间不处于同一经济区内。定义符号 E（Economic Region）表示经济区关系网络。

（三）多维邻近性与专利技术交易机会的相关性研究

专利技术交易中供需主体间的多维邻近关系与专利技术交易之间的关系，可以通过计算网络间的层相关性来进行初步判断。

在上一部分构建的专利技术供需主体间多层关系网络的基础上，分别计算共申请、引证、类别关系、亲族关系、地理距离、经济区关系这

六个网络层与专利技术交易网络层的层相关性。层间相关性用$\mu^{\alpha\beta}$表示，选择利用 Pearson 相关系数对网络层相关进行计算[321]。计算多层网络间的相关性时，可将单层网络的邻接矩阵表示为一个长向量，例如，α 层的邻接矩阵 $A^{|\alpha|}$ 表示的长向量为 $g_\alpha=(a_{11}^\alpha, \cdots, a_{1n}^\alpha, \cdots, a_{21}^\alpha, \cdots, a_{2n}^\alpha, \cdots, a_{n1}^\alpha, \cdots, a_{nn}^\alpha)$，则 α 层和 β 层的相关性计算公式如下：

$$\mu_{pcc}^{\alpha\beta} = Pearson^{\alpha\beta} = \frac{1}{n^2}\sum_{x,y}\frac{(a_{x,y}^\alpha - \bar{g}_\alpha)(a_{x,y}^\beta - \bar{g}_\beta)}{\sigma(g_\alpha)\sigma(g_\beta)} \qquad (11-1)$$

其中，$\bar{g}_\alpha$，$\bar{g}_\beta$ 表示 α 层和 β 层向量的平均值，$\sigma(g_\alpha)$，$\sigma(g_\beta)$ 表示 α 层和 β 层向量的标准差。$\mu_{pcc}^{\alpha\beta}\in[-1, 1]$，$|\mu_{pcc}^{\alpha\beta}|$ 的大小表示相关程度，$|\mu_{pcc}^{\alpha\beta}|=0$，表示两个网络弱相关，$|\mu_{pcc}^{\alpha\beta}|\in[0.3, 0.5]$ 表示两个网络中等相关，$|\mu_{pcc}^{\alpha\beta}|\in[0.5, 1)$ 表示两个网络强相关，$|\mu_{pcc}^{\alpha\beta}|=1$ 表示两个网络完全相关，$|\mu_{pcc}^{\alpha\beta}|$ 的值越趋近于1，表示两个网络的相关程度越强，β 层网络表征的关系对转让关系的影响越大，$\mu_{pcc}^{\alpha\beta}$的正负表示两个网络相关性的正负方向。

（四）多层网络链路预测方法

由于传统的同构网络及单层网络无法全面表征主体间多关系特征[322][323]，近年来，利用多关系网络表征主体间多维链接的方法受到学界关注[324][325]。多关系网络于2005年提出，其详细解释即节点集合只有一种类型，但存在多种类型的关系，多关系网络侧重研究节点间多关系的表征及相互作[326]，其链路预测包括以下几种方法：

1. 基于机器学习或多关系拓扑结构的预测方法

前者使用元路径、路径熵等作为数据集[327]，依靠机器学习算法构建分类器[324]，并利用朴素贝叶斯、SVM 等训练分类器[328]。后者则关注多关系网络中的复杂拓扑结构，并将共同邻居、随机游走等方法拓展至多关系网络[329]，或通过构建数学模型耦合单层网络上的拓扑结构指标进行预测[330]。但上述方法没有关注多关系间的相互影响。

2. 基于层相关性的预测方法

该类方法利用多层网络表征多关系网络，网络中每一层都具有相同类型的节点和节点间单一类型关系[331]，通过不同层网络间的相关性度量多关系之间的相互影响是该方法的核心[332]。其中：层相关性可采用 Pearson 相关、Spearman 系数等计算网络邻接矩阵之间的度—度相关性[321][322]。该类方法考虑了层相关性以及节点在多关系网络上的相似性。

本章将采用多层关系网络（Multi-layer Relational Network，MRN）表征影响主体间交易的多维关系，并在定量测算多关系对预测目标层链路形成的影响基础上，预测交易机会。

二、基于 MRN 的技术交易机会预测模型

该预测模型构建步骤：（1）构建 MRN 网络；（2）计算单层关系网络节点间结构相似性指标；（3）基于随机森林计算结构相似性指标权重；（4）基于多维邻近结构关系融合的主体整体相似度计算；（5）基于 LDA 和余弦相似度的内容邻近关系计算；（6）融合主体间整体结构相似度与内容相似度构建预测模型并检验模型准确度。

（一）单层关系网络节点间结构相似性指标

在加权有向网络中，对于节点 v_x，定义其作为交易的转让方和受让方的邻居集合分别为 $\Gamma_{in(y)}$，$\Gamma_{out(x)}$。社会网络中已经被证实具有大量的弱连接效应，即一个节点从另一个节点接收得到的信息由权重较小的边决定，此概念同样适用于专利技术交易网络。考虑网络中的弱连接效应，给出 min $[\omega(x,\ z),\ \omega(z,\ y)]$，表示节点 v_x 与节点 v_z 及节点 v_z 与节点 v_y 产生的边中权重的较小的值。对于节点 v_x，其出度 $k_{out(x)}$ 和入度 $k_{in(x)}$ 在加权有向网络中表示为节点的出强度 $s_{out(x)}$ 和入强度 $s_{in(x)}$，即节点所有

出、入边的权重之和，公式如下：

$$s_{out(x)} = \sum_{m} k_{out(x)} \tag{11-2}$$

$$s_{in(x)} = \sum_{n} k_{in(x)} \tag{11-3}$$

其中，m、n 分别为节点 v_x 出、入边的个数。

考虑计算的复杂性和可用性，将传统研究中 10 个无权无向的结构指标推广至加权有向网络，给出指标的计算公式如下：

1. CN 指标（共同邻居指标）

$$s^{CN}(\mathrm{xy}) = \sum_{Z \in \Gamma_{out(x)} \cap \Gamma_{in(y)}} \min[\omega(x,z),\omega(z,y)] \tag{11-4}$$

2. RA 指标（资源分配指标）

$$s^{RA}(\mathrm{xy}) = \sum_{Z \in \Gamma_{out(x)} \cap \Gamma_{in(y)}} \frac{\min[\omega(x,z),\omega(z,y)]}{s_{out(z)}} \tag{11-5}$$

3. AA 指标（Adamic—Adar）

$$s^{AA}(\mathrm{xy}) = \sum_{Z \in \Gamma_{out(x)} \cap \Gamma_{in(y)}} \frac{\min[\omega(x,z),\omega(z,y)]}{\log(1 + s_{out(z)})} \tag{11-6}$$

4. JC 指标（Jaccard）

$$s^{JC}(\mathrm{xy}) = \frac{\sum_{Z \in \Gamma_{out(x)} \cap \Gamma_{in(y)}} \min[\omega(x,z),\omega(z,y)]}{s_{out(x)} + s_{in(y)} - \sum_{Z \in \Gamma_{out(x)} \cap \Gamma_{in(y)}} \min[\omega(x,z),\omega(z,y)]} \tag{11-7}$$

5. PA（偏好连接）

$$s^{PA} = s_{out(x)} \times s_{in(y)} \tag{11-8}$$

6. Salton（余弦相似性）

$$s^{salton}(\mathrm{xy}) = \sum_{Z \in \Gamma_{out(x)} \cap \Gamma_{in(y)}} \frac{\min[\omega(x,z),\omega(z,y)]}{\sqrt{s_{out(x)} \times s_{in(y)}}} \tag{11-9}$$

7. Sørensen 指标

$$s^{s\phi rensen}(xy) = \sum_{Z\in\Gamma_{out(x)}\cap\Gamma_{in(y)}} \frac{2\min[\omega(x,z),\omega(z,y)]}{s_{out(x)} + s_{in(y)}} \quad (11-10)$$

8. LHN 指标

$$s^{LHN}(xy) = \sum_{Z\in\Gamma_{out(x)}\cap\Gamma_{in(y)}} \frac{\min[\omega(x,z),\omega(z,y)]}{s_{out(x)} \times s_{in(y)}} \quad (11-11)$$

9. HP 指标（大度节点有利指标）

$$s^{HP}(xy) = \sum_{Z\in\Gamma_{out(x)}\cap\Gamma_{in(y)}} \frac{\min[\omega(x,z),\omega(z,y)]}{\min(s_{out(x)},s_{in(y)})} \quad (11-12)$$

10. HD（大度节点不利指标）

$$s^{HD}(xy) = \sum_{Z\in\Gamma_{out(x)}\cap\Gamma_{in(y)}} \frac{\min[\omega(x,z),\omega(z,y)]}{\max(s_{out(x)},s_{in(y)})} \quad (11-13)$$

根据已经构建的多层关系网络，计算主体之间的结构相似性。由于多维多层网络属于对齐网络，相应主体在每层间对应的相似性需要一一计算，方法如下：

（1）针对转让、引证、共申请 3 个网络，采用上面给出的 10 个结构相似性指标计算主体间相似性，比较并选取精确度最优的指标，并以此指标用于后续专利技术供需主体间整体相似性的计算，主体之间的相似性邻接矩阵表示如下：

$$A^T = \mathrm{Sim}(T);A^S = \mathrm{Sim}(S);A^C = Sim(C)$$

（2）针对主体类别、亲族关系两个网络，主体间的相似性近似用“0”和“1”进行表示，即：主体类别网络中，主体间属同一类别（企业、高校、科研院所等），邻接关系取值为“1”，否则为“0”；在亲族关系网络中，主体间存在控股及供应等紧密关系时，邻接关系取值为“1”，否则为“0”。因此，主体间相似性直接用网络层的邻接矩阵中数值表征：

$$\mathrm{A}^M = \begin{cases} 1, & \text{节点类型相同} \\ 0, & \text{节点类型不同} \end{cases}$$

$$A^F=\begin{cases}1，节点属于同一亲族\\0，节点属于不同亲族\end{cases}$$

（3）针对主体间地理距离网络，以主体所在省市间的直线距离为地理距离，用符号 d 表示。由于地理距离的长度与主体间地理邻近性的大小成反比，因此将主体间地理距离取倒数作为主体间在地理距离网络层上的相似性。特别需要注意的是，主体间距离为“0”即同一省市（时），主体之间的相似性值为“1”。如下：

$$A^D=\begin{cases}1/d，节点不处于同一城市\\1，节点处于同一城市\end{cases}$$

（4）针对主体间所处经济区关系网络，根据我国经济区的划分情况，若像个主体之间同属于一个经济区，那么主体间的相似性值设置为“1”，对于不属于同一经济区的两个主体，相似性值设置为“0”。如下：

$$A^E=\begin{cases}1，节点属于同一经济区\\0，节点属于不同经济区\end{cases}$$

（二）基于随机森林的结构相似性指标权重计算

多维关系的结构相似性对专利技术交易形成具有一定影响，在计算专利技术供需主体间整体相似性之前，需要对主体在每一层关系的结构相似性对整体结构相似性的影响权重进行确定。通过多维邻近关系对专利技术交易形成的作用机理，可以看出多维邻近结构关系除了对专利技术交易形成具有一定影响，在多维邻近结构关系间也存在一定相互作用，在融合计算主体间整体结构相似性时，这些作用不能被忽略，由于传统的线性回归方法难以完成，因此采用机器学习的方法对各个邻近结构关系的权重进行计算。

考虑到本章研究数据的特征及各类机器学习算法的特点，最终选择机器学习中的随机森林算法对每一类关系的权重进行确定。选择随机森林算法的原因如下：随机森林算法具有较强的分类能力，对于大部分数据它的分类效果比较好，能够训练出具有较高精确度的分类器；能处理高维特征，模型训练速度比较快，不易产生过拟合等问题；在训练分类模型时，它可以得出每一类特征参数的重要程度，并可将其作为权重；

对数据集的适应能力强：对于离散型数据或连续型数据都能进行处理，无须对数据进行规范化。

随机森林的输入为训练数据集，$D=\{(x_1, y_1), (x_2, y_2), \cdots, (x_n, y_n)\}$ 样本的子集个数 T。输出为最终的强分类器 $f(x)$。其训练过程基本由随机采样和完全分裂两个步骤组成。

1. 随机采样

随机森林对输入的数据进行行、列的采样，但两种采样的方法有所不同。对于行采样，采用的方式是有放回的采样，即在采样得到的样本集合中，可能会有重复的样本。假设输入样本为 N 个，那么采样的样本也为 N 个。这使得在训练时，每棵树的输入样本都不是全部的样本，这样也可以尽可能避免过拟合情况的出现。对于列采样，采用的方式是按照一定的比例无放回的抽样，从 M 个特征中，选择 m 个样本，则有 $m<M$；

2. 完全分裂

在形成决策树的过程中，决策树的每个节点都要按完全分裂的方式，分裂到不能再分裂为止。这样得到的决策树的某一个叶子节点要么是无法继续分裂的，要么叶子节点中包含的所有样本都指向同一个分类器。

随机森林中每棵树的构造过程及注意事项如下：

（1）N 为训练例子的个数，M 为变量的数目。

（2）m 表示当在一个节点上做决定时所用到的变量的数目。

（3）从 N 个训练案例中采用可重复取样的方式，取样 N 次，形成一组训练集，并使用这棵树来对剩余变量预测其类别，并对误差进行评估。

（4）对于每个节点，随机选择 m 个此点上的变量，并依据这 m 个变量，计算其最佳的分割方式。

（5）对于森林中的每棵树均不用采用剪枝技术进行剪枝，使每棵树都可以完整生长。

（6）森林中任意两棵树的相关性与森林中每棵树的分类能力是影响随机森林分类效果的两个重要因素。任意两棵树数之间的相关性越大，错误率越大；每棵树的分类能力越强，整个森林的错误率越低。

在随机森林的计算结果中，采用 Mean Decrease Gini 指标来反映每个变量对分类树每个节点上观测值的异质性的影响，并以此比较变量的重要性。该值越大表示该变量的重要性越强。本章将 7 个反映主体间多维邻近结构关系指标作为变量，采用随机森林计算出每个变量的 Mean Decrease Gini 指标并进行归一化处理，作为每一个邻近结构关系的权重。

（三）基于多维邻近结构关系融合的专利技术供需主体整体相似度计算

在多层关系网络中，预测目标关系所在网络层为预测层，本部分的目标是对专利技术供需主体之间的交易机会进行预测。因此，预测层为专利技术交易层。其他关系网络层为相关层。多关系间的影响用随机森林计算得出的多维关系特征的重要性来量化表示，并由此给出融合多维关系的专利技术供需主体结构相似性如下公式：

$$S_{xy}^{\alpha} = \sum_{\alpha \neq \beta}^{M} \omega^{\alpha} sim_{xy}^{\alpha} \tag{11-14}$$

其中，α 代表预测层，β 代表其他的相关层，sim_{xy}^{α} 为各层上节点 x 和节点 y 之间的相似值，ω^{α} 代表层 α 的权重。S_{xy}^{α} 为考虑多维邻近关系计算得到的主体间整体结构相似性。

（四）基于 LDA 与余弦相似度的内容邻近关系表征

1. 技术供需主体间专利内容集合规划

专利技术的摘要，能够很好地对专利技术内容进行表示，同时摘要文本相比于专利说明书具有简明扼要的特点，能够降低文本预处理时的工作复杂度。专利标题由于过于简单，可能无法对专利内容进行细致的描述。因此，本章选取专利技术的摘要文本，并将主体转出和转入的专利技术摘要进行合并，构建主体的专利技术文本集合，计算供需主体间内容相似性。

供需主体之间的文本集合相似，能够说明主体间在供需的内容上具有一定的一致性，往往技术的匹配程度更高，具有高文本相似度的主体更容易产生交易机会。

2. 基于 LDA 的专利内容主题抽取

在对主体间内容相似性的计算之前，需要对专利文本进行处理，采用词向量对文本特征进行表征。目前，在对文本的处理和挖掘算法中，Griffiths，Stervers[333] 在 2004 年提出的 LDA 主题模型的发展较为成熟，因此本章采用 LDA 主题模型对专利技术文本进行分析和处理，为进一步计算文本间的主题分布相似性打下基础。

在使用 LDA 主体模型之前需要对专利文本进行分词，首先构建领域词典，然后基于领域词典利用 jieba 分析工具及搜狗停用词表对各个主体的专利文本数据集合进行中文分词，在分词后构建 LDA 主题模型。

3. 基于余弦相似度的供需主体间内容相似性计算

对于一个文本集，采用 LDA 方法可以得到文本集中每一个文本的特征向量。在此基础上，可以通过计算语义相似度的 COS 值（余弦相似度）的方法，确定两主体之间文本的相似性，并将其作为主体间的内容相似性。

由于一个主体可能具有多个专利，首先需要将这些专利去重后构建主体拥有专利的摘要文本数据集合。接下来采用 Jieba 分析工具及搜狗停用词表对这些专利文本数据集合进行中文分词。然后运用 LDA 主题模型算法分计算主体持有文本的技术主题概率分布集合（两次使用 LDA 主题模型时给定相同的主题个数），将计算出的专利文本技术主题概率分布集合中的每一个值作为特征向量，将主体的文本技术主题概率分布两两进行余弦相似度计算[334]，得到的结果是 $\cos\theta \in [0,\ 1]$，$\cos\theta$ 值越大，两个文本语义越接近。假设文本 a 的特征向量为 $[a_1,\ a_2,\ a_3,\ \cdots,\ a_g]$，本章 b 的特征向量为 $[b_1,\ b_2,\ b_3,\ \cdots,\ b_g]$，$g$ 为技术主题个数，给出两个文本间的余弦相似度公式如下：

$$s^{\cos}(a,b) = \cos\theta = \frac{\sum_{j=1}^{g}(a_j \times b_j)}{\sqrt{(\sum_{j=1}^{g} a_j^2)(\sum_{j=1}^{g} b_j^2)}} \tag{11-15}$$

迭代计算，最终得到主体文本之间的语义相似度矩阵如下：

$$COS=\begin{bmatrix} c_{11} & c_{12} & \cdots & c_{1l} \\ c_{21} & c_{22} & \cdots & c_{2l} \\ \vdots & \vdots & \ddots & \vdots \\ c_{l1} & c_{l2} & \cdots & c_{ll} \end{bmatrix} \tag{11-16}$$

其中，c 代表两个主体间的文本内容相似度，l 代表主体序号，下标代表持有专利的转让方与受让方主体。本章计算得出的矩阵为上三角与下三角值相等的对称矩阵，且由于主体一定持有专利，两个主体间均可计算文本相似度，因此计算得出的矩阵是全连接矩阵。

（五）基于多层网络的技术交易机会预测

由于通过专利技术供需主体间的结构相似性获得的信息有局限，在链路预测的过程中单纯的结构化指标有时在预测精度上表现不佳。将一些节点属性加入到预测过程中往往得到更加准确的预测结果，许多学者将节点属性与节点信息进行融合构建预测框架和指标，在一些实际的网络中有效地提高了预测的精准度。本章借鉴这个思路，不仅考虑专利技术交易中供需主体间的多维邻近结构相似性，同样考虑主体间技术邻近性中蕴含的内容相似性，并融合结构—内容相似性构建预测模型。

采用熵权法对专利技术交易供需主体间节点的结构关系与内容属性进行融合构建模型。

熵的概念最早出现在热物理学领域，用于对体系混乱程度的测量。而后，申农最早将熵的概念引入信息论中，并得到推广，目前已经在工程技术、社会经济等领域得到了非常广泛的应用。借鉴熵值的概念，熵权法的基本思路是根据指标变异性的大小来确定客观权重。一般来说，若某个指标的信息熵越小，表明指标值得变异程度越大，提供的信息量越多，在综合评价中所能起到的作用也越大，其权重也就越大。相反，某个指标的信息熵越大，表明指标值得变异程度越小，提供的信息量也越少，在综合评价中所起到的作用也越小，其权重也就越小。

在熵权法的计算过程中，首先需要确定每个指标在预测模型中所占的权重，它代表这类指标对预测结果的贡献程度，指标权重计算步骤如下：

1. 数据标准化

具有不同量纲的数据可能干扰预算结果的精确度，为消除不同量纲对计算结果的影响，将矩阵按式11－17进行标准化处理，标准化后的矩阵记为 $\bar{S}$，

$$\bar{S} = s_{mf} \Big/ \sqrt{\sum_{m=1}^{M} (S_{mf})^2} \tag{11-17}$$

其中，s_{mf}表示第 m 条边的第 f 个指标的值，M 表示网络边数。

2. 计算指标信息熵 e_f

$$e_f = -(1/\ln h) \sum_{m=1}^{M} (Y_{mf} \times \ln Y_{mf}) \tag{11-18}$$

其中，$Y_f = \bar{S}_{mf} / \sum_{m=1}^{M} \bar{S}_{mf}$，$h$ 表示指标个数。

3. 计算指标的熵权

$$\omega_f = \frac{d_f}{\sum_{f=1}^{h} d_f} \tag{11-19}$$

其中，$d_f = 1 - e_f$。

通过熵权法计算出结构和内容指标在预测模型中的权重，根据各个预测指标的权重 ω_f 利用式11－19对标准化后的指标进行加权求和，计算出预测指标的最终融合值，用于综合评价链接出现的可能性。

$$P_{xy} = \sum_{f=1}^{h} \omega_f s_{xy}^{-f} \tag{11-20}$$

其中，s_{xy}^{-f}表示 x，y 之间第 f 个指标的值；$P_{xy} \in [0, 1]$，表示 x，y

之间出现联结的可能性，其值越大，则未来相对出现链接的可能性越大。

三、实证研究与模型检验

（一）数据采集及统计

数据均源自 IncoPat 数据库，该数据库完整收录了全球 105 个国家、组织、地区 1 亿余件专利信息，本章关注其中包含的中国地区专利技术情况。数据获取中检索采用的表达式参考《2018 年中国电子信息领域行业目录》中的技术词汇。对数据的获得和处理步骤如下：

（1）利用 Python 爬虫对 IncoPat 专利数据库中 2012－2018 年电子信息技术领域各个主体间专利技术交易数据进行爬取，其中，选取主体国别为中国，筛选交易类型为转让，专利技术为有效发明专利的数据，去除重复记录后得到 6504 条有效记录。

（2）将单次转让中涉及多主体的记录进行拆分，规则与第十章第三部分第（一）节相同。

（3）删除数据中转、受让人为个人、机关团体、政府部门等非营利组织类型的主体，保留企业、大专院校和科研院所类型主体，得到 9815 条转让数据。

（4）考虑到转、受让频次较低主体在专利技术交易过程中具有突发性和偶然性等情况，对预测噪声较大。因此，本章对主体间转让频次进行统计，最终筛选出转、受让频次大于等于 10 的 233 个主体用于后续的多维邻近性的分析和建模，最终得到 3545 条有效的转让数据。

对 233 个主体进行分类，其中包括企业 204 个、高校 16 所、科研院所 13 个。筛选统计 233 个主体间具有转让关系的主体对共有 425 对，转让频次 3545 次，其中转、受让方均为企业的主体间转让频次为 2916 次，占总频次的 82.3%。233 个主体间具有引证关系的主体对共 407 对，引证总频次 1141 次；233 个主体间具有共申请关系的主体对共 62 对，共申请总频次 1230 次。对不同类别主体间的交易、引证、和申请关系统计分别如表 11－1、表 11－2、表 11－3、表 11－4 所示。由于转让和引证关系具有方向，故给定表 11－1 的行代表专利转让方、列代表专利受让方，表 11－3 的行表示施引方、列表示被引方。

表 11－1　主体技术交易关系统计表　单位：次

转让主体/频次	高校	企业	科研院所	合计
高校	0	169	2	171
企业	12	2916	144	3072
科研院所	1	289	12	302
合计	13	3374	158	3545

表 11－2　主体共同申请关系统计表　单位：次

转让主体/频次	高校	企业	科研院所	合计
高校	0	59	0	59
企业	—	764	398	1162
科研院所	—	—	9	9
合计	—	—	—	1230

表 11－3　主体相互引证关系统计表　单位：次

转让主体/频次	高校	企业	科研院所	合计
高校	5	158	1	164
企业	50	808	11	869
科研院所	31	58	19	108
合计	86	1024	31	1141

表 11－4　主体数量与主体间转让、引证、申请比例统计表

主体	主体数量（所/个）	转让数量（比例）	引证数量（比例）	申请数量（比例）
高校	16	184（1:12）	250（1:16）	59（1:4）
企业	204	6406（1:31）	1893（1:9）	1221（1:6）
科研院所	13	460（1:35）	139（1:10）	407（1:31）

对上述 4 个表进行分析，从表 11－1 中可以看出，专利技术的历史转让行为主要在企业之间开展，高校和科研院所对专利技术交易的整体参与度较低，表现不活跃。另外，有两组数据值得关注，从表 11－2 中可以发现，企业与科研院所之间共同申请具有不小占比，其原因主要是

企业对新型专利技术研发的不断重视，并成立相关的下属研究院所而形成的状态；从表 11 –3 中可以发现，企业对高校专利技术具有一定数量的引用，这也从侧面说明了学校在专利技术的研发方面具有一定的能力，且其专利技术具有一定先进性，高校中的专利技术资源不可被忽视。

在共同申请专利及对专利的引用方面，企业表现出的活跃度都要高于科研院所。这样的结果也是由主体的性质导致的，企业往往将运营作为根本目标，其对专利技术的需求需要保持不断更新才能保证企业在技术上的优势地位从而才能获得市场优势。而科研院所和高校是以科学研发为主的主体，往往以独立的研究主体存在，因此参与合作的专利行为的动力较低。

尽管高校与科研院所的主体数量及参与相关专利活动的数量较低，但是高校和科研院所仍然具有较大潜力。从表 11 –4 可以看出，高校在专利技术引证上具有最大的比例，这是由于教学科研需要在大量的科学引证上进行；科研院所在专利技术的申请上比例最高，说明科研院所大量依托同族企业进行研发，而与相关企业之间形成共同申请的特点；在专利技术转让方面，高校与科研院所并没有表现出很低的比例，甚至科研院所的比例高于企业，这说明目前在电子信息技术领域的专利技术交易市场上，更多的高校与科研院所只是没有被挖掘出来，无法很好地参与专利技术交易的过程中，高校与科研院所在专利技术交易市场上的潜力需要在未来被进一步挖掘。

对主体所处的地理情况进行统计如表 11 –5 所示。

表 11 –5　　供需主体经济区分布情况统计表

经济区	经济区内主体数量（个）	经济区	经济区内主体数量（个）
大东北地区	4	长江中游地区	17
北部沿海地区	44	大西南地区	13
东部沿海地区	77	大西北地区	4
南部沿海地区	61	其他地区	7
黄河中游地区	6		

由表 11 –5 得出，电子信息技术领域内的专利技术交易的主体主要集中在北部、东部、南部的沿海地区，可见沿海地区较高的开放程度和发达的经济基础为电子信息技术领域的技术发展提供了有力保障和支持。

（二）转让交易网络构建与分析

以 233 个主体构建加权有向专利技术交易网络，定义 $V^T=[v_1^T, v_2^T \cdots v_x^T, v_y^T \cdots v_N^T]$ 表示网络中节点主体集合，N 表示主体个数，邻接矩阵 $A^T=[a_{x\to y}^T]$ 表示主体间有向的专利技术转让关系，若主体 v_x^T 向 v_y^T 进行专利技术转让，则有 $a_{x\to y}^T=1$，若主体 v_y^T 向 v_x^T 进行专利技术转让，则有 $a_{y\to x}^T=1$，若两者之间不存在转让关系，则有 $a_{x\to y}^T=a_{y\to x}^T=0$，即两主体间无专利交易行为。用权重矩阵 $W^T=[\omega_{(x,y)}^T]$ 表示主体 v_x^T 作为转让方与主体 v_y^T 作为受让方在 2012—2017 年进行专利转让的频次即权重值，从而由 V^T，A^T，W^T 共同组成科技主体间专利技术转让加权有向转让网络。

使用 Gephi 软件构建的专利技术转让网络基本统计指标对网络的基本结构进行分析。经计算得出：密度 $\bar{\rho}=0.008$，说明网络的结构稀疏，模块度 $Q=0.901$，说明网络具有较强社团性和集聚性。网络中节点的平均加权度为 15.6，可以看出网络中拥有一些具有大度数的核心节点，这使得网络中很可能存在较强的弱连接效应。

（三）模型精度评价指标及精度对比

1. 模型精度评价指标

考虑构建网络规模较小，为弥补训练集和测试集划分样本量小的问题，本章选择采用 leave - one - out 法计算模型的预测精度，该算法适用于小规模网络，其主要思想为：每次从网络中选取一条边作为测试边，将这条边进行人工删除，并将剩余的边作为训练集，并预测这条边出现的可能性。

通过 leave-one-out 算法计算 AUC 指标[315]，每次从网络中选取一条存在边与不存在的边构成测试集，将其余存在的边作为测试集并预测此边出现的可能性，将这条边的预测值与随机选择的一条不存在的边的预

测值比较，将比较次数记为 n。如果这条连边的预测值大于随机选择的不存在的边的预测值，记为1，并将出现这种情况的次数记为 n_1；两值相等，记为0.5，次数记为 n_2；前者小于后者，记为0。代入 AUC 指标的计算公式如下：

$$AUC = \frac{n_1 + 0.5n_2}{n} \tag{11-21}$$

AUC 计算结果值越高，代表模型预测精度越高。

2. 模型精度对比

首先，采用公式 Pearson 相关系数计算得出6个邻近关系与专利技术交易的相关性 $\mu^{\alpha\beta}$，以验证多维关系在模型计算中的有效性和可用性，如表11-6所示。

表11-6　　相关层网络与交易层之间的 Pearson 相关性

网络层	$\mu_{pcc}^{\alpha\beta}$	相关性程度	显著性
引证网络	0.36	中等相关	显著（0.01）
共申请网络	0.42	中等相关	显著（0.01）
类别网络	0.01	弱相关	显著（0.05）
亲族关系网络	0.32	中等相关	显著（0.01）
地理距离网络	0.06	弱相关	显著（0.01）
经济区网络	0.11	弱相关	显著（0.01）

从表11-6发现，其中引证、共申请、亲族关系、地理距离及经济区的相关性结果在0.01级别显著，类别网络在0.05级别显著。根据 Pearson 相关系数的强弱划分，共申请网络、引证网络与亲族关系网络与转让网络的相关性为中等相关；类别网络、地理距离网络、经济区网络与转让网络的相关性为弱相关。由于六个网络层与转让网络层之间表现出显著的相关性，因此，这六个结构邻近关系均纳入后续模型中，并进一步计算各个关系对专利技术交易产生的影响权重。

针对转让、引证、共申请3个网络，计算得出10个结构相似性指标的 AUC 值（如表11-7所示），得出 RA 指标的精度最高。因此，选择 RA 指标计算这3个单层网络中主体间相似性。

表 11－7　　链路预测指标在各网络层上的精确度

预测模型编号	指标	转让网络 AUC	共申请网络 AUC	引证网络 AUC
1	RA（Resource Allocation）	0.8237	0.67	0.8297
2	HP（大度节点有利指标）	0.8229	0.67	0.8193
3	CN（共同邻居）	0.8189	0.67	0.8206
4	HD（大度节点不利指标）	0.8201	0.67	0.8193
5	Jac（Jaccard）	0.8203	0.67	0.8198
6	PA（优先连接）	0.8178	0.67	0.8179
7	AA（Adamic-Adar）	0.8205	0.67	0.8206
8	LHN（LHN-I）	0.8203	0.67	0.8187
9	Sal（Salton 余弦相似性）	0.8195	0.67	0.8195
10	Sør（Sørensen）	0.8201	0.67	0.8196

采用随机森林算法计算对应主体对在各个关系层网络中的相似性作为特征指标对各层结构相似性指标的权重，随机森林算法使用的各项参数值如表 11－8 所示。

表 11－8　　随机森林算法参数

参数	N（训练例子数）	M（特征数）	m（抽取变量数）	k（决策树数目）
参数值	54289	7	$\sqrt{7}$（3）	50

采用随机森林计算权重结果如表 11－9 所示。

表 11－9　　多层结构相似性指标权重

多层关系网络层	Mean Decrease Gini	权重（重要性）
历史转让关系层	301.06	0.717
亲族关系层	44.21	0.105
地理距离层	31.85	0.076
共申请关系层	21.95	0.052
引证关系层	11.72	0.028
类型关系层	4.60	0.011
经济区关系层	4.31	0.01

可以看出，在 7 个多维结构邻近关系中，历史转让关系层具有最大的权重，达到了 0.717。说明主体间过往的交易经验对预测未来的潜在交易具有重要影响。在其余的多维邻近关系中，共申请关系、亲族关系、地理距离关系三个指标具有相对较大的重要性，这三个指标也恰好反映

出主体间的认知邻近性、地理邻近性和组织邻近性的特点。

主体间的内容相似性由技术邻近性表征，在计算主体间内容相似性的过程中，首先，本章参考《2018 年中国电子信息技术领域行业目录》中的技术词汇构建领域词典，并考虑本章主体所持有专利技术摘要文本集合的数据量特点，共设定 50 个主题用于计算文本主题概率分布（LDA），接着两两计算主体文本的主题概率分布结果之间的余弦相似度并以此作为主体间的内容相似性。

将表 11－9 中计算得出的权重代入公式（11－14）中计算主体之间的整体结构相似性，采用熵权法融合主体间的整体结构相似性和内容相似性，对比各个模型的预测精确度如表 11－10 所示。

表 11－10　专利技术供需主体交易机会预测模型精确度

模型编号	模型	模型精确度 AUC
1	转让层结构相似性（RA）	0.8237
2	整体结构相似性	0.8429
3	转让层结构相似性＋内容相似性	0.8329
4	整体结构相似性＋内容相似性	0.8721

对表 11－10 进行分析，对比模型 1 与模型 2，可以得出相比基于单一转让层的结构相似性，基于多层关系网络的整体结构相似性预测模型的预测精度有所提高，这也验证了多维邻近关系因素对专利技术的形成具有一定影响。同时，在预测过程中，关注主体间的多维邻近性能够获得主体间的更多信息，从而使得预测结果更加真实。

分别对比模型 1 和模型 3 及模型 3 和模型 4 发现，融合主体间结构及内容相似性的模型精确度比仅考虑单一结构相似性模型提升明显。在模型 4 的计算过程中，采用熵权法计算出整体结构相似性和专利技术内容的权重分别为 0.5012 和 0.4988，说明供需主体间内容相似性与结构相似性对产生专利技术交易具有几乎同样重要的作用，也从侧面反映出技术邻近性对专利技术交易的主导作用。

对比表 11－10 中模型 4，可以看出基于多维关系整体结构相似性与内容融合的指标模型具有最高的精度，结果验证了本章提出模型的有效性。

为进一步探索本章模型对专利技术供需主体预测结果特点，采用模型 4 与模型 1 对潜在专利技术交易进行预测，并对预测结果及其差异进行分析，并给出相应的对策与建议。

（四）专利技术交易机会预测结果分析

链路预测模型计算出的结果存在以下两个问题，一是不同计算方法或模型计算出的结果存在一定量纲问题，无法进行横向比较；二是通过链路预测模型计算出的结果表示主体对之间的相似性值，并不代表一个0到1之间的概率，不同对之间的相似值进行纵向对比时，不同主体对间相似性值的相对大小能够作为主体对在未来发生交易可能性的反映，相似性值更大的更容易在未来产生交易。因此，为方便观察对比，将计算得出的主体间相似值结果进行标准化处理，具体使用公式如下：

$$s_{norm} = \frac{s - s_{\min}}{s_{\max} - s_{\min}} \tag{11-22}$$

经过标准化处理后的预测结果中，交易机会排在前20的主体对如表11-11、表11-12、表11-13所示。

表11-11 交易网络中基于RA指标的预测结果（前20名关系主体对）

排序	预测结果		相似值
	转让方	受让方	
1	贝壳网际（北京）安全技术有限公司	珠海豹趣科技有限公司	1.0000
2	珠海豹趣科技有限公司	贝壳网际（北京）安全技术有限公司	1.0000
3	北京方正印捷数码技术有限公司	北京大学	0.8839
4	北京方正印捷数码技术有限公司	北大方正集团有限公司	0.7647
5	全球创新聚合有限责任公司	华为终端有限公司	0.6867
6	瑞声光电科技（常州）有限公司	瑞声声学科技（常州）有限公司	0.6706
7	瑞声声学科技（常州）有限公司	瑞声光电科技（常州）有限公司	0.6706
8	广东高航知识产权运营有限公司	国家电网公司	0.6533
9	国家电网公司	广东高航知识产权运营有限公司	0.6533
10	广东高航知识产权运营有限公司	深圳迈辽技术转移中心有限公司	0.6448
11	深圳迈辽技术转移中心有限公司	广东高航知识产权运营有限公司	0.6448
12	东莞市好美声电子有限公司	杭州赛泫科技有限公司	0.5983
13	光宝科技（常州）有限公司	光宝电子（广州）有限公司	0.5983
14	南宁富桂精密工业有限公司	无锡同春新能源科技有限公司	0.5983

续表

排序	预测结果		相似值
	转让方	受让方	
15	奇美电子股份有限公司	群康科技（深圳）有限公司	0.5983
16	苏州逸巛声学科技有限公司	苏州普联斯电子科技有限公司	0.5983
17	新疆华奕新能源科技有限公司	扬州华奕通讯设备有限公司	0.5983
18	无锡同春新能源科技有限公司	南宁富桂精密工业有限公司	0.5983
19	重庆智得热工工业有限公司	重庆奥珀瑞森科技有限公司	0.5983
20	全球创新聚合有限责任公司	泰纳斯公司	0.5775

表 11－12　整体结构—内容相似性模型预测结果（前 20 名关系主体对）

排序	预测结果		相似值
	转让方	受让方	
1	国家电网公司	国网上海市电力公司	1.0000
2	哈尔滨工业大学国家大学科技园发展有限公司	哈工大机器人集团（哈尔滨）资产经营管理有限公司	0.9146
3	成都来宝石油设备有限公司	繁昌县繁联建筑工程有限责任公司	0.8689
4	哈工大机器人集团（哈尔滨）资产经营管理有限公司	哈工大机器人集团岳阳有限公司	0.8666
5	北京大学	北京方正印捷数码技术有限公司	0.8657
6	哈工大机器人集团（广州）知识产权投资控股有限公司	哈工大机器人集团（哈尔滨）资产经营管理有限公司	0.8529
7	合肥智慧龙图腾知识产权股份有限公司	繁昌县繁联建筑工程有限责任公司	0.8350
8	合肥智慧龙图腾知识产权股份有限公司	蚌埠金石新材料有限公司	0.8328
9	国家电网公司	中电普瑞电力工程有限公司	0.8273
10	成都来宝石油设备有限公司	合肥智慧龙图腾知识产权股份有限公司	0.8271
11	蚌埠金石新材料有限公司	繁昌县繁联建筑工程有限责任公司	0.8205
12	北大方正集团有限公司	北京方正印捷数码技术有限公司	0.8179
13	成都来宝石油设备有限公司	蚌埠金石新材料有限公司	0.7908
14	哈尔滨工业大学国家大学科技园发展有限公司	哈工大机器人集团（广州）知识产权投资控股有限公司	0.7806
15	京信通信技术（广州）有限公司	京信通信系统（中国）有限公司	0.7802
16	重庆博视知识产权服务有限公司	重庆市巴南区环美金属加工厂	0.7603

续表

排序	预测结果		相似值
	转让方	受让方	
17	国网山东省电力公司电力科学研究院	中电普瑞电力工程有限公司	0.7482
18	北大方正集团有限公司	北京大学	0.7481
19	哈尔滨工业大学国家大学科技园发展有限公司	哈工大机器人集团岳阳有限公司	0.7281
20	哈工大机器人集团（广州）知识产权投资控股有限公司	哈工大机器人集团岳阳有限公司	0.7258

表 11-13　整体结构—内容相似性模型预测结果（去掉亲族关系主体对的前 20）

排序	预测结果		相似值
	转让方	受让方	
1	成都来宝石油设备有限公司	繁昌县繁联建筑工程有限责任公司	0.8689
2	合肥智慧龙图腾知识产权股份有限公司	繁昌县繁联建筑工程有限责任公司	0.8350
3	合肥智慧龙图腾知识产权股份有限公司	蚌埠金石新材料有限公司	0.8328
4	成都来宝石油设备有限公司	合肥智慧龙图腾知识产权股份有限公司	0.8271
5	蚌埠金石新材料有限公司	繁昌县繁联建筑工程有限责任公司	0.8205
6	成都来宝石油设备有限公司	蚌埠金石新材料有限公司	0.7908
7	重庆博视知识产权服务有限公司	重庆市巴南区环美金属加工厂	0.7603
8	赛恩倍吉科技顾问（深圳）有限公司	深圳金阳海网络智能科技有限公司	0.7168
9	苏州普联斯电子科技有限公司	苏州逸巛声学科技有限公司	0.7048
10	广东高航知识产权运营有限公司	赛恩倍吉科技顾问（深圳）有限公司	0.6745
11	黄山金普森新能源科技股份有限公司	浙江金普森新能源科技有限公司	0.6603
12	浙江金普森新能源科技有限公司	黄山金晖能源科技有限公司	0.6500
13	广东高航知识产权运营有限公司	深圳金阳海网络智能科技有限公司	0.6436
14	重庆奥珀瑞森科技有限公司	重庆智得热工工业有限公司	0.6389
15	国家电网公司	全球能源互联网研究院	0.6357
16	黄山金普森新能源科技股份有限公司	黄山金晖能源科技有限公司	0.6139
17	重庆市巴南区环美金属加工厂	广州博鳌纵横网络科技有限公司	0.6053
18	江苏省东方世纪网络信息有限公司	领翌技术（横琴）有限公司	0.5872
19	国家电网公司	赛恩倍吉科技顾问（深圳）有限公司	0.5855
20	展讯通信（上海）有限公司	芯集租赁（天津）有限责任公司	0.5835

另外，选择较有代表性的两个主体作为转让方，分别采用模型 1（RA）和模型 4（整体结构 + 内容）进行预测，分别给出预测值排在前 3 的主体，如表 11 – 14 所示。

表 11 – 14　　RA 指标与整体结构—内容模型预测结果对比

序号	转让方	受让方（预测相似值前三名）	
		模型 1（RA）推荐结果	模型 4（整体结构—内容）推荐结果
1	国家电网公司	广东高航知识产权运营有限公司	国网上海市电力公司
		中山市云创知识产权服务有限公司	中电普瑞电力工程有限公司
		重庆界威模具股份有限公司	中国电力科学研究院
2	赛恩倍吉科技顾问（深圳）有限公司	国网上海市电力公司	深圳金阳海网络智能科技有限公司
		鸿富锦精密电子（天津）有限公司	中山市云创知识产权服务有限公司
		南宁富桂精密工业有限公司	重庆界威模具股份有限公司

根据上述分析可以得出如下结论：

第一，对计算出的相似值取 0.5 为阈值，发现基于模型 1 的预测结果中相似性值大于 0.5 的仅有 28 个主体对，而基于模型 4 的预测结果中相似性值大于 0.5 的有 65 个主体对；同时，从表 11 – 11 中可以看到多对主体的相似性值出现相同的情况，而这种情况在表 11 – 12 中并未出现。这是由于基于交易网络 RA 指标的预测仅使用了主体间的交易历史网络，其能够提供的主体间信息量有限，难以将主体间的相似性做细致而有效的区分。而融合多维邻近关系的整体结构—内容相似性模型可以获取主体间更多有效信息，说明基于多维邻近关系的预测结果更具多样性。

第二，对比表 11 – 14 中第一组不同模型的推荐结果发现，与模型 1 相比，模型 4 的推荐结果具有明显的亲族关系（第一组），而模型 1 中的预测结果没有发现明显规律。模型 1 算法的核心是共同邻居理论，如模型 1 的预测结果中，广东高航知识产权有限公司和中山市云创知识产权服务有限公司这两个主体均为专利技术运营公司，这类公司由于其特定的业务模式，导致在历史转让网络中其具有众多共同邻居。而国家电网公司作为中国电力具有强影响力的公司之一，在领域内专利技术交易市场上同样表现活跃。因此，根据基于共同邻居算法的思路，类似国家电网这种大型企业更容易与专利运营公司之间产生联系。模型 4 则是在此基础上，关注多因素的影响，在预测结果中，受让主体并不一定具有较大的历史转让权重，即共同邻居数目有限，如表中的国网上海市电力公司，尽管如此，它仍然可以通过其他具有明显影响力的邻近关系被预测出，这也间接说明了本章提出模型的预测结果更加真实准确。

第三，对表 11－10 中模型 4 预测出的主体间组织邻近性进行分析，发现在预测结构相似值排名前 20 的主体对中，有 13 对主体具有紧密的亲族关系，即主体间或存在子母公司关系，或共同隶属于同一集团公司。结合表 11－14 显示的结果，说明在具有亲族关系的主体对之间更容易产生交易倾向。企业类型主体在进行专利技术交易时乐于与具有纵向组织邻近性的同族关系的子、母企业间交易，这种交易形式一方面能够降低地理距离远所带来的障碍，另一方面也防止技术的流出，尤其成为具有多同族主体的大型企业的首选。然而，过多的内部消化可能造成专利技术的垄断甚至专利壁垒的形成，容易在一定程度上制约专利技术的转化。

这一点需要在未来引起相关部门的注意，可制定相关的激励机制或法律法规，以加强引导大型公司以点带面的辐射作用，大型企业在未来的专利技术交易中需要主动打破瓶颈，拓宽交易面。这样更有利于推动专利技术交易市场的良性发展。

第四，对表 11－13 中预测出的主体间地理邻近性进行分析，在预测出的 20 对主体中，属于同一省市和经济区主体间交易的主体对共也有 10 对，不同省市和经济区间的主体对也有 10 对。进一步分析，这 20 对主体中，北京、浙江、广东三个省市所占主体依旧较多，这些主体主要分布在东部沿海、北部沿海、南部沿海三个经济区内。可以看出这些省市和地区在电子信息技术领域的发展依旧保持强势。同样值得注意的是，在预测结果中，内陆地区的一些省市中的主体被预测出，电子信息技术领域的发展有从沿海地区向内陆延伸的趋势。特别是重庆、安徽两地的主体在预测结果中具有一定数量，如合肥智慧龙腾知识产权股份有限公司、成都来宝石油设备有限公司等。这些主体的出现有助于打破传统沿海地区对专利技术交易垄断，推动专利技术交易从沿海向内陆地区拓展，在未来这些主体的辐射及跳板作用值得被挖掘。

第五，对表 11－13 中的预测结果进行分析，在去掉具有同族关系的

预测结果后，发现供需双方包含中介类主体的主体对共有 7 对，如赛恩倍吉科技顾问（深圳）有限公司、广东高航知识产权运营有限公司、合肥智慧龙图腾知识产权股份有限公司等主体多次出现。同时，从表 11－14 第二组模型 4 的预测结果中可以看出，专利运营公司之间在未来同样具有较高的交易机会。以上结果说明中介类公司在专利技术交易市场上的中枢作用不可忽视。

随着专利技术交易市场的发展，中介类型主体在市场中的地位逐渐显露，中介类型主体往往持有大量的专利技术，根据电子信息技术领域专利技术交易的历史及预测数据，发现中介类型主体的专利技术交易主要在同是中介类型的主体之间展开，另有少部分主体与中小型企业开展专利技术交易，但是与具有一定实力的大型企业之间的交易寥寥无几。这一方面说明了中介类型主体的影响力仍然有待提高；另一方面也表现出中介类型主体对中小型主体进行专利技术交易的推动作用。

专利技术交易市场的大发展离不开中介类型主体的推动及枢纽功能，作为专利技术的集散地，需要在未来对中介类型主体给予更多关注，积极发挥中介类型主体的作用，加强对专利技术交易的专利咨询与推荐，识别优秀专利，从而真正发挥出其在运营上的优势，从而加速专利技术交易和转化。

第六，对表 11－12 中预测出的主体间类型进行分析，发现预测出排名前 20 的主体对中，企业类型主体依然占据较大比重，高校和科研院所类型主体寥寥无几，说明在电子信息技术领域，企业类型主体在未来的交易中依旧占据核心地位，高校及科研院所类型主体仍然有待被挖掘。

对于高校类型主体而言，由于高校体制的核心是开展教育教学活动而不是对专利技术的研发，导致高校在专利技术交易市场上表现不活跃。然而，高校内部仍然蕴含大量由教育教学及相关科学研究衍生出的大量专利。通过电子信息技术领域中的数据及预测结果可以看出，高校主要是以投资成立相关企业来进行专利技术交易，如哈尔滨工业大学国家大学科技园发展有限公司、哈工大机器人集团（哈尔滨）资产经营管理有限公司，北大方正集团有限公司等。大学通过投资或成立公司的形式，构建一个平台，使相关专利技术顺利出口，同时可以吸取外部优秀的专利技术，属于双赢措施。这种形式值得在未来继续保持并进一步完善。

相比高校类型主体，科研院所类型主体的核心工作更加单一，即对新型专利技术的研发，这使得它成为专利技术交易的隐性推动器。企业青睐与同族内的科研院所类型主体进行交易。这些科研院所对专利技术的研发一般是依托母公司或同族公司的主营方向，具有较强的专业性，除了同族关系外，共同申请、引证等关系也很常见。这些原因使得专利技术交易更容易形成。因此，要利用好科研院所类型主体的特点。例如，通过加强隶属不同企业之间的科研院所的共同研发，在实现资源共享的同时，也可以间接推动专利技术交易形成，促进专利技术交易市场的发展。

目前，我国专利技术交易供需主体间的对接或交易仍主要以线下为主，因此信息不对称、交易信息非透明的情况严重。近年来，一些网上技术交易平台逐渐兴起，网上技术交易虽然在一定程度上实现了供需信息共享，但因数据不标准、非结构化，且线上、线下、专利存储等海量数据难以有效整合，导致很多创新技术无法及时转化，企业创新发展中大量技术需求得不到快速满足。

本章提出的基于多维邻近关系融合的供需主体专利技术交易机会预测模型，在一定程度上整合了专利技术供需主体间的多维异构数据，一方面可以为基于互联网的技术交易云端平台上的技术供需匹配及供需主体精准推荐提供有效支持，拓展平台在异构数据融合、知识挖掘、智能推荐等功能实现。另一方面能够大大缩减技术供需双方的搜索成本，促进技术供需对接效率及交易的快速开展，避免技术资源的浪费。

四、本章小结

本章挖掘影响专利技术主体间交易的多维邻近关系并建立理论框架，构建基于 MRN 的主体间交易机会预测模型，研究发现：

第一，本章构建的融合多维邻近性关系的专利技术供需主体交易机会预测模型具有良好的预测精度，能够更有效发现主体间的交易机会，且预测结果具有多样性及真实性。因此，该模型具有较强的适用性。

第二，在电子信息技术领域中，通过熵权法融合供需主体间的结构及内容相似性，发现内容相似性与结构相似性对专利技术交易机会的形成的作用同样重要。

第三，在电子信息技术领域中，在表示主体结构属性的多维邻近关系中，除本身的交易关系外，共同申请关系、亲族关系和地理距离对专利技术交易形成的影响不可忽略。

第四，对电子信息技术领域的实证结果进行分析得出如下结论：①具有紧密亲族关系的主体间的交易是专利技术交易市场的重要模式之一；②电子信息技术领域专利技术交易主要集中在沿海地区及经济和科学技术发达的城市，并有向内陆发展的趋势；③在未来的专利技术交易中，应充分重视中介类主体的中枢能力，加强中介类主体在专利技术交易中的桥梁作用；④高校和科研院所在专利技术交易中的参与度始终较差，需要加强对高校和科研院所类的主体的关注，将高校和科研院所的技术资源充分利用起来。

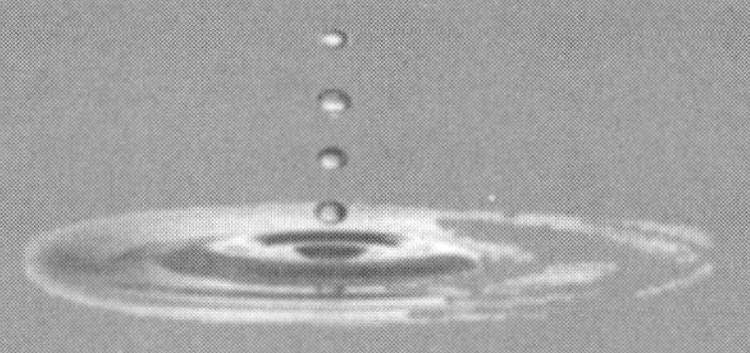

第十二章 基于异构信息网络嵌入的技术交易推荐模型

本章主要构建基于异构信息网络嵌入的专利技术交易机会推荐模型（Patent Subject Trade Recommendation Based on network embedding，PSR-vec），并进行实证检验，包括：①提出模型假设及网络模式，构建专利技术主体交易异构信息网络；②规划 HIN 中的元路径与元结构，提出主体间关系序列的遍历算法；③计算元路径和元结构的权重；④以加权元路径与元结构的主体间关系序列为语料，构建基于加权元路径与网络嵌入的专利技术主体交易机会推荐模型；⑤基于电子信息领域专利数据进行实证研究，并通过多方法对比检验模型有效性。

一、模型假设与异构信息网络构建

结合已有文献研究提出如下假设：

假设 1：具有技术邻近性的技术主体间更容易发生交易[15]。技术邻近表示主体间技术发展水平的相似[335]，采用通用的国际专利分类号 IPC 前四位作为该专利的技术领域。同一技术领域的专利技术相似度为 1，不同领域的为 0。

假设2：地理邻近性对专利技术主体交易具有一定促进作用。地理距离是专利技术创新研究的重要因素，距离邻近对降低交易成本、提高技术交易及商业化效率具有重要意义。若交易双方所隶属于同一个省份或地区，则主体间的地理距离为1，否则为0。

假设3：专利技术主体间的历史合作经验对交易具有促进作用。历史合作经验在一定程度上反映专利技术交易主体间的信任关系，有助于促进专利技术交易[321]。本章基于主体间共同申请专利数据衡量主体间历史合作经验。

基于上述假设，构建专利技术主体交易推荐的异构信息网络。

专利技术主体交易异构信息网络：$A=\{U, P, F, D\}$ 为节点类型集合，分别表示专利技术主体、专利技术、专利技术领域和主体所属区域。$R=\{E_1, E_2, E_3, E_4, E_5, E_6, E_7\}$ 为关系类型集合，具体含义如表12-1所示。

表12-1 网络节点及关系描述

实体/关系	描述
U	网络中专利技术交易主体，包括：企业、高校、机关、科研单位
P	网络中发生转让的专利及未发生转让的专利
F	网络中专利的主 IPC 分类
D	网络中专利技术交易主体所属区域（省份）
$U \xrightarrow{E_1} P$	网络中主体与专利的拥有关系
$U \xrightarrow{E_2} P$	网络中主体与专利的转出关系
$U \xrightarrow{E_3} P$	网络中主体与专利的转入关系
$U \xrightarrow{E_4} D$	网络中主体与区域的隶属关系
$U \xrightarrow{E_5} U$	网络中主体间的共同申请专利关系
$P \xrightarrow{E_6} F$	网络中专利与主 IPC 专利分类号的隶属关系
$U \xrightarrow{E_7} U$	网络中主体间的专利历史交易关系

图12-1为专利技术主体交易异构信息网络模式 $T_G=(A, R)$，其中，*HIN* 的网络模式只捕获对象类别和其二元关系，不考虑对象类型的属性，阐明网络中对象集合以及对象间关系集合的类型限制。网络模式

一旦确定，整个 HIN 的元结构也随之被确定。

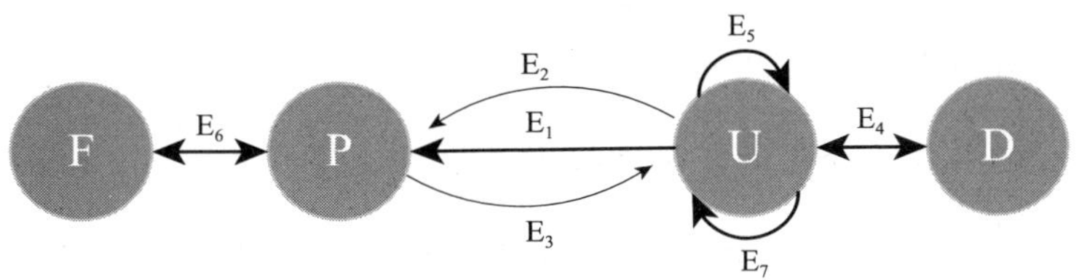

图 12－1 异构信息网络模式 T_G =（A，R）

基于图 12－1，对专利技术主体交易异构信息网络可视化，如图 12－2 所示。

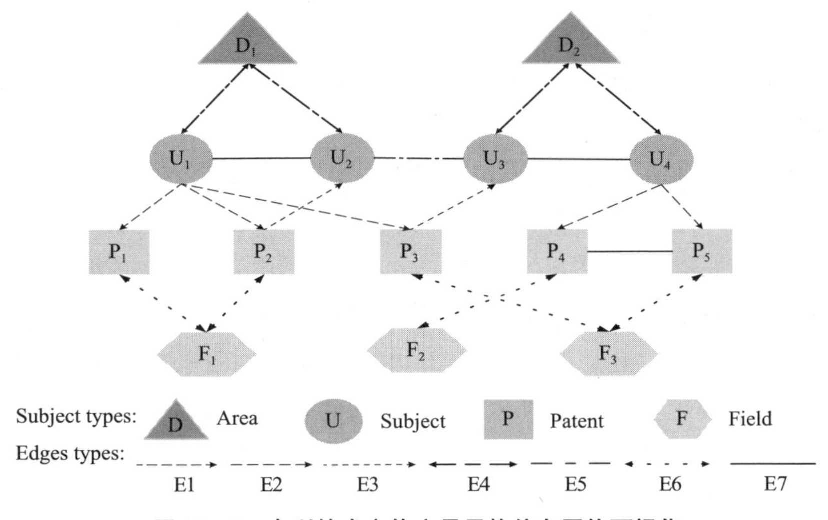

图 12－2 专利技术主体交易异构信息网络可视化

二、元路径及元结构遍历

（一）元路径及元结构规划

元路径 ρ 是异构信息网络模式 T_G =（A，R）上的一条路径，表示为

$A_1 \xrightarrow{L_1} \cdots A_{c-1} \xrightarrow{L_{c-1}} A_c \cdots \xrightarrow{L_m} A_m$，其中，$A_1$ 为起点类型，A_c 为中间节点类型，L_1 表示 A_1 与 A_2 之间的关系类型。$a_1 \xrightarrow{l_1} \cdots a_{c-1} \xrightarrow{l_{c-1}} a_c \cdots \xrightarrow{l_m} a_m$ 为元路径 ρ 的一条路径实例。考虑技术邻近性，规划元路径，$\rho 1$：$U \xrightarrow{E_1} P \xleftrightarrow{E_6} F \xleftrightarrow{E_6} P \xrightarrow{E_3} U$ 表示主体拥有的专利与另一主体转入的专利同属一个领域时，更易发生交易。例如，合肥海尔空调器有限公司购买了专利公开号为“CN102207328B”的专利，“海尔集团公司”同时拥有专利公开号为“CN103375895B”和“CN104695170B”的专利，其中“CN102207328B”与“CN103375895B”同属一个IPC领域分类“H01B”，技术领域相似度相对较高，“CN104695170B”属于“D06F”，海尔集团公司更可能通过专利“CN103375895B”与合肥海尔空调器有限公司发生交易。

元结构S是在异构信息网络模式上，具有单个源节点 n_s 和单个目标节点 n_t 的有向无环图，对任意对象关系 x，$y \in N$，链接关系 $(x, y) \in M$，$(x, y) \in R$，都有 $S = (N, M, n_s, n_t)$，其中，N 代表一组对象，M 代表一组链接关系。给定HIN和元结构 $S = (N, M, n_s, n_t)$，G 上的元结构实例 $s = (N_s, M_s)$ 是 G 的子图，使得 h_s：$N_s \rightarrow N$ 的映射满足如下条件：①对象映射：对任意对象 $v \in N_s$，它的对象类型为 $\varphi(v) = h_s(v)$；②链接映射：对任意链接 $(u, v) \in (\notin) M_s$，均有 $(h_s(u), h_s(v)) \in (\notin) M$。

元结构用来捕获两个HIN对象间复杂的语义关系，要求有一个起点和终点，中间结构并不限制，因此元路径本质上是元结构的特例。如在图12-3中，(a) 为一种元路径，而 (b) 为一种元结构，其中 $U \rightarrow P$ 为 E_1 关系，$P \rightarrow U$ 为 E_3 关系，该语义结构 (b) 反映出同一个省份的交易主体间当供需专利同属一个领域时更易发生交易。

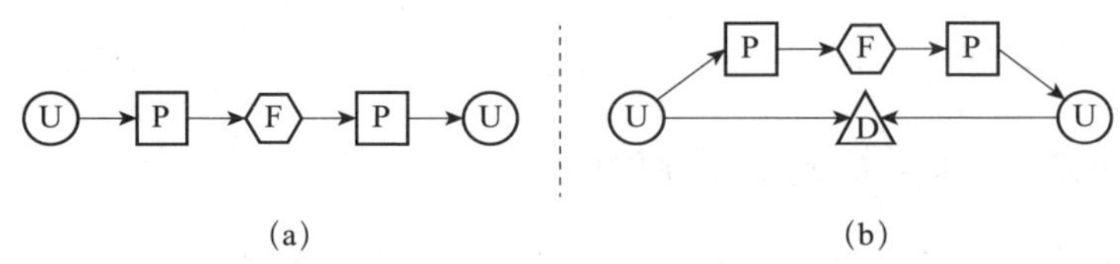

图12-3 元路径 $\rho 1$ (a) 与基于元路径 $\rho 1$ 改进的元结构 (b)

综上所述，规划异构信息网络中的元路径及元结构类型如表 12－2 所示。

表 12－2　　异构信息网络元路径及元结构类型

编号	元路径（元结构）	元路径（元结构）语义
$\rho 1$	$U\xrightarrow{E_1}P\xleftrightarrow{E_6}F\xleftrightarrow{E_6}P\xrightarrow{E_3}U$	主体拥有的专利与另一主体转入专利同属一个主 IPC 分类
$\rho 2$	$U\xrightarrow{E_2}P\xleftrightarrow{E_6}F\xleftrightarrow{E_6}P\xrightarrow{E_3}U$	主体转出的专利与另一主体转入专利同属一个主 IPC 分类
$S3$	$U\xrightarrow{E_1}P\xleftrightarrow{E_6}F(D)\xleftrightarrow{E_6}P\xrightarrow{E_3}U$	在 $\rho 1$ 基础上，主体同属同一区域
$S4$	$U\xrightarrow{E_2}P\xleftrightarrow{E_6}F(D)\xleftrightarrow{E_6}P\xrightarrow{E_3}U$	在 $\rho 2$ 基础上，主体同属同一区域
$S5$	$U\xrightarrow{E_1}P\xleftrightarrow{E_6}F(E_5)\xleftrightarrow{E_6}P\xrightarrow{E_3}U$	在 $\rho 1$ 基础上，主体间存在共申请关系
$S6$	$U\xrightarrow{E_2}P\xleftrightarrow{E_6}F(E_5)\xleftrightarrow{E_6}P\xrightarrow{E_3}U$	在 $\rho 2$ 基础上，主体间存在共申请关系

（二）基于元路径及元结构的主体间关系序列计算

1. 异构关系序列遍历策略

基于元路径及元结构的主体间异构关系序列遍历过程：为降低遍历复杂度，引入深度优先搜索（Depth First Search，DFS）策略，计算主体间关系序列。如图 12－4，当源节点为 U_1 时，首先，将依次遍历节点 P_1、F_1、P_4，最终获取目标节点 U_2，即序列 $\{U_1P_1F_1P_4U_2\}$；而第二次遍历时，直接遍历 P_5，忽略对 P_1，F_1 的计算过程，最终获取目标节点 U_3，即序列 $\{U_1P_1F_1P_5U_3\}$。同理，实现元结构遍历，该遍历策略相比传统的矩阵分解技术，复杂度较低。

2. 基于元路径的主体间关系序列计算

首先，采用计算机遍历方法计算元路径上多元异构关系，以元路径 $\rho 1$：$U\xrightarrow{E_1}P\xleftrightarrow{E_6}F\xleftrightarrow{E_6}P\xrightarrow{E_3}U$ 为例，若计算 $U\xrightarrow{E_1}P$ 间的异构关系 L_{U_i,P_j}（E_1）$=\{U_i$，P_j：$w_{U_i,P_j}\}$，其中，U_i 为网络中任意主体，P_j 为网络中的专利，当 U_i 和 P_j 中存在关系 E_1 时，$w_{U_i,P_j}=1$；同理计算 $L_{P_i,F_j}(E_6)=\{P_i$，F_j：$w_{P_i,F_j}\}$，$L_{F_i,P_j}(E_6)=\{F_i$，P_j：$w_{F_i,P_j}\}$，$L_{P_i,U_j}(E_3)=\{P_i$，U_j：

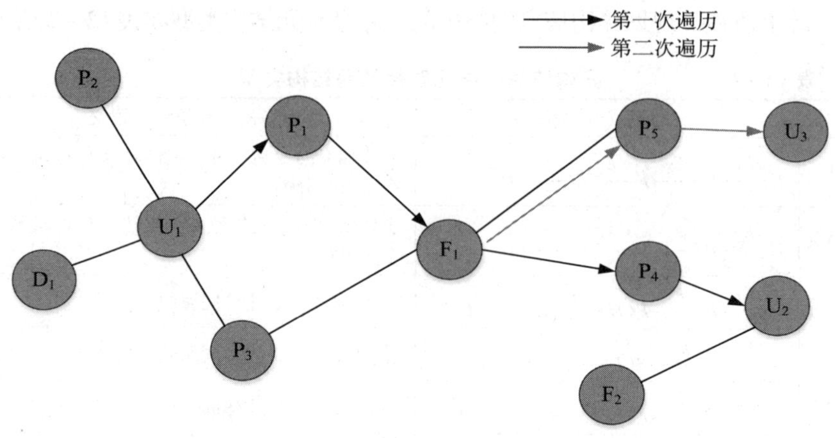

图 12-4 异构关系序列遍历策略

$w_{P_i,U_j}\}$ 等异构关系。其次，通过多关系映射获得主体间关系序列 $L_{U_i,U_j}(\rho 1)=\{U_i,\ U_j:\ w_{U_i,U_j}\}$，其中，$L_{U_i,U_j}(\rho 1)$ 为 U_i，U_j 间的关系特征，w_{U_i,U_j}为 U_i，U_j 间的特征权值，由于利用传统的矩阵分解实现多矩阵之间的相乘运算时间复杂度非常高，本章采用关系索引映射的方式获得主体间关系序列，算法思想如表 12-3 所示。

表 12-3 基于元路径的主体间关系序列遍历算法

算法 1：基于元路径 $\rho 1$ 的主体间关系序列计算

输入：异构信息网络 $G=<V,\ E>$，元路径 $\rho 1$ 的多元异构关系：L_{U_i,P_j}（E_1）、L_{P_i,F_j}（E_6）、L_{F_i,P_j}（E_6）、L_{P_i,U_j}（E_3）

参数：目标主体 U_0

输出：主体 U_0 的主体关系序列主体 $\{U_0,\ U_i:\ count\}$，U_i 为网络中任意主体

过程：

Initializes：$G=<V,\ E>$
for U_0 in $L_{U_i,P_j}(E_1)$ do
    find P_j with $w_{U_0,P_j}=1$
    for P_j in L_{P_i,F_j}（E_6）do
        find $w_{P_j,F_q}=1$
        for P_z in L_{F_i,P_j}（E_6）do
            find $w_{F_q,P_z}=1$
            for P_z in L_{P_i,U_j}（E_3）do
                find U_i in $w_{P_z,U_i}=1$
return $\{U_0,\ U_i:\ 1\}$

在算法中，U_i 即在元路径 $\rho1$ 下与 U_0 存在关联的主体，第1行为加载数据集；第2—3行：基于关系 E_1 检索主体 U_0 拥有的专利 P_j；第4—5行：基于关系 E_6 检索 P_j 所对应的专利领域 F_q；第6—7行：检索与专利 P_j 属于 F_q 的转入专利 P_z；第8—9行：基于关系 E_3 检索转入 P_z 的主体 U_i；第9行：生成元路径 $\rho1$ 下主体间关系序列 $L_{U_i,U_j}(\rho1)=\{U_0,\ U_i:\ 1\}$。

同理计算基于元路径 $\rho2$ 的主体间关系序列。

3. 基于元结构的主体间关系序列计算

在基于元路径 $\rho1$，$\rho2$ 的主体间关系序列基础上，进一步考虑主体间的区域隶属和共申请关系，计算基于元结构的主体间关系序列。

考虑区域隶属关系的主体间关系序列计算方法：首先，构建主体间区域邻近矩阵 $W(U_i,\ U_j)$，以元结构 $S3$：$U \xrightarrow{E_1} P \xleftrightarrow{E_6} F(D) \xleftrightarrow{E_6} P \xrightarrow{E_3} U$ 中区域隶属关系为例，若主体 U_i，U_j 属同一省份，则矩阵中对应值为 $w_{U_i,U_j}=1$，否则 $w_{U_i,U_j}=0$。其次，对 U_i，U_j 间关系序列 $L_{U_i,U_j}(\rho1)=\{U_i,\ U_j:\ w_{U_i,U_j}\}$ 与区域邻近矩阵对应值 w_{U_i,U_j} 进行共现计算。算法思想如表12－4所示。

表12－4　　基于元结构 S3 的主体间关系序列遍历算法

算法2：基于元结构 $S3$ 的主体间关系序列计算
输入：基于元路径 $\rho1$ 的主体关系序列 L_{U_i,U_j} （$\rho1$） ＝$\{U_i,\ U_j:\ 1\}$，主体间区域邻近性矩阵 W（U_i，U_j）
输出：基于元结构 $S3$ 的主体关系序列 $S3$：$\{U_i,\ U_j:\ 1\}$
过程：
1：for each $\rho1$：$\{U_i,\ U_j:\ 1\}$ do
2：　find $\{U_i,\ U_j:\ 1\}$
3：　for w_{U_i,U_j} in matrix W do
4：　　if $w_{U_i,U_j}\geqslant 1$
5：$\{U_i,\ U_j:\ 1\}_{S3}=\{U_i,\ U_j:\ 1\}_{\rho1}\cdot w$（$U_i$，$U_j$）
6：return $S3$：$\{U_i,\ U_j:\ 1\}$

在算法中，第1—2行：基于元路径 $\rho1$ 结果检索 U_i，U_j 间关系序列 $\rho1$：$\{U_i,\ U_j:\ 1\}$；第3行：基于矩阵 $W(U_i,\ U_j)$ 检索主体 U_i，U_j 间的区域邻近性特征值 w_{U_i,U_j}；第4—5行：若 $w_{U_i,U_j}\geqslant 1$，即主体 U_i，U_j 在同

一个省份内。将基于元路径 $\rho 1$ 的主体间关系序列与区域邻近矩阵进行共现计算。第 6 行返回共现后的关系序列 $S3$:{U_i, U_j: 1}。

同理，计算基于元结构 $S4$ 的主体间关系序列。

考虑共申请关系的主体间关系序列计算方法：首先，构建主体间专利共申请关系矩阵 $D(U_i,\ U_j)$，其中，d_{U_i,U_j}为矩阵中 U_i，U_j 对应元素的值，以元结构 $S5$：$U \xrightarrow{E_1} P \xleftrightarrow{E_6} F(E_5) \xleftrightarrow{E_6} P \xrightarrow{E_3} U$ 例，若主体 U_i，U_j 存在共申请关系，则 d_{U_i,U_j}为 U_i，U_j 间历史共申请次数，否则 $d_{U_i,U_j}=0$。其次，基于元路径关系序列 L_{U_i,U_j}（$\rho 1$）= {U_i, U_j: 1} 与 d_{U_i,U_j}做相乘运算；基于计算结果，获得基于元结构 $S5$ 的主体间关系序列 $S5$:{U_i, U_j: 1}，算法思想如表 12－5 所示。

表 12－5　　基于元结构 $S5$ 的主体间关系序列计算算法

算法 3：基于元结构 $S5$ 的主体间关系序列计算

```
输入：基于元路径ρ1 的主体关系序列ρ1 = {U_i, U_j: 1}，主体间专利共申请关系矩阵 D(U_i, U_j)
输出：基于元结构 S5 的主体关系序列 S5：{U_0, U_i: 1}
过程：
1：  for each ρ1 = {U_i, U_j: 1} do
2：      find {U_i, U_j: 1}
3：      for d_{U_i,U_j} in matrix D do
4：          if d_{U_i,U_j} ≠ 0
5：              {U_i, U_j: 1}_S5 = {U_i, U_j: 1}_ρ1 * d_{U_i,U_j}
6：return S5：{U_i, U_j: 1}
```

在算法中，第 1—2 行：基于元路径 $\rho 1$ 结果检索主体间序列 $\rho 1$ = {U_i, U_j: 1}；第 3 行：在矩阵 $D(U_i,\ U_j)$ 检索主体间共申请关系 d_{U_i,U_j}；第 4—5 行：如果 U_i，U_j 间存在共申请关系，则将基于元路径 $\rho 1$ 的 U_i，U_j 关系序列与共申请关系 d_{U_i,U_j}进行相乘运算，并返回相乘后关系序列 $S5$:{U_i, U_j: 1}。

（三）元路径及元结构权重计算

不同元路径和元结构在推荐中的重要程度存在差异性[337]。本章采用逻辑回归方法进行权重计算。假设每条元路径 ρ_i（或元结构 s_i）的权重

为 $o_i(i=1, \cdots, 6)$，$o_i>0$，同时 $\sum_i^6 o_i=1$。为训练每条元路径获取最佳权重，使用 log - likelihood 函数进行训练，公式如下[338]：

$$\max h=\sum_{z^+\in q^+}\frac{\ln(t(o,z^+))}{|q^+|}+\sum_{z^-\in q^-}\frac{\ln(1-t(o,z^-))}{|q^-|}-\frac{\|o^2\|}{2} \tag{12-1}$$

其中，$t(o, z^+)$ 为 Sigmoid 函数。z 是经遍历后获取的主体间关系序列数，作为主体间的相似度值；z^+ 为正采样数据，即真实发生交易的主体间的关系序列数；z^- 为负采样数据，即未发生交易的主体间的关系序列数；q^+ 为正采样数据 z^+ 的所有相似度值。同理，q^- 为负采样数据 z^- 的所有相似度值，$\frac{\|o^2\|}{2}$ 为防止过拟合的标准化值。通过迭代，实现元路径（元结构）权重计算。

三、基于异构信息网络嵌入的技术交易机会预测模型

利用嵌入方法进行网络节点表示[339]，其基本思想在于找到一种映射函数，将节点转换为低维向量的潜在表示[340]，受词嵌入原理启发，若在固定窗口长度下，网络中的节点与固定窗口内的其他节点较近时，两节点向量相近，其中窗口表示当前节点的邻居节点个数[341]。通过计算节点向量间相似度，预测相邻节点连接概率。基于元路径及元结构权重，将加权的主体间关系序列为嵌入模型语料，采用 Skip-Gram 模型进行网络嵌入训练，流程如图 12 -5 所示。

（1）对语料中所有主体进行 One-hot 编码，获得每个主体的唯一编码表示；

（2）统计单个主体在语料中出现的频次，并在此基础上，构建基于主体（含频次）的 Huffman 树，并基于 Huffman 编码规则对每个主体进行编码；

（3）初始化 Huffman 树中节点向量与参数，设定嵌入模型训练窗口大小为 1（因目标为主体间交易推荐），并基于梯度上升法训练模型参

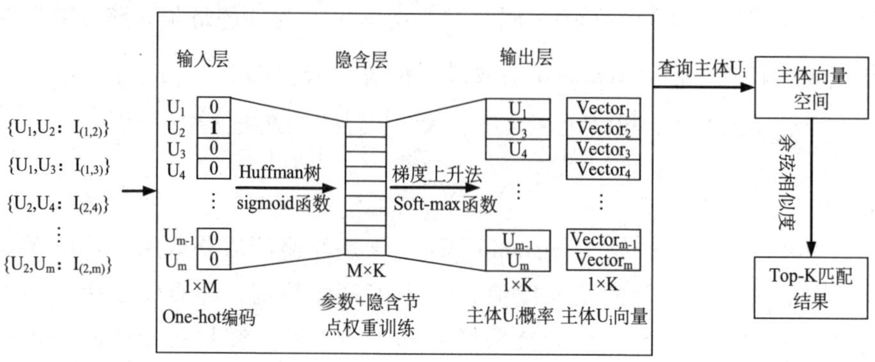

图 12-5　嵌入模型训练及预测框架

数，使其满足窗口内主体的 Soft-max 概率最大，针对主体 U_i，则其目标函数如下：

$$L = \max \sum_{i \in U} \log \Pr(I_u \mid U_i) \tag{12-2}$$

其中，I_u 为 U_i 窗口内的主体；Pr（I_u | U_i）表示在已知主体 U_i 向量表示的条件下 I_u 出现的概率。基于 Soft-max 函数获得该概率计算公式如下：

$$\Pr(I_u \mid U_i) = \frac{\exp(x_{U_i}^T x_{I_u})}{\sum_{a=1}^{n} \exp(x_{U_i}^T x_{U_a})} \tag{12-3}$$

其中，x_{U_i}表示主体 U_i 向量，n 为网络中供需主体个数，x_{U_a}为主体 U_a 向量。

（4）不断迭代步骤（3），当最终满足收敛条件，即获得窗口内的主体概率最大时，停止迭代，并最终输出所有主体的向量，形成主体向量空间。

最后，基于主体向量空间，采用余弦相似度计算主体间相似度，计算主体 U_i 和 U_j 相似度公式如下：

$$\mathrm{Sim}(U_i, U_j) = \frac{\sum_{x=1}^{m} (x_{U_i} \times x_{U_j})}{\sqrt{\sum_{x=1}^{m} (x_{U_i})^2 \times \sum_{x=1}^{m} (x_{U_j})^2}} \tag{12-4}$$

其中，m 为向量长度，Sim（U_i，U_j）为主体 U_i 和 U_j 间相似度值。

最终计算 U_i 与所有主体的相似度，根据 Top-K 思想，返回前 K 个推荐主体为预测结果。

评估推荐模型准确性可利用公式如下：

$$Precession@K = \frac{\sum_{U_i \in data} |R(U_i) \cap T(U_i)|}{\sum_{U_i \in data} R(U_i)} \qquad (12-5)$$

其中，data 表示所有主体集合，$R(U_i)$ 为 PSR-vec 模型为主体 U_i 推荐的前 K 个主体集合，$T(U_i)$ 是在测试集中与 U_i 存在交易关系的主体集合。

四、实证研究与模型检验

（一）数据获取与处理

基于 IncoPat 专利数据库，检索 2012—2017 年中国电子信息领域有效发明授权专利数据，检索表达式参考《2017 年中国电子信息领域行业目录》中技术词汇，共检索专利 42331 个，统计发生转让的专利共 5608 个，筛选参与专利转让频次大于 5 的主体（不包括个人）共 427 家，并根据 427 个主体进一步筛选主体拥有、转出、转入的专利共 13093 个。以 427 个专利主体和 13093 个发明专利为数据集，构建异构信息网络。数据处理过程如下：

（1）转让记录拆分：根据专利库中唯一标识码“公开号”，运用 Python 工具获取转让记录，对单次转让记录中多主体进行拆分，规则与第十章第三部分第（一）小部分的规则相同。

（2）区域与领域匹配：将转受让方和专利隶属主体所属区域通过专利数据库检索与人工匹配结合的方式确定，且不考虑转受让方为国外的情况；同时，将专利 IPC 号的前三类作为分类标识，实现专利的技术领域邻近刻画，如“F24F1100”与“F24F1000”经处理后得到“F24F”的领域划分。

（二）异构信息网络构建及特征描述

根据上一节数据集提取并统计主体类型 A 及主体间多元关系类型 R，构建异构信息网络 $G=\langle V, E\rangle$，统计网络结构特征如表 12－6 所示。

表 12－6　异构信息网络统计特征

节点类型 A	数量	关系类型 R	数量
主体	427	主体拥有专利关系	15006
专利	13093	主体转出专利关系	2352
IPC 分类	218	主体转入专利关系	2188
区域	28	专利隶属 IPC 关系	13093
—	—	主体隶属区域关系	427
—	—	主体间共申请关系	2140
—	—	主体间转让关系	4133

（三）模型精确度评价

1. 加权元路径与元结构与单一路径或结构的推荐精度对比

利用逻辑回归方法计算元路径及元结构权重，并基于 DFS 遍历策略获取 PSR-vec 模型的主体间关系序列，权重如表 12－7 所示。

表 12－7　元路径及元结构权重

编号	元路径（元结构）	元路径（元结构）权重
$\rho 1$	$U\xrightarrow{E_1}P\xleftrightarrow{E_6}F\xleftrightarrow{E_6}P\xrightarrow{E_3}U$	0.254
$\rho 2$	$U\xrightarrow{E_2}P\xleftrightarrow{E_6}F\xleftrightarrow{E_6}P\xrightarrow{E_3}U$	0.560
$S3$	$U\xrightarrow{E_1}P\xleftrightarrow{E_6}F(D)\xleftrightarrow{E_6}P\xrightarrow{E_3}U$	0.026
$S4$	$U\xrightarrow{E_2}P\xleftrightarrow{E_6}F(D)\xleftrightarrow{E_6}P\xrightarrow{E_3}U$	0.074
$S5$	$U\xrightarrow{E_1}P\xleftrightarrow{E_6}F(E_5)\xleftrightarrow{E_6}P\xrightarrow{E_3}U$	0.034
$S6$	$U\xrightarrow{E_2}P\xleftrightarrow{E_6}F(E_5)\xleftrightarrow{E_6}P\xrightarrow{E_3}U$	0.052

为衡量单个元路径及元结构的推荐性能，将各个元路径及元结构的主体间关系序列作为网络嵌入模型的语料，其中 PSR-vec 模型选取融合加权元路径及元结构的主体间关系语料，根据网络嵌入训练过程，使用 Python 随机将语料库分为 75% 训练集与 25% 测试集。设置推荐模型参数为：向量维度 m 为 50；窗口参数为 1，min_ count 为 1。根据上节计算各个模型精确度 P@ K，对比如表 12 –8 所示。

表 12 –8　PSR-vec 与单个元路径或元结构推荐精确度对比

路径或结构编号	P@5	P@10	P@15	p@20
$\rho 1$ HINE	68.8%	56.6%	43.9%	56.2%
$\rho 2$ HINE	39.3%	31.7%	29.8%	29.7%
$S3$ HINE	56.1%	45.7%	41.2%	39.8%
$S4$ HINE	47.9%	39.2%	34.5%	31.4%
$S5$ HINE	50.8%	44.8%	43.4%	44.4%
$S6$ HINE	45.7%	45.7%	42.8%	42.5%
PSR-vec	82.8%	78.6%	77.8%	77.3%

通过表 12 –8 可得：第一，$\rho 1$、$S3$、$S5$ 的推荐精度均高于 $\rho 2$、$S4$、$S6$，挖掘其原因在于：专利技术交易主体拥有专利数量高于主体转出专利量，海量的技术供给信息将为专利技术交易主体提供更多的潜在交易伙伴，更易于促使交易关系达成；第二，基于 PSR – vec 的推荐模型因充分考虑加权融合元路径及元结构的语义信息，其推荐精确度相比考虑单一路径或结构特征明显提高，客观上反映了专利技术交易受多因素交互关系影响较大。对比结果如图 12 –6 所示。

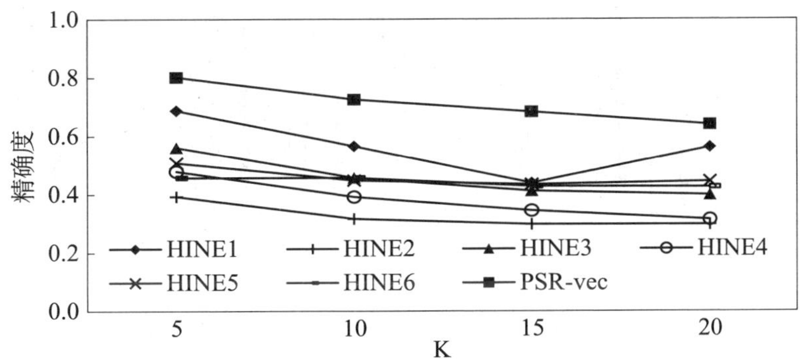

图 12 –6　PSR-vec 与单一元路径、元结构的推荐精确度对比

2. 加权 PSR-vec 与多方法的推荐精度对比

为挖掘权重对 PSR-vec 模型的影响程度，本章构建加权 PSR-vec 模型与无权的 PSR-vec 模型，通过多种方法对比衡量加权 PSR-vec 模型的推荐性能。对比结果如表 12－9 所示。

表 12－9　PSR-vec 与传统嵌入方法的推荐精确度对比

方法	P@5		P@10		P@15		p@20	
	无权	加权	无权	加权	无权	加权	无权	加权
Deep walk	68. 3%	71. 2%	64. 6%	65. 8%	62. 4%	65. 1%	55. 6%	57. 4%
Node2vec	65. 4%	58. 8%	56. 5%	58. 4%	53. 3%	55. 0%	51. 8%	53. 1%
Metapath2vec	71. 4%	71. 9%	65. 3%	66. 1%	65. 5%	66. 9%	70. 9%	71. 3%
GraphSAGE	72. 8%	73. 4%	72. 2%	72. 5%	67. 5%	67. 8%	63. 8%	64. 0%
PSR-vec	80. 2%	82. 8%	72. 6%	78. 6%	68. 3%	77. 8%	64. 0%	77. 3%

通过表 12－9 可知，加权 PSR-vec 模型在 Top-K，K 取值分别为 5、10、15、20 的情形下，其精确度均高于 Deep walk、Node2vec、Metapath2vec 和 GraphSAGE 方法，验证了方法的有效性，且加权模型的推荐准确性均高于无权模型，说明元路径及元结构权重在一定程度上能够更加细微地描述主体间复杂的语义关系，如图 12－7 所示。

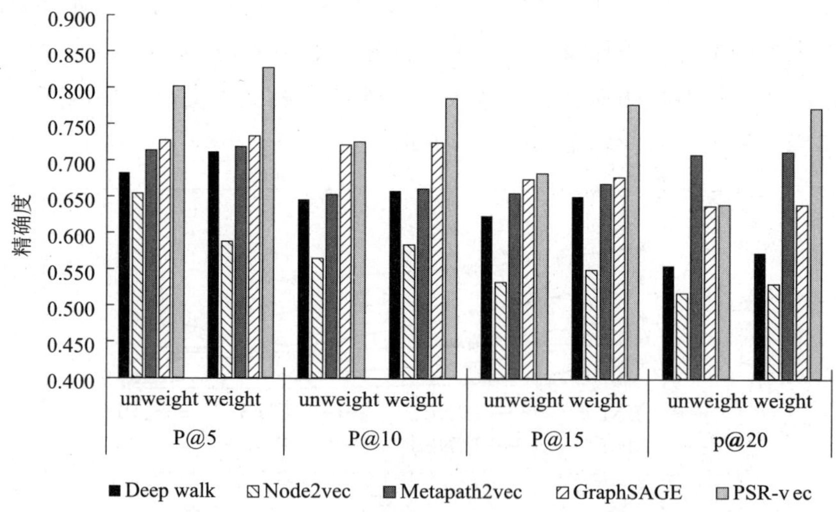

图 12－7　PSR-vec 和传统嵌入方法的推荐精确度对比

（四）交易推荐模型结果分析

以专利技术转让频繁的“海尔集团公司”为例，展示 Top20 推荐结果见表 12－10。并基于 T-SNE 对主体“海尔集团”及“国家电网公司”的推荐结果进行可视化，如图 12－8 所示。

表 12－10　　基于 PSR-vec 的推荐结果（示例）

排序	推荐主体名称	排序	推荐主体名称
1	新疆华奕新能源科技有限公司	11	北京国电通网络技术有限公司
2	青岛海尔滚筒洗衣机有限公司	12	广东美的暖通设备有限公司
3	北京中电飞华通信股份有限公司	13	奥克斯空调股份有限公司
4	重庆界威模具股份有限公司	14	安徽聚隆传动科技股份有限公司
5	扬州华奕通讯设备有限公司	15	合肥海尔空调器有限公司
6	青岛海尔（胶州）空调器有限公司	16	三花控股集团有限公司
7	青岛海尔空调器有限总公司	17	青岛海尔洗衣机有限公司
8	国网浙江省电力公司	18	黄山金晖能源科技有限公司
9	重庆海尔空调器有限公司	19	塞罗斯有限公司
10	江森自控日立空调技术（香港）有限公司	20	合肥海尔洗衣机有限公司

表 12－10 显示，在为“海尔集团公司”（简称“集团公司”）推荐的 20 家交易主体中：

（1）有 7 家公司为集团公司的控股子公司，包括青岛海尔滚筒洗衣机有限公司、青岛海尔（胶州）空调器有限公司、青岛海尔空调器有限总公司、重庆海尔空调器有限公司、合肥海尔空调器有限公司、青岛海尔洗衣机有限公司、合肥海尔洗衣机有限公司；

（2）有 6 家公司为集团公司的上游供应商，包括新疆华奕新能源科技有限公司、北京中电飞华通信股份有限公司、重庆界威模具股份有限公司、安徽聚隆传动科技股份有限公司、扬州华奕通讯设备有限公司、黄山金晖能源科技有限公司、塞罗斯有限公司；

（3）其他 9 家与集团公司不存在紧密关系，其中江森自控日立空调技术（香港）有限公司、奥克斯空调股份有限公司为具有产品交叉的同领域技术竞争者。

综上所述，表 12－10 中 65% 的推荐主体均与集团公司存在紧密的控股或供应关系，35%的主体是通过元路径及元结构特征推荐获得的潜在交易伙伴，体现了推荐结果的新颖性和有效性。

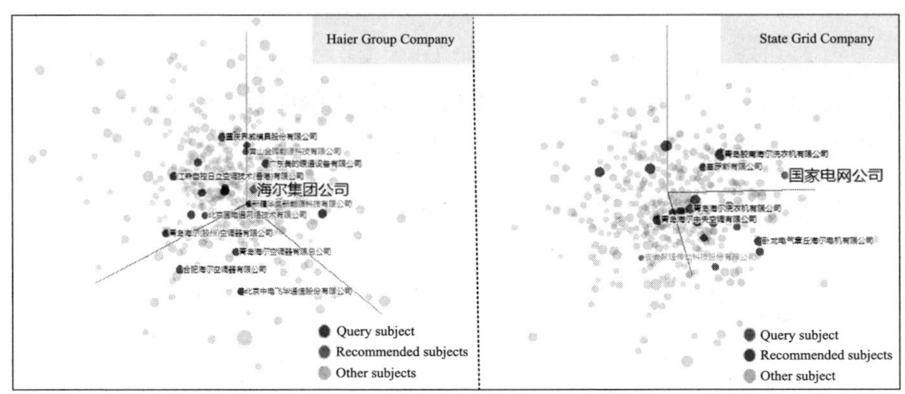

图 12－8　“海尔集团公司”与“国家电网公司”推荐结果可视化

五、本章小结

本章综合考虑技术邻近性、地理临近及合作经验等多维因素，构建基于加权元路径与网络嵌入的专利技术主体交易预测模型，并以电子信息领域专利数据进行实证研究，得出如下结论：第一，融合加权元路径及元结构的 PSR－vec 模型精度优于基于单一特征的模型精度，说明专利技术主体间交易受多因素影响，考虑多维特征能够更加客观刻画专利技术主体交易过程，对于挖掘主体间专利技术交易模式及提升预测精度具有重要作用。第二，融合加权元路径及元结构的 PSR－vec 模型要优于无权情境下模型的结果，各因素对于专利技术交易影响差异性较大，且在多方法对比中，加权模型的精度优于无权模型，反映了元路径权重能够更加充分挖掘专利技术主体交易的潜在特征。第三，本章提出的预测模型的精度均高于其他方法如 Deep walk、Node2vec、Metapath2vec 和 GraphSAGE，体现了 PSR－vec 在专利技术主体交易预测中具有一定的优势。第四，实证研究结果表明：具有紧密关系（如控股关系、供应链上下游关系）的主体间潜在交易关系能够被模型准确预测，而关系不明显的主体间潜在交易关系也可以通过元路径及元结构特征被挖掘，体现了预测结果的多样性。

本章提出的 PSR – vec 预测模型，采用 DFS 策略遍历与索引映射方式获取主体间关系序列，与传统 Deep Walk、Node2Vec 中采用随机游走方法相比，能更全面地挖掘主体间关系特征，减小偏差；考虑元路径与元结构权重能够更加细微的描述主体间的复杂语义关系，采用 Huffman 树的 Skip – gram 方法进行网络嵌入训练，相对 Node2Vec 能得到更为准确的主体向量空间表示，提高主体间相似度计算结果。对比 Metapath2vec 和 GraphSAGE 方法，PSR – vec 方法预测精度稍有提高，但 PSR – vec 模型中遍历方法和网络嵌入训练的时间复杂度目前还有待进一步降低，后续将继续探寻元路径及元结构遍历及网络嵌入的优化算法，提高特征挖掘准确度并降低计算复杂度。此外，本章研究仅考虑了主体间技术邻近性、地理邻近性，以及合作经验构建异构信息网络，并开展专利技术主体交易预测研究，对主体间组织邻近性、认知邻近性等因素考虑还不够全面，后续将进一步丰富异构信息网络预测模型，在模型的多维性分析，如聚类、分类等方面进一步挖掘，提高 PSR – vec 模型预测精确度和有效性。

第十三章 结 语

一、对策思考

我国技术市场发展 30 多年来，对促进科技与经济融合发展起到了重要推动作用，在大数据、人工智能等快速发展与应用背景下，需要运用新思维、新理论、新方法来促进市场中的技术交易。本书综合利用文本挖掘、网络挖掘、机器学习等方法在技术需求识别、技术供需匹配、科技主体间技术交易机会挖掘等方面开展研究，为技术供需匹配与交易机会挖掘提供了理论及方法支撑，并在指导实践方面提出如下对策思考。

（一）面向需求识别引导研发与成果转化

目前，很多在线技术服务与交易平台主要是公益促进型，相比企业化及市场化平台，在服务有效性和促进技术成果转化效率上都存在差距。这些平台以通过组织云路演、创新创业项目专场路演等，组织学会深入万家企业开展科技志愿服务，组织技术贸易活动和科技决策咨询活动等多种形式，一方面把创新要素引向基层、引向企业，另一方面实现企业需求的常态化跟踪，建立“问题库”和“需求库”。但如何聚焦数字经济发展，建立用户需求常态化监测、挖掘与反馈机制，开展技术需求预见，研判关键技术路线和产业创新方向是推动面向需求引导研发与成果转化、促进科技经济融合发展的有效手段。例如，如何利用5G通信网络设置的普及应用，人工智能以及大数据采集处理工具，实时采集海量科技需求信息并进行数据挖掘，实现关键需求、潜在需求识别以及技术需求预测，是促进供需对接的重要途径，这需要在以下几个方面做好基础保障：

1. 供需文本规范化建设

目前，在线技术交易平台供需匹配效率低、技术需求难以精准预测等的重要原因是供需文本描述差异化，尤其是需求文本口语化。因此，规范供需文本结构，实现非结构化的口语表述方式向半结构化、结构化的专业表述方式转变，是需求识别与预测，以及供需精准匹配的重要前提。第一，将现有需求文本中的问题描述在领域划分、类型划分的基础上继续细分，增加主要功能需求、关键技术指标需求、技术成熟度需求、价格需求、合作方式需求等。总之，通过减少非技术性信息的干扰及需求结构化表述，为需求识别提供规范化信息基础。第二，完善并细化技术供给信息，包括技术点、技术功效、技术应用领域、技术性能指标、技术成熟度、技术价格区间、技术转让合作方式等。第三，通过结构化字段的语义匹配，探索利用数字技术与语义分析方法，研究技术供需自动匹配的方法。

2. 建立需求常态化跟踪机制

企业技术创新、研发、转化与应用等遵循生命周期理论，同样，用户技术需求也具有类似特征。在技术引进的初期，用户需要投入大量人力、物力、资金等进行技术消化、吸收并与产品创新与改进相结合，如果技术成果转化成功，则在较长一段时间内，用户对该技术将形成较强的依赖性需求，并根据市场反馈形成新的技术需求；但如果技术成果转化失败，则现实中的很多用户面临企业倒闭、投资失败等情形；因此需

求常态化跟踪一方面要关注技术成果转化应用效果，针对成功案例进行新的技术需求预测与推荐，另一方面更要关注失败的教训，为技术改进与失败企业提供可行的解决方案。

3. 探索需求挖掘与反馈机制

一方面，技术服务与交易平台不仅要关注各类型企业用户的技术需求，更要从国家创新驱动发展战略出发，关注关键产业、关键领域的关键需求挖掘，进而与政府、大型企业等协同合作，动态制订关键需求计划，通过开放式创新平台引导研发方向和需求方向，应对高端高质量关键技术需求预见与预测难题。另一方面，要聚焦基层中小微企业在技术转型中的成熟技术需求挖掘，该类用户的技术需求属于中低端成熟性需求，推动该类需求的供给推荐与供需对接，对于推动中小企业做大做强、提升企业转型速度、推动我国广大农村转变经济发展与生产方式，具有重要现实意义。

（二）搭建融通平台开展技术交易智能推荐

目前，每年在技术市场管理部门登记的线下技术交易合同信息数量达百万级。据全国技术市场统计，2019 年全年共签订技术转让合同 484077 项，成交额为 22398.4 亿元，比上年分别增长 17.5% 和 26.6%，技术合同成交额首次突破 2 万亿元，创历史新高。同时，伴随基于互联网的线上技术交易平台快速发展，技术成果在线交易额实现快速增长，例如，2016 年浙江省技术交易总额 368.3 亿元，同比增长 52%。但技术交易线上线下信息未实现共享，分散建设的基于互联网的技术交易平台难以进行有效对接，在一定程度上阻碍了技术供需信息共享和科技主体有效对接。因此，建立线上线下融合、全国互联互通的科技经济融通平台势在必行。

1. 推动线上线下技术交易信息融合

长期以来，因行政区划、条块分割、各部门职能差异等体制机制问题，使得数据融合与共享难成为价值创造和管理创新中的巨大瓶颈。在技术交易方面表现为：数以万亿条的线下技术交易数据难以与线上技术供需与交易信息融合共享与对接，这对提升技术需求的动态监测、跟踪与挖掘效果、技术供需匹配与对接的效率、技术检索与智能推荐的准确性等方面都带来负面影响。因此，打破行政区划，推动线上线下技术交易信息共享与融合，是提升技术成果转化效率的数据保障。

2. 实现城市间和区域间交易平台互联互通

目前，在科创中国平台的引领下，并伴随试点工作的开展，很多枢纽城市以及重要区域都开始搭建技术服务与交易平台，为围绕当地支柱产业和经济需求，汇聚地方和区域科技资源，打造区域性科技经济融通平台，助力地方经济社会发展等方面取得了丰硕进展。未来发展中，如何充分利用数字化技术，并发挥各级政府之间的上下联动和协同合作，实现科技经济融合平台无缝对接，促进资源共享以及科技成果的跨区域高效流动还有很大空间。

3. 完善交易平台智能化服务功能

首先，在线技术交易平台要进一步聚焦服务领域以提升专业化服务水平。目前，技术交易平台服务领域较分散，“大而全、小而全”特征显著，导致领域分类缺乏标准、混乱，按照领域搜索供需信息效率低；同领域有效技术供给和需求资源重复建设、领域专家对接平台多、服务人员专业化水平较弱。例如，英国 BTG 的重点服务领域仅包括医学、自然科学、生物科学、电子和通信。因此，打破在线技术交易平台以行政区域为边界建设的局限性，专注于以技术领域为重点整合供需资源，能提升平台服务的专业化水平和供需匹配效率。其次，在线技术供需信息的智能检索、匹配、推荐等功能有待开发和完善。虽然在线技术转移平台实现了海量供需信息的发布，但供需信息不全面（缺乏供需主体的属性信息及主体间合作与互动信息），信息表征缺乏标准化、规范化和一致性，信息噪声大等问题，使得技术供需匹配与对接在很大程度上依赖于工作人员和专家的人工判断，技术转移周期长、成功率不高。因此，规范技术供需信息表述方式，探索多因素、多特征融合下的技术供需匹配模型并实现自动化、智能化匹配，是在线技术转移平台亟待开发的功能。

（三）完善政策平台建设科技经济融合发展生态系统

根据促进科技经济融合方式来看，技术服务与交易平台主要分四类，分别是促进型、交易型、运营型和混合型。从目前看，对实体经济影响最大和最直接的是交易型。在数字技术支撑下，如何挖掘有效需求，调动各种科技资源，通过有效的组织方式形成实实在在的技术交易，推动科技成果转化，实现各方共赢，是当前技术市场发展面临的最大挑战，需要从体制机制方面进行创新思考。

1. 科技资源汇集平台的风险及利益机制完善

搭建平台是组织创新，但目前很多平台对于科技创新的风险与收益的具体界定不够清晰，无论是风险分担，还是收益分享，都需要通过一定的机制来实现，但现实的情况是风险分担机制和收益分享机制都不完善，这影响了参与平台建设的各主体的积极性和主体间协作的有效性。实践表明，大数据、云计算、区块链和人工智能等数字技术为BTA等平台型企业带来了巨大收益，但如何用在科技类公共服务平台上还需要探索。

2. 推动科技与金融有效对接的机制建设

目前各创新主体都倾向规避科技成果市场化的风险，而在科技与经济“两张皮”的体制下又缺乏分担风险的机制，科技成果产业化变得难上加难。新修订的《科技成果转化法》部分解决了成果“蛋糕”分配问题，但实体经济中的“蛋糕”如何生产出来还面临着一系列问题，例如，在科技成果从实验室到中试，中试成功后扩大规模、建生产线、出产品等环节都需要大量投资。科技成果产业化过程中融资难问题成为科技成果转化的关键壁垒之一。习近平总书记在全国科技创新大会、两院院士大会、中国科协第九次全国代表大会上提出创新链、产业链、资金链、政策链相互交织、相互支撑的论断。因此，在线技术交易平台要挖掘各领域的关键需求，引导研究机构技术创新和市场资本投资方向；同时要寻找、评估和筛选高价值公司和技术，形成专利池和供给库，并引导风险投资。通过资本与技术的有机融合推动技术创新与成果转化。

3. 科技成果转化中的价值评估体系建设

如何能够因时、因地、因需地对科技成果进行价值评估，不仅为供需对接与技术交易提供科学参考，为技术作价入股、技术价值分配和创新创业项目的价值评估等提供依据，还能为技术投融资提供现实支持。目前，虽然市场定价法，即市场自主定价观点和首次交易价格即为定价的观点较为普遍认可，但依然缺少独立的价值评估机构、缺少评估标准和评价依据等。在数字经济条件下，科技经济融通平台如何整合海量的科技成果交易价格大数据、充分利用人工智能、大数据等技术对现有技术合同数据进行深度学习和建模分析，集成庞大的业内专家团队经验，对技术成果进行更加精准的量化评价和预测分析，解决科技成果评估难、定价难等难题，是推动技术供需对接与交易的关键。

4. 创新激励机制调动中小微企业参与技术交易

中国企业中90%以上是“中小微”企业，是未来产业创新发展的重要主体，这类企业由于规模小、资金少、创新能力和抗风险能力均较弱，且产品更新换代中的技术需求在市场中较容易寻找到成熟度较高的技术供给。因此，鼓励“中小微”企业参与在线技术交易，适当减免信息发布费、降低交易费收取比例以及增值服务费等，对积极参与在线技术交易与创新活动的企业给予补贴和鼓励，将对企业创新能力提升起到促进作用。因此要充分借鉴国外经验，不断完善法律制度，调动中小企业创新及参与技术转移的积极性。例如，美国《小型企业法案》规定：研发预算超过1亿美元的联邦机构必须参与小企业创新研究计划，并将不低于研发预算的3.2%（2017年最新数据）授予参与研发的小企业。此外联邦政府每年投入约10亿美元专门用于支持中小企业创新研究与技术转移[342]。

5. 加快建设政产学研金服用生态体系

首先，技术创新、关键技术突破与科技成果转化应用等不仅需要金融资本支撑，还具有较大风险，单独一家企业很难拥有关键技术突破所

必需的全部资源和能力，因此，加快产业联盟建设，对技术攻关与成果辐射共享具有重要作用，例如，国电和神华两大集团的重组，首先能够解决电力产业链上下游之间的供需矛盾，其次能够充分发挥二者之间的协同效应，实现优势互补、资源共享。对产业链上关键核心技术的联合研发，以及双方现有核心技术的共享与交易许可等提供更多机会。其次，依托“双创”行动计划，加强各科研机构技术信息资源整合，向企业开放专利及技术资源和科研基地；同时，鼓励大型企业建立技术转移服务平台，推动大中小企业跨界融合，服务中小微企业技术创新需求。目前，海尔集团就建立了全球资源和用户参与的创新生态系统，让技术供需双方零距离对接，为技术持有者寻找合适的客户、为技术需求者嫁接技术解决方案。最后，依托互联网拓宽技术市场资源、社会需求与创业创新对接通道。

综上所述，在促进技术交易的政策导向机制、科技成果智能化价值评估机制、互联互通的大平台运营保障机制、用户技术服务需求动态监测挖掘与反馈机制、科技与金融紧密合作的创新服务机制等各个方面进行深入探索，推动建设政产学研金服用生态体系，是技术市场未来发展的重要方向。

二、未来探索

上述内容主要聚焦通过体制机制创新推动技术供需对接与技术交易，而在技术供需精准对接的方法创新方面，未来研究中需要关注如下研究方向：

1. 技术供需知识图谱自动化构建及推荐

近年来快速发展的知识图谱作为一种大规模语义网络可以对多源异构数据进行系统化管理，对非结构化的领域知识进行结构化描述[343]。知识图谱的概念由谷歌公司 2012 年正式提出，旨在实现更智能的搜索引擎[344]。在维基百科的官方词条中，知识图谱是谷歌公司用于增强其搜索引擎功能的知识库。知识图谱本质上是一个语义网络，其节点代表实体或者概念，边代表实体/概念之间的各种语义关系[52]。由于知识图谱包含实体间丰富的语义关联，为推荐系统提供了潜在的辅助信息来源，能有效解决传统推荐系统中的数据稀疏和冷启动问题，提高推荐结果的精确性和多样性。此外，知识图谱可以将用户的历史记录和推荐结果联系起来，提高用户对推荐结果的满意度和接受度，增强推荐结果的可解释性。因此，依托技术服务与交易平台中的海量供需及交易数据，聚焦关键技术领域，建立技术供需知识图谱，对于技术预见、技术需求识别、技术推荐、伙伴推荐等具有重要作用。

但近年来研究表明，知识图谱的创建和管理大多是手动或半自动[345]完成的，是一个劳动密集型的过程。此外，自动提取可靠和一致的知识，特别是从大规模的结构化和非结构化资源中提取知识，已被证明是一项艰巨的挑战。很少有人尝试自动构建某领域技术知识图谱，因此，技术供需知识图谱自动化构建以及推荐是未来需要探索的方向。

2. 基于技术搜索的动态分类推荐

现有基于协同过滤、基于内容及混合推荐的研究思想及方法，在用户偏好挖掘、相似用户及相似产品度量等方面进行了大量的研究并形成了较为成熟的方法体系。未来研究中需要进一步探索用户的技术搜索行为以及动态偏好与演化趋势，尝试实现基于动态搜索偏好的技术及交易合作伙伴分类推荐。一方面能够提高推荐结果的精确性和可解释性，另一方面能够大大降低推荐算法的时间复杂度。

综上所述，通过技术及交易合作伙伴的自动化、智能化、动态化推荐，不仅能大大降低技术供需主体检索成本，而且能够更加高效地促进双方匹配、对接与交易合作，是技术交易机会挖掘的重要研究方向。

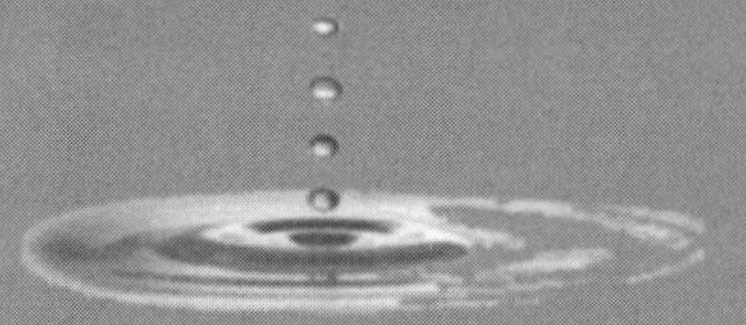

参考文献

[1] 赵志耘．以科技创新引领供给侧结构性改革［J］．中国软科学，2016，9：1 – 6.

[2] 吴卫红，董诚，彭洁等．美国促进科技成果转化的制度体系解析［J］．科技管理研究，2015，14：16 – 20.

[3] 戚湧，朱婷婷，郭逸．科技成果市场转化模式与效率评价研究［J］．中国软科学，2015（6）：184 – 192.

[4] Chen Z，Guan J. Mapping of Biotechnology Patents of China from 1995—2008［J］. *Scientometrics*，2011，88：73 – 89.

[5] Gao X，Guan J，Rousseau R. Mapping Collaborative Knowledge Production in China Using Patent Co-inventorships［J］. *Scientometrics*，2011，88：343 – 362.

[6] Araújo，Inácio Fernandes de，Gonalves E，et al. The Role of Patent Co-inventorship Networks in Regional Inventive Performance［J］. *International Regional Inventive Review*，2018：235 – 280.

[7] Jaffe A. B，Trajtenberg M，Henderson R. Geographic Localization of Knowledge Spillovers as Evidenced by Patent Citations［J］. *Quarterly Journal of Economics*. 1993，108：577 – 598.

[8] Maurseth P. B，Verspagen B. Knowledge Spillovers in Europe：A Patent

Citations Analysis [J]. *Scandinavian Journal of Economics*, 2002, 104: 531 - 545.

[9] Serrano C. J. The Dynamics of the Transfer and Renewal of Patents [J]. *The RAND Journal of Economics*, 2010, 41 (4): 686 - 708.

[10] De Marco A, Scellato G, Ughetto E, et al. Global Markets for Technology: Evidence from Patent Transactions [J]. *Research Policy*, 2017, 46 (9): 1644 - 1654.

[11] 余绍山，贺正楚，张蜜，等. 再生有色金属产业技术专利状况及发展对策研究 [J]. 中国软科学，2015，3：41 - 55.

[12] 董正英. 技术交易中介与中国技术市场发展 [D]. 上海：复旦大学，2013.

[13] 丁鸿富. 技术市场上的价格问题 [J]. 科学学与科学技术管理，1985，9：18 - 19.

[14] 刘学. 技术交易的特征与技术市场研究 [J]. 中国软科学，2000，3：62 - 67.

[15] Sun Y, Liu K. Proximity Effect, Preferential Attachment and Path Dependence in Inter-regional Network: A Case of China's Technology Transaction [J]. *Scientometrics*, 2016, 108 (1): 201 - 220.

[16] Bell M. Climate Change and International Technology Transfer [J]. *Confronting Climate Change*, 1992: 295 - 304.

[17] Bozeman B, Rimes H, Youtie J. The Evolving State-of-the-Art in Technology Transfer Research: Revisiting the Contingent Effectiveness Model [J]. *Research Policy*, 2015, 44 (1): 34 - 49.

[18] Daniela B, Francesco B, Tucci C L. University Technology Transfer Office Business Models: One Size Does Not Fit All [J]. *Technovation*, 2018, 76 - 77: 51 - 63.

[19] Autio E, Laamanen T. Measurement and Evaluation of Technology Transfer: Review of Technology Transfer Mechanisms and Indicators [J]. *Technology Management*, 1995, 10 (7—8): 643 - 664.

[20] Battistella C, De Toni A, Pillon R. Inter-Organisational Technology/Knowledge Transfer: A Framework from Critical Literature Review [J].

The Journal of Technology Transfer, 2016, 41 (5): 1195 - 1234.

[21] Nordensvard J, Zhou Y, Zhang X. Innovation Core, Innovation Semi-Periphery and Technology Transfer: The Case of Wind Energy Patents [J]. *Energy Policy*, 2018, 120: 213 - 227.

[22] Lee C. G. Book Review: Technology and Global Change [J]. *Cambridge University Press*, 1999, 8 (4): 345 - 346.

[23] Withanaarachchi A. S, Nanayakkara L D, Pushpakumara C. Are Ready-Made Technology Transfer Solutions Suitable for Developing the Renewable Energy Sector in Sri Lanka? [J]. *International Journal of Scientific and Research Publications*, 2015, 5 (2): 1 - 6.

[24] Landry R, Amara N, Cloutier J S, et al. Technology Transfer Organizations: Services and Business Models [J]. *Technovation*, 2013, 33 (12): 431 - 449.

[25] Argote L, Ingram P. Knowledge Transfer: A Basis for Competitive Advantage of Firms [J]. *Organizational Behaviour Human Decision Processes*, 2000, 82: 150 - 169.

[26] Bigliardi B. F, Galati G, Marolla, et al. Factors Affecting Technology Transfer Offices Performance in the Italian Food Context [J]. *Technology Analysis & Strategic Management*. 2015, 27 (4): 361 - 384.

[27] Son H, Chung Y, Hwang H, et al. Do Technology Entrepreneurship and External Relationships always Promote Technology Transfer? Evidence from Korean Public Research Organizations [J]. *Technovation*, 2019, 82 - 83: 1 - 15.

[28] Grimaldi M, Hanandi M. Evaluating the Intellectual Capital of Technology Transfer and Learning Public Services [J]. *International Journal of Engineering Business Management*, 2013, 5: 5 - 7.

[29] Lee S, Kim B. S, Kim Y, et al. The Framework for Factors Affecting Technology Transfer for Suppliers and Buyers of Technology in Korea [J]. *Technology Analysis & Strategic Management*, 2017, 30 (2): 172 - 185.

[30] Pan X. J, Zhang J, Mi G. Spatial Pattern Evolution and Inner Differ-

ences of Chinese Interregional Technology Transfer [J]. *Studies in Science of Science*, 2017, 35 (2): 240 – 246.

[31] Ockwell D, Mallett A. *Low-Carbon Technology Transfer: From Rhetoric to Reality* [M]. Routledge, London, United Kingdom, 2012.

[32] Malerba F. Innovation and the Evolution of Industries [J]. *Journal of Evolutionary Economics*, 2006, 16 (1 – 2): 3 – 23.

[33] Ercan O, Mustafa B. A. A Quantitative Approach for Measuring Technological Forecasting Capability by International Journal of Innovation and Applied Studies [J]. *Technological Forecasting & Social Change*, 2013, 4 (1): 75 – 82.

[34] 马婷婷，汪雪锋，朱东华，等. 基于专利的技术机会分析方法研究 [J]. 科学学研究，2014 (3): 334 – 342.

[35] Yoon B, Park I, Coh B. Exploring Technological Opportunities by Linking Technology and Products: Application of Morphology Analysis and Text Mining [J]. *Technological Forecasting & Social Change*, 2014, 86: 287 – 303.

[36] Lee C, Kang B, Shin J. Novelty-focused Patent Mapping for Technology Opportunity Analysis [J]. *Technological Forecasting & Social Change*, 2015 (90): 355 – 365.

[37] 刘宇飞，周源，廖岭. 大数据分析方法在战略性新兴产业技术预见中的应用 [J]. 中国工程科学，2016, 4 (18): 121 – 128.

[38] G Abramo, Angelo A. D. The Alignment of Public Research Supply and Industry Demand for Effective Technology Transfer: The Case of Italy [J]. *Science & Public Policy*, 2009, 36 (1): 2213 – 2216.

[39] 左晓利，许晔. 中日技术预测的比较研究 [J]. 中国科技论坛，2014, 10: 149 – 153.

[40] Shin J, Lee C. Y, Kim H. Technology and Demand Forecasting for Carbon Capture and Storage Technology in South Korea [J]. *Energy Policy*, 2016, 98: 1 – 11.

[41] 张亚斌，王洵迪. 基于 TRIZ 理论的物联网关键技术专利发展态势及预测分析 [J]. 系统工程，2015, 3 (33): 130 – 136.

[42] 杨雪，李建华，成宝英．基于人工神经网络的科技需求能力测度与预测问题研究［J］．科学学与科学技术管理，2004，12：29－32.

[43] 龚三乐．区域科技需求强度的综合评价方法与应用［J］．技术经济与管理研究，2010，3：34－37.

[44] 薛伟贤，田鹏，孙姝羽．战略性新兴产业技术供需协同研究：以陕西为例［J］．科研管理，2016，4：507－515.

[45] Wang Z，Yu J，He Y. Soccer Video Event Annotation by Synchronization of Attack－Defense Clips and Match Reports With Coarse-Grained Time Information［J］. *IEEE Transactions on Circuits & Systems for Video Technology*，2017，27（5）：1104－1117.

[46] Gao W，Gao Y，Zhu L. L. Ranking Based Ontology Learning Algorithm for Similarity Measuring and Ontology Mapping Using Representation Theory［J］. *Journal of Information & Optimization Sciences*，2016，37（2）：303－320.

[47] 郭俊芳，汪雪锋，李乾瑞，等．一种新型的技术形态识别方法——基于SAO语义挖掘方法［J］．科学学研究，2016，34（1）：13－21.

[48] Yang C，Zhu D H，Wang X. F，et al. Requirement-Oriented Core Technological Components Identification Based on SAO Analysis［J］. *Scientometrics*，2017，112（3）：1229－1248.

[49] Wang X. F，Wang Z. N，Huang Y，et al. Identifying R&D Partners through Subject-Action-Object Semantic Analysis in a Problem & Solution Pattern［J］. *Technology Analysis & Strategic Management*，2017，29（10）：1167－1180.

[50] 张娴，胡正银，茹丽洁，等．专利技术供需信息关联知识组织模式研究［J］．图书情报工作，2016，60（8）：118－125.

[51] Lee C. S，Wang M. H，Hsiao Y. C，et al. Ontology-Based GFML Agent for Patent Technology Requirement Evaluation and Recommendation［J］. *Soft Computing*，2017（2）：1－20.

[52] 何霆，吴雅婷，王华珍，等．基于EHR的医疗知识图谱研究与应用综述［J］．哈尔滨工业大学学报，2018，50（11）：137－145.

[53] Lee M，Lee S. Identifying New Business Opportunities from Competitor

Intelligence: An Integrated Use of Patent and Trademark Databases [J]. *Technological Forecasting & Social Change*, 2017, 119: 170 - 183.

[54] 武玉英，孙平，何喜军，等．新能源领域专利转让加权网络中主体间技术交易机会预测 [J]．数据分析与知识发现，2018，2 (11)：73 - 79.

[55] 华冬芳，蒋伏心．主体关系视角下技术交易效率研究 [J]．上海经济研究，2018 (7)：98 - 107.

[56] Fisch C. O, Block J. H, Sandner P. G. Chinese University Patents: Quantity, Quality, and the Role of Subsidy Programs [J]. *The Journal of technology transfer*, 2016, 41: 60 - 84.

[57] Dindaroğlu B. Determinants of Patent Quality in U. S. Manufacturing: Technological Diversity, Appropriability, and Firm Size [J]. *The Journal of technology transfer*, 2018, 43, 1083 - 1106.

[58] Zhang Y, Qian Y, Huang Y, et al. An Entropy-Based Indicator System for Measuring the Potential of Patents in Technological Innovation: Rejecting Moderation [J]. *Scientometrics*, 2017, 111 (3): 1 - 22.

[59] Ko N, Jeong B, Seo W, et al. A Transferability Evaluation Model for Intellectual Property [J]. *Computers & Industrial Engineering*, 2019, 131: 344 - 355.

[60] Jeong S, Lee S, Kim Y. Licensing Versus Selling in Transactions for Exploiting Patented Technological Knowledge Assets in The Markets for Technology [J]. *The Journal of technology transfer*, 2013, 38 (3): 251 - 272.

[61] Sharif N M. To License or Sell: A Study on the Patent Transaction Modes in China [J]. *Social Science Electronic Publishing*, 2018: 1 - 30.

[62] Omobhude C, Chen S. H. The Roles and Measurements of Proximity in Sustained Technology Development: A Literature Review [J]. *Sustainability*, 2019, 11 (1): 1 - 30.

[63] Sun Y, Grimes S. The Actors and Relations in Evolving Networks: The Determinants of Inter-Regional Technology Transaction in China [J]. *Technological Forecasting & Social Change*, 2017, 125: 125 - 136.

[64] 刘凤朝，肖站旗，马荣康．多维邻近性对技术交易网络的动态影响研究［J］．科学学研究，2018，36（12）：2205－2214.

[65] 何喜军，董艳波，武玉英，等．基于 ERGM 的科技主体间专利技术交易机会实证研究［J］．中国软科学，2018，(3)：184－192.

[66] 乔永忠，邓思铭．创新主体类型对中国专利奖获奖专利运用能力影响研究——以不同地区为视角［J］．情报学报，2019，38（5）：473－481.

[67] Guan J. C，Yan Y. Technological Proximity and Recombinative Innovation in The Alternative Energy Field［J］. *Research Policy*，2016，45（7）：1460－1473.

[68] 李华，张千慧，王方．技术供需主体的混合型多指标双边匹配决策方法［J］．科技进步与对策，2016，(7)：121－127.

[69] 赵道致，李锐．考虑主体心理预期的云制造资源双边匹配机制［J］．控制与决策，2017，32（5）：871－878.

[70] 武玉英，张博闻，何喜军，等．新能源领域专利转让网络技术供需主体间交易机会预测［J］．情报杂志，2018，(5)：79－85.

[71] Luo Y，Zhao X，Zhou J，et al. A Network Integration Approach for Drug-Target Interaction Prediction and Computational Drug Repositioning from Heterogeneous Information［J］. *Nature Communications*，2017，573（8）：1－13.

[72] 赵凤，王铁男，王宇．开放式创新中的外部技术获取与产品多元化：动态能力的调节作用研究［J］．管理评论，2016，28（6）：76－85.

[73] Huang H. C，Shih H. Y，Ke T H. Structure of a Patent Transaction Network［J］. *Scientometrics*，2017，111（1）：25－45.

[74] Arora A，Fosfuri A，Gambardella A. Markets for Technology and their Implications for Corporate Strategy［J］. *Industrial and Corporate Change*，2001，10（2）：419－451.

[75] He X. J，Dong Y B，Wu Y. Y，et al. Factors Affecting Evolution of the Interprovincial Technology Patent Trade Networks in China based on Exponential Random Graph Models［J］. *Physica A*：*Statistical Mechanics*

and its Applications, 2019, 514: 443 – 457.

[76] Julian K, Nathanial M. Technology Transfer in The Hydropower Industry: An Analysis of Chinese Dam Developers' Undertakings in Europe and Latin America [J]. *Energy Policy*, 2018, 113: 546 – 558.

[77] Chen Y. Comparing North-South Technology Transfer and South-South Technology Transfer: The Technology Transfer Impact of Ethiopian Wind Farms [J]. *Energy Policy*, 2018, 116: 1 – 9.

[78] Casadella V, Liu Z. Chinese Foreign Direct Investment (FDI) and Barriers to Technology Transfer in Sub-Saharan Africa: Innovation Capacity and Knowledge Absorption in Senegal [J]. *Globalization and Development*, 2019: 219 – 240.

[79] Izmaylov Y, Slyusarenko K, Sheludiakova N. Problems and Prospects of International Technology Transfer between EU Countries and Ukraine in the Framework of Implementation of the Pan-European Development Strategy [J]. *Scientific Journal of Polonia University*, 2017, 25 (6): 53 – 65.

[80] Duan D, Zhang Y, Chen Y, et al. Regional Integration in the Inter-City Technology Transfer System of the Yangtze River Delta, China [J]. *Sustainability*, 2019, 11 (10): 1 – 8.

[81] 周密，孙浬阳．专利权转移、空间网络与京津冀协同创新研究 [J]．科学学研究，2016，34 (11)：1736 – 1743.

[82] Liu C L, Niu C. C, Han J. Spatial Dynamics of Intercity Technology Transfer Networks in China's Three Urban Agglomerations-a Patent Transaction Perspective [J]. *Sustainability*, 2019, 11: 1647.

[83] 任龙，姜学民，傅晓晓．基于专利权转移的中国区域技术流动网络研究 [J]．科学学研究，2016，34 (7)：993 – 1004.

[84] 栾春娟，宋河发，谢彩霞．基于技术交易网络的专利运营模式研究 [J]．科学学与科学技术管理，2019，40 (9)：3 – 17.

[85] 孟玺，周西平，吴绍忠．语义分析在反恐研究领域的应用研究 [J]．情报杂志，2017，36 (3)：13 – 17.

[86] Ziff P. Semantic Analysis [J]. *New York*: *Cornell. Reviews*, 1960:

416 -419.

[87] Dumais S. T, Furnas G W, Landauer T. K. Using Latent Semantic Analysis to Improve Access to Textual Information [C]. *Proceedings of the SIGCHI conference on Human factors in computing systems. ACM*, 1998.

[88] 张沪寅，温春艳，刘道波，等．改进的基于本体的语义相似度计算[J]．计算机工程与设计，2015，36（8）：2206 -2210.

[89] 杨美荣，邵洪雨，史建锋，等．改进的领域本体概念相似度计算模型研究［J]．情报科学，2014，32（5）：72 -77.

[90] 蒋婷，孙建军．领域学术本体概念等级关系抽取研究［J]．情报学报，2017，36（10）：1080 -1092.

[91] 杨超，朱东华，衡晓帆，等．基于语法树的SAO结构识别方法研究［J]．图书情报工作，2016，60（21）：113 -121.

[92] 段庆锋，蒋保建．基于SAO结构的专利技术功效图构建研究［J]．现代情报，2017，37（6）：48 -54.

[93] Wang X. F, Ma P. P, Huang Ying, et al. Combining SAO Semantic Analysis and Morphology Analysis to Identify Technology Opportunities [J]. *Scientometrics*, 2017, 111 (1): 3 -24.

[94] Altshuller G. S. *Creativity as An Exact Science: The Theory of The Solution of Inventive Problems* [M]. New York: Gordon And Breach Science Publishers, 1984.

[95] Yoon J, Kim K. Identifying Rapidly Evolving Technological Trends For R&D Planning Using SAO-based Semantic Patent Networks [J]. *Scientometrics*, 2011, 88 (1): 213 -228.

[96] 郭俊芳，汪雪锋，邱鹏君，等．基于SAO分析的技术路线图构建研究［J]．科学学研究，2014，32（7）：976 -981.

[97] Park H, Ree J. J, Kim K. An SAO-Based Approach to Patent Evaluation Using TRIZ Evolution Trends [C]. *IEEE International Conference on Management of Innovation and Technology*, 2012: 594 -598.

[98] Park H, Yoon J, Kim K. Using Function-Based Patent Analysis to Identify Potential Application Areas of Technology for Technology Transfer [J]. *Expert Systems with Applications*, 2013, 40 (13): 5260 -5265.

[99] Choi S, Park H, Kang D, et al. An SAO-Based Text Mining Approach to Building A Technology Tree for Technology Planning [J]. *Expert Systems with Applications*, 2012, 39 (13): 11443 – 11455.

[100] 温亮，邱鹏君，马萍萍，等. 基于SAO语义分析的潜在技术合作伙伴识别 [J]. 北京理工大学学报（社会科学版），2017，19 (4): 91 – 96.

[101] 付芸，汪雪锋，李佳，等. 基于SAO结构的创新解决方案遴选研究——以空气净化技术为例 [J]. 图书情报工作，2019，63 (6): 76 – 85.

[102] 汪雪锋，邱鹏君，付芸. 一种新型技术路线图构建研究——基于SAO结构信息 [J]. 科学学研究，2015，33 (8): 1134 – 1140.

[103] 吴菲菲，李倩，黄鲁成. 基于专利SAO结构的技术应用领域识别方法研究 [J]. 科研管理，2014，35 (6): 1 – 7.

[104] 杜玉锋，季铎，姜利雪，等. 基于SAO的专利结构化相似度计算方法 [J]. 中文信息学报，2016，30 (1): 30 – 35.

[105] 张永真，吕学强，申闫春，等. 基于SAO结构的中文专利实体关系抽取 [J]. 计算机工程与设计，2019，40 (3): 706 – 712.

[106] Hinton G E. Learning Distributed Representations of Concepts [C]. *Eighth Conference of the Cognitive Science Society*, 1989.

[107] Miikkulainen R, Dyer M G. Natural Language Processing with Modular Neural Networks and Distributed Lexicon [C]. *Cognitive Science*, 1991: 343 – 399.

[108] Xu W, Rudnicky A. Can Artificial Neural Networks Learn Language Models? [C]. *Sixth International Conference on Spoken Language Processing*, 2000.

[109] Bengio Y, Schwenk H, Senécal J S, et al. Neural Probabilistic Language Models [J]. *Journal of Machine Learning Research*, 2003, 3 (6): 1137 – 1155.

[110] Mikolov T, Karafiát M, Burget L, et al. Recurrent Neural Network Based Language Model [C]. *Conference of the International Speech Communication Association, Makuhari, Chiba, Japan, September.*

DBLP, 2010: 1045 – 1048.

[111] Mikolov T, Chen K, Corrado G, et al. Efficient Estimation of Word Representations in Vector Space [J]. *Computer Science*, 2013: 1 – 13.

[112] Mikolov T, Sutskever I, Chen K, et al. Distributed Representations of Words and Phrases and their Compositionality [C]. *Advances in neural information processing systems*, 2013: 3111 – 3119.

[113] Kuncoro B. A, Iswanto B. H. TF-IDF Method in Ranking Keywords of Instagram Users' Image Captions [C]. *International Conference on Information Technology Systems and Innovation*, 2015: 1 – 5.

[114] Zheng Y, Meng Z. P, Xu C. A Short-Text Oriented Clustering Method for Hot Topics Extraction [J]. *International Journal of Software Engineering & Knowledge Engineering*, 2015, 25 (3): 453 – 471.

[115] 纪蔚蔚. 基于词频分析的我国 2004 年科学学发展动向研究 [J]. 科研管理, 2006, 27 (3): 81 – 89.

[116] 熊则见, 杨敏, 赵雯. 高技术产品研发关键成功因素的文献计量分析 [J]. 科研管理, 2011, 32 (10): 36 – 45.

[117] He G, Wang J, Zhang Y, et al. Keyword Extraction of Web Pages Based on Domain Thesaurus [C]. *IEEE*, *International Conference on Cloud Computing and Intelligence Systems*, 2015.

[118] Kim H. G, Lee S, Kyeong S. Discovering Hot Topics Using Twitter Streaming Data Social Topic Detection and Geographic Clustering [C]. *IEEE/ACM International Conference on Advances in Social Networks Analysis and Mining*, 2013: 1215 – 1220.

[119] 邓小龙, 李欲晓. 面向应急管理的大图重要节点中介度高效近似计算方法 [J]. 系统工程理论与实践, 2015, 35 (10): 2531 – 2543.

[120] Mihalcea R, Tarau P. TextRank: Bringing Order into Texts [J]. *Unt Scholarly Works*, 2004: 404 – 411.

[121] 谢玮, 沈一, 马永征. 基于图计算的论文审稿自动推荐系统 [J]. 计算机应用研究, 2016, 33 (3): 798 – 801.

[122] Rahman M. M, Roy C. K. Textrank Based Search Term Identification

for Software Change Tasks [C]. *IEEE, International Conference on Software Analysis, Evolution and Reengineering. IEEE Computer Society*, 2015: 540-544.

[123] 方俊，郭雷，王晓东. 基于语义的关键词提取算法 [J]. 计算机科学，2008，35 (6)：148-151.

[124] Li X, Wu X, Hu X, et al. Keyword Extraction Based on Lexical Chains and Word Co-occurrence for Chinese News Web Pages [C]. *IEEE International Conference on Data Mining Workshops. IEEE Computer Society*, 2008: 744-751.

[125] 王立霞，淮晓永. 基于语义的中文文本关键词提取算法 [J]. 计算机工程，2012，38 (1)：1-4.

[126] 刘端阳，王良芳. 结合语义扩展度和词汇链的关键词提取算法 [J]. 计算机科学，2013，40 (12)：264-269.

[127] 徐雅斌，李卓，吕非非，等. 基于频繁词集聚类的微博新话题快速发现 [J]. 系统工程理论与实践，2014 (S1)：276-282.

[128] Wei T, Lu Y, Chang H, et al. A Semantic Approach for Text Clustering Using Wordnet and Lexical Chains [J]. *Expert Systems with Applications*, 2015, 42 (4): 2264-2275.

[129] 姜芳，李国和，岳翔. 基于语义的文档关键词提取方法 [J]. 计算机应用研究，2015，32 (1)：142-145.

[130] 于娟，党延忠. 本体关系学习方法研究——概念特征词法 [J]. 系统工程理论与实践，2012，32 (7)：1582-1590.

[131] 李跃鹏，金翠，及俊川. 基于 Word2Vec 的关键词提取算法 [J]. 科研信息化技术与应用，2015 (4)：54-59.

[132] 刘俊，邹东升，邢欣来，等. 基于主题特征的关键词抽取 [J]. 计算机应用研究，2012，29 (11)：4224-4227.

[133] Xue B, Fu C, Zhan S. A Study on Sentiment Computing and Classification of Sina Weibo with Word2vec [C]. *IEEE International Congress on Big Data*, 2014: 358-363.

[134] Nguyen N T H, Miwa M, Tsuruoka Y, et al. *Identifying Synonymy between Relational Phrases Using Word Embeddings* [M]. Elsevier

Science, 2015.

[135] Pennington J, Socher R, Manning C. Glove: Global Vectors for Word Representation [C]. *Conferenceon Empirical Methodsin Natural Language Processing*. 2014: 1532 – 1543.

[136] Joulin A, Grave E, Bojanowski P, et al. Bag of Tricks for Efficient Text Classification [J]. arXiv preprint arXiv: 1607.01759, 2016.

[137] 宁建飞，刘降珍. 融合 Word2Vec 与 TextRank 的关键词抽取研究 [J]. 现代图书情报技术，2016 (6): 20 – 27.

[138] 夏天. 词向量聚类加权 TextRank 的关键词抽取 [J]. 数据分析与知识发现，2017, 1 (2): 28 – 34.

[139] Giunchiglia F, Shvaiko P, Yatskevich M. S-Match: An Algorithm and an Implementation of Semantic Matching [J]. *Proceedings of Esws*, 2004: 61 – 75.

[140] Taieb M A H, Aouicha M B, Hamadou A B. Ontology-Based Approach for Measuring Semantic Similarity [J]. *Engineering Applications of Artificial Intelligence*, 2014, 36: 238 – 261.

[141] 彭丽针，吴扬扬. 基于维基百科社区挖掘的词语语义相似度计算 [J]. 计算机科学，2016, 43 (4): 45 – 49.

[142] 姜芳，李国和，岳翔. 基于语义的文档特征提取研究方法 [J]. 计算机科学，2016, 43 (2): 254 – 258.

[143] 刘宏哲，须德. 基于本体的语义相似度和相关度计算研究综述 [J]. 计算机科学，2012, 39 (2): 8 – 13.

[144] Lu W, Cai Y. Y, Che X P, et al. Joint Semantic Similarity Assessment with Raw Corpus and Structured Ontology for Semantic-Oriented Service Discovery [J]. *Personal & Ubiquitous Computing*, 2016, 20 (3): 311 – 323.

[145] Li X. Method for Semantic Similarity Detection in English Based on Ontology [J]. *Journal of Computational & Theoretical Nanoscience*, 2016, 13 (12): 9464 – 9468.

[146] 徐英卓，贾欢. 基于树结构的本体概念相似度计算方法 [J]. 计算机系统应用，2017, 26 (3): 275 – 279.

[147] Zhu G, Iglesias C. A. Exploiting Semantic Similarity for Named Entity Disambiguation in Knowledge Graphs [J]. *Expert Systems with Applications*, 2018, 101: 8-24.

[148] Jiang Y, Bai W, Zhang X, et al. Wikipedia-Based Information Content and Semantic Similarity Computation [J]. *Information Processing & Management*, 2017, 53 (1): 248-265.

[149] 蒋振超，李丽双，黄德根．基于词语关系的词向量模型 [J]. 中文信息学报，2017，31 (3)：25-31

[150] Wu Z, Zhu H, Li G, et al. An Efficient Wikipedia Semantic Matching Approach to Text Document Classification [J]. *Information Sciences*, 2017, 393: 15-28.

[151] 谷重阳，徐浩煜，周晗，等．基于词汇语义信息的文本相似度计算 [J]. 计算机应用研究，2018 (2)：391-395.

[152] Brownlie D. T, Macbeth D K. The Strategic Management of Technology: Integrating Technology Supply and Demand Perspectives [J]. *European Management Journal*, 1989, 7 (1): 71-83.

[153] Klerkx L, Leeuwis C. Matching Demand and Supply in the Agricultural Knowledge Infrastructure: Experiences with Innovation Intermediaries [J]. *Food Policy*, 2008, 33 (3): 260-276.

[154] Hung S H, Lin C H, Hong J S. Web Mining for Event-Based Commonsense Knowledge Using Lexico-Syntactic Pattern Matching and Semantic Role Labeling [J]. *Expert Systems with Applications*, 2010, 37 (1): 341-347.

[155] 宋志红，李常洪，李冬梅．技术联盟网络与知识管理动机的匹配性——基于1995—2011年索尼公司的案例研究 [J]. 科学学研究，2013，31 (1)：104-114.

[156] Watts D J, Strogatz S H. Collective Dynamics of ‘Small-world’ Networks [J]. *Nature*, 1998: 440-442.

[157] Albert L Ba, Albert R. Emergence of Scaling in Random Networks [J]. *Science*, 1999: 509-512.

[158] Charles B, Saurabh S. Characterizing Gene Sets Using Discriminative

Random Walks with Restart on Heterogeneous Biological Networks [J]. *Bioinformatics*, 2016, 32 (14): 2167.

[159] Przewozniczek M. Active Multi-Population Pattern Searching Algorithm for Flow Optimization in Computer Networks – The Novel Coevolution Schema Combined with Linkage Learning [J]. *Information Sciences*, 2016, 355 (16): 15-36.

[160] Lu Z, Wen Y, Zhang W, et al. Towards Information Diffusion in Mobile Social Networks [J]. *IEEE Transactions on Mobile Computing*, 2016, 15 (5): 1292-1304.

[161] Kaffash S, Marra M. Data Envelopment Analysis in Financial Services: A Citations Network Analysis of Banks, Insurance Companies and Money Market Funds [J]. *Annals of Operations Research*, 2017, 253 (1): 1-38.

[162] Tian Z, Gong Y, Chen G, et al. Buffer-Aided Relay Selection with Reduced Packet Delay in Cooperative Networks [J]. *IEEE Transactions on Vehicular Technology*, 2017, 66 (3): 2567-2575.

[163] Frank O, Strauss D. Markov Graphs [J]. *Journal of the American Statistical Association*, 1986, 81 (395): 832-842.

[164] Wasserman S, Pattison P E. Logit Models and Logistic Regression for Social Networks [J]. *Psychometrika*, 1999, 61 (3): 401-425.

[165] Holland P. W, Leinhardt S. An Exponential Family of Probability Distributions for Directed Graphs [J]. *Journal of the American Statistical Association*, 1981, 76 (373): 33-50.

[166] Pattison D. P, Wasserman S. Logit Models and Logistic Regressions for Social Networks: II. Multivariate Relations [J]. *British Journal of Mathematical and Statistical Psychology*, 1999, 61 (2): 401-425.

[167] 刘亮. 基于指数随机图的社会网络构建关键技术研究 [D]. 长沙：国防科技大学，2013.

[168] Hunter D. R, Handcock M S, Butts C T, et al. ERGM: A Package to Fit, Simulate and Diagnose Exponential-Family Models for Networks [J]. *Journal of Statistical Software*, 2008, 24 (3): 1-29.

[169] Silk M. J, Fisher D. N, Silk M J, et al. Understanding Animal Social Structure: Exponential Random Graph Models in Animal Behaviour Research [J]. *Animal Behaviour*, 2017, 132: 137 –146.

[170] Scott T. A. Analyzing Policy Networks Using Valued Exponential Random Graph Models: Do Government-Sponsored Collaborative Groups Enhance Organizational Networks? [J]. *Policy Studies Journal*, 2015, 44 (2): 215 –244.

[171] Sun Y. Z, Han J. W, Zhao P, et al. RankClus: Integrating Clustering with Ranking for Heterogeneous Information Network Analysis [C]. *ACM SIGKDD International Conference on Knowledge Discovery and Data Mining*, 2009: 565 –576.

[172] Han J. W, Sun Y. Z, Yan X. F, et al. Mining Knowledge from Databases: An Information Network Analysis Approach [C]. *ACM SIGMOD International Conference on Management of data*, 2010: 1251 –1252.

[173] Berge C. Graphs and Hypergraphs [J]. *Mathematical Physics and Mathematics*, 1973, 34 (8): 1307 –1315.

[174] Sheffi Y. Urban Transportation Networks: Equilibrium Analysis with Mathematical Programming Methods [J]. *Prentice-Hall*, 1984, 19 (4): 463 –467.

[175] Milner R. Bigraphical Reactive Systems [C]. *CONCUR* 2001—*Concurrency Theory*. 2001: 16 –35.

[176] Cai D, Shao Z, He X, et al. Mining Hidden Community in Heterogeneous Social Networks [C]. *Acm-Sigkdd Workshop on Link Discovery*, 2005: 58 –65.

[177] Tang L, Liu H, Zhang J, et al. Community Evolution in Dynamic Multi-Mode Networks [C]. *ACM SIGKDD International Conference on Knowledge Discovery and Data Mining*, 2008: 677 –685.

[178] Buldyrev S. V, Parshani R, Paul G, et al. Catastrophic Cascade of Failures in Interdependent Networks [J]. *Nature*, 2010, 464 (16): 1025 –1028.

[179] Mucha P. J, Richardson T, Macon K, et al. Community Structure Ii

Time-Dependent, Multiscale, And Multiplex Networks [J]. *Science*, 2010, 328 (5980): 876 – 878.

[180] Zhong E, Li Y, Li Y, et al. ComSoc: Adaptive Transfer of User Behaviors Over Composite Social Network [C]. *ACM SIGKDD International Conference on Knowledge Discovery and Data Mining*, 2012: 696 – 704.

[181] Denning P. J. The Science of Computing: What is Computer Science? [J]. *Journal of the Acm*, 1985, 73 (1): 16 – 19.

[182] Estrada E, Rodríguez-Velázquez J A. Subgraph Centrality and Clustering in Complex Hyper-Networks [J]. *Physica A Statistical Mechanics & Its Applications*, 2012, 364 (10): 581 – 594.

[183] 王娜娜，高红，李珊珊，等．基于异质超边的超图 [J]. 广东工业大学学报，2017，34 (1): 6 – 10.

[184] 索琪，郭进利．超网络中的舆情传播模型及仿真研究 [J]. 计算机应用研究，2017，34 (9): 2629 – 2632.

[185] Holme P, Liljeros F, Edling C R, et al. Network bipartivity [J]. *Physical Review E Statistical Nonlinear & Soft Matter Physics*, 2003, 68 (5): 107 – 112.

[186] Nacher J. C, Akutsu T. On the Degree Distribution of Projected Networks Mapped from Bipartite Networks [J]. *Physica A Statistical Mechanics & Its Applications*, 2011, 390 (24): 4636 – 4651.

[187] 李树青，曹杰，庄光光，等．基于二分网络分析方法的学术文献关键词自动抽取方法研究 [J]. 情报学报，2016，35 (12): 1305 – 1312.

[188] 张嫱嫱，黄廷磊，张银明．基于聚类分析的二分网络社区挖掘 [J]. 计算机应用，2015，35 (12): 3511 – 3514.

[189] Szell M, Lambiotte R, Thurner S. Multirelational Organization of Large-Scale Social Networks in an Online World [J]. *Proc Natl Acad Sci USA*, 2010, 107 (31): 13636 – 13641.

[190] Berlingerio M, Coscia M, Giannotti F, et al. Multidimensional Networks: Foundations of Structural Analysis [J]. *World Wide Web-in-*

ternet & Web Information Systems, 2013, 16 (6): 567 – 593.

[191] Wang N, Chen P, Li X. *Community Detection in Heterogeneous Multi-mode Social Network via Co-training* [M]. Foundations of Intelligent Systems. Springer Berlin Heidelberg, 2014, 277 (6): 531 – 538.

[192] Sun Y, Han J. Mining Heterogeneous Information Networks: Principles and Methodologies [J]. *Acm Sigkdd Explorations Newsletter*, 2012, 14 (2): 147 – 178.

[193] Sun Y, Tang J, Han J, et al. Community Evolution Detection in Dynamic Heterogeneous Information Networks [C]. *Eighth Workshop on Mining and Learning with Graph*, 2010: 137 – 146.

[194] 张欣. 多层复杂网络理论研究进展：概念、理论和数据 [J]. 复杂系统与复杂性科学, 2015, 12 (2): 103 – 107.

[195] 李睿琪, 唐明, 许伯铭. 多关系网络上的流行病传播动力学研究 [J]. 物理学报, 2013, 62 (16): 504 – 510.

[196] Fan W, Fan W, Zhu Y, et al. Modeling the Dynamics of Composite Social Networks [C]. *ACM SIGKDD International Conference on Knowledge Discovery and Data Mining*, 2013: 937 – 945.

[197] Magnani M, Rossi L. The ML-Model for Multi-layer Social Networks [C]. *International Conference on Advances in Social Networks Analysis and Mining*, 2011: 5 – 12.

[198] Berlingerio M, Coscia M, Giannotti F, et al. Foundations of Multidimensional Network Analysis [C]. *International Conference on Advances in Social Networks Analysis and Mining*, 2011: 485 – 489.

[199] Kaya M, Alhajj R. Development of Multidimensional Academic Information Networks with a Novel Data Cube based Modeling Method [J]. *Information Sciences*, 2014, 265 (5): 211 – 224.

[200] Hegde S. R, Pal K, Mande S C. Differential Enrichment of Regulatory Motifs in the Composite Network of Protein-Protein and Gene Regulatory Interactions [J]. *BMC Systems Biology*, 2014, 8 (1): 26.

[201] Hristova D, Noulas A, Brown C, et al. A Multilayer Approach to Multiplexity and Link Prediction in Online Geo-Social Networks [J].

Epj Data Science, 2016, 5 (1): 1 – 17.

[202] Hwang T H, Kuang R. A Heterogeneous Label Propagation Algorithm for Disease Gene Discovery [C]. *Siam International Conference on Data Mining*, 2010: 583 – 594.

[203] Ravasz E, Barabási A, Oltvai Z. Hierarchical Organization of Complex Networks [C]. *APS Meeting*, 2004: 22 – 26.

[204] Sun Y, Han J, Yan X, et al. PathSim: Meta Path-Based Top-K Similarity Search in Heterogeneous Information Networks [J]. *Proceedings of the Vldb Endowment*, 2011, 4 (11): 992 – 1003.

[205] Huang Z, Zheng Y, Cheng R, et al. Meta Structure: Computing Relevance in Large Heterogeneous Information Networks [C]. *ACM SIGKDD International Conference on Knowledge Discovery and Data Mining*, 2016: 1595 – 1604.

[206] Fang Y, Lin W, Zheng V. W, et al. Semantic Proximity Search on Graphs with Metagraph-based Learning [C]. *IEEE, International Conference on Data Engineering*, 2016: 277 – 288.

[207] Zhao H, Yao Q, Li J, et al. Meta-Graph Based Recommendation Fusion over Heterogeneous Information Networks [C]. *ACM SIGKDD International Conference on Knowledge Discovery and Data Mining*, 2017: 635 – 644.

[208] Jiang Z, Liu H, Fu B, et al. Recommendation in Heterogeneous Information Networks Based on Generalized Random Walk Model and Bayesian Personalized Ranking [C]. *The Eleventh ACM International Conference*, 2018: 288 – 296.

[209] Cao B, Kong X, Yu P S. Collective Prediction of Multiple Types of Links in Heterogeneous Information Networks [C]. *IEEE International Conference on Data Mining*, 2015: 50 – 59.

[210] Liang W, He X, Tang D, et al. S-Rank: A Supervised Ranking Framework for Relationship Prediction in Heterogeneous Information Networks [C]. *International Conference on Industrial, Engineering and Other Applications of Applied Intelligent Systems*, 2016: 305 – 319.

[211] Jérôme Kunegis, Lommatzsch A. Learning Spectral Graph Transformations for Link Prediction [C]. *International Conference on Machine Learning*, 2009: 561 - 568.

[212] Benchettara N, Kanawati R. A Supervised Machine Learning Link Prediction Approach for Academic Collaboration Recommendation [C]. *ACM Conference on Recommender Systems*, 2010: 253 - 256.

[213] Burke R, Vahedian F, Mobasher B. Hybrid Recommendation in Heterogeneous Networks [C]. *International Conference on User Modeling, Adaptation, and Personalization*, 2014, 49 - 60.

[214] Jiang Z, Liu H, Fu B, et al. Recommendation in Heterogeneous Information Networks Based on Generalized Random Walk Model and Bayesian Personalized Ranking [C]. *The Eleventh ACM International Conference*, 2018: 288 - 296.

[215] Shi C, Hu B, Zhao W, et al. Heterogeneous Information Network Embedding for Recommendation [J]. *IEEE Transactions on Knowledge & Data Engineering*, 2019, 31 (2): 357 - 370.

[216] Liang T, Chen L, Wu J, et al. Meta-Path Based Service Recommendation in Heterogeneous Information Networks [C]. *International Conference on Service-Oriented Computing*, 2016: 371 - 386.

[217] Zhu J. X, Zhang J. W, Zhang C. W, et al. CHRS: Cold Start Recommendation Across Multiple Heterogeneous Information Networks [C]. *IEEE Access*. 2017, (5): 15283 - 15299.

[218] 曹玖新，董羿，杨鹏伟，等. LBSN 中基于元路径的兴趣点推荐 [J]. 计算机学报，2016，39 (4): 675 - 684.

[219] Shi C, Liu J, Zhuang F, et al. Integrating Heterogeneous Information via Flexible Regularization Framework for Recommendation [J]. *Knowledge & Information Systems*, 2016, 49 (3): 1 - 25.

[220] Hu L, Wang Y, Z. Xie, et al. Semantic Preference-Based Personalized Recommendation on Heterogeneous Information Network [J]. *IEEE Access*, 2017, (5): 19773 - 19781.

[221] Liu X, Yu Y, Guo C, et al. Full-Text based Context-Rich Heteroge-

neous Network Mining Approach for Citation Recommendation [C]. *JCDL '14 Proceedings of the 14th ACM/IEEE-CS Joint Conference on Digital Libraries*, 2014: 361-370.

[222] Guo C, Liu X. Dynamic Feature Generation and Selection on Heterogeneous Graph for Music Recommendation [J]. *IEEE International Conference on Big Data*, 2016: 56-665.

[223] Hosseini A, Chen T, Wu W, et al. Heteromed: Heterogeneous Information Network for Medical Diagnosis [C]. *ACM*, 2018: 1-9.

[224] Zhu S. Y, Bing J. X, Min X. P, et al. Prediction of Drug-Gene Interaction by Using Metapath2vec [J]. *Frontiers in Genetics*, 2018, 9: 248-258.

[225] Shi C, Zhou C, Kong X, et al. Heterecom: A Semantic-Based Recommendation System in Heterogeneous Networks [C]. *KDD' 12: ACM SIGKDD International Conference on Knowledge Discovery and Data Mining*, 2012: 1552-1555.

[226] Nandanwar S, Moroney A, Murty M. N. Fusing Diversity in Recommendations in Heterogeneous Information Networks [C]. *Proceedings of WSDM'* 18, 2018: 414-422.

[227] Gupta M, Kumar P, Bhasker B. Personalized Item Ranking from Implicit User Feedback: A Heterogeneous Information Network Approach, P*acific Asia Journal of the Association for Information Systems*, 2016, 9 (2): 23-42.

[228] Huang Z, Mamoulis N. Heterogeneous Information Network Embedding for Meta Path Based Proximity [C]. *ACM*. 2017: 1-9.

[229] Xie F, Chen L, Ye Y, et al. A Weighted Meta-graph based Approach for Mobile Application Recommendation on Heterogeneous Information Networks [C]. *ICSOC* 2018. 2018: 404-420.

[230] Zhou Y, Huang J, Sun H, et al. DMSS: A Robust Deep Meta Structure Based Similarity Measure in Heterogeneous Information Networks [C]. *ACM*, 2017: 1595-1604.

[231] Li C, Wang S, Yang D, et al. PPNE: Property Preserving Network

Embedding [C]. 22nd *International Conference: Database Systems for Advanced Applications*, 2017: 163 – 179.

[232] Fu G, Yuan B, Duan Q, et al. Representation Learning for Heterogeneous Information Networks via Embedding Events [C]. *ACM*, 2019: 1 – 10.

[233] Chang S. Y, Han W, Tang J L, et al. Heterogeneous Network Embedding Via Deep Architectures [C]. *KDD' 15: ACM SIGKDD International Conference on Knowledge Discovery and Data Mining*, 2015: 119 – 128.

[234] Wang D. X, Cui P, Zhu W. W. Structural deep network embedding [C]. *Proceedings of the 22nd ACM SIGKDD International Conference on Knowledge Discovery and Data Mining*, 2016: 1225 – 1234.

[235] Yuan W. W, He K, Han G J, et. al. User Behavior Prediction Via Heterogeneous Information Preserving Network Embedding [J]. *Future Generation Computer Systems*, 2019, 92: 52 – 58.

[236] Wang H, Zhang F, Hou M, et al. SHINE: Signed Heterogeneous Information Network Embedding for Sentiment Link Prediction [C]. *ACM*, 2017: 1 – 9.

[237] Xiang B, Liu Z, Zhou J, et al. Feature Propagation on Graph: A New Perspective to Graph Representation Learning [J]. *Cornell University*, 2018: 1 – 7.

[238] 金健，朱玉全，陈耿. 基于三元组特征和词向量技术的中文专利侵权检测研究 [J]. 计算机应用研究，2017，34 (10): 2901 – 2904.

[239] 张杰，孙宁宁，张海超，等. 基于SAO结构的中文相似专利识别算法及其应用 [J]. 情报学报，2016，35 (5): 472 – 482.

[240] 闫红，李付学，周云. 基于HowNet句子相似度的计算 [J]. 计算机技术与发展，2015，25 (11): 53 – 57.

[241] 张振亚，王进，程红梅，等. 基于余弦相似度的文本空间索引方法研究 [J]. 计算机科学，2005，32 (9): 160 – 163.

[242] Chen J, Wang J, Cheng S, et al. *Brain Storm Optimization with Ag-*

glomerative Hierarchical Clustering Analysis [M] Advances in Swarm Intelligence. Springer International Publishing, 2016.

[243] 向小东，陈丽芬. 制造业技术创新效率评价模型及其应用研究 [J]. 运筹与管理，2016，25 (1)：215-223.

[244] 裘江南，罗志成，叶鑫. 语义相关度算法在主题抽取中的适用性研究 [J]. 情报学报，2009，28 (1)：34-39.

[245] 范晨熙，黄理灿，李雪利. 基于 Lucene 的 BM25 模型的评分机制的研究 [J]. 工业控制计算机，2013，26 (3)：78-79.

[246] Paccanaro A, Hinton G E. Learning Distributed Representations of Concepts Using Linear Relational Embedding [J]. *IEEE Transactions on Knowledge & Data Engineering*, 2002, 13 (2): 232-244.

[247] Hartigan J. A, Wong M A. Algorithm AS 136: A K-Means Clustering Algorithm [J]. *Applied Statistics*, 1979, 28 (1): 100-108.

[248] 汤胤，欧治花，陈杏惠，等. 兴趣社交网络中的供需匹配研究：以豆瓣网为例 [J]. 管理工程学报，2015，29 (2)：41-50.

[249] 喻昕. 技术市场信息不对称问题研究 [J]. 情报科学，2011，29 (4)：515-519.

[250] 史敏，侯峻，罗建. 竞争情报在技术转移中的应用——基于湖南省科技信息研究所的实践分析 [J]. 图书情报工作，2015，59 (22)：112-117.

[251] Liu Y, Li K. A Two-Sided Matching Decision Method for Supply and Demand of Technological Knowledge [J]. *Journal of Knowledge Management*, 2017, 21 (3): 592-606.

[252] 杨庆，张再生，尤欣赏. 基于区间直觉模糊集的科技成果转化匹配决策模型 [J]. 统计与决策，2018 (9)：37-41.

[253] 梁海明，姜艳萍，孔德财. 考虑偏好序的多满意稳定导向双边匹配决策方法 [J]. 系统工程理论与实践，2015，35 (6)：1535-1546.

[254] 乐琦. 直觉模糊环境下考虑匹配意愿的双边匹配决策 [J]. 中国管理科学，2017，25 (6)：161-168.

[255] 崔晓兰，蔡淑琴，冯进展. 基于本体的通信服务网络抱怨案例

相似度计算［J］. 系统工程理论与实践，2017，37（6）：1638－1647.

［256］夏立新，段菲菲，翟姗姗. 基于本体的 JESS 推理实证研究［J］. 情报科学，2017，35（5）：106－110.

［257］吴志祥，王昊，王密平. 中文专利术语层次关系解析研究［J］. 情报学报，2017，36（4）：401－410.

［258］Seco N，Veale T，Hayes J. An Intrinsic Information Content Metric for Semantic Similarity in Wordnet［C］. *16thEuropean Conference on Artificial Intelligence*，2004（110）：1089－1090.

［259］Sánchez D，Batet M. A Semantic Similarity Method Based on Information Content Exploiting Multiple Ontologies［J］. *Expert Systems With Applications*，2013，40（4）：1393－1399.

［260］王小林，王东，杨思春，等. 基于《知网》的词语语义相似度算法［J］. 计算机工程，2014，40（12）：177－181.

［261］Rodriguez M. A，Egenhofer M J. Determining Semantic Similarity among Entity Classes from Different Ontologies［J］. *IEEE Transactions on Knowledge and Data Engineering*，2003，15（2）：442－456.

［262］周正龙，马本江，胡凤英. 基于熵值法与灰色关联决策的最佳响应方案［J］. 统计与决策，2017，33（8）：46－49.

［263］Ferreira R，Cavalcanti G D C，Freitas F，et al. Combining Sentence Similarities Measures to Identify Paraphrases［J］. *Computer Speech & Language*，2018，47：59－73.

［264］荆琪，段利国，李爱萍，等. 基于维基百科的短文本相关度计算［J］. 计算机工程，2018，44（2）：197－202.

［265］Liang Y，Liu Y，Chen C，et al. Extracting Topic-Sensitive Content from Textual Documents—A Hybrid Topic Model Approach［J］. *Engineering Applications of Artificial Intelligence*，2018，70：81－91.

［266］Xiong S. F，Wang K. Y，Ji D H，et al. A Short Text Sentiment-Topic Model for Product Reviews［J］. *Neurocomputing*，2018（297）：94－102.

［267］Xia X，Lo D，Ding Y，et al. Improving Automated Bug Triaging with

Specialized Topic Model [J]. *IEEE Transactions on Software Engineering*, 2017, 43 (3): 272 - 297.

[268] 姚舜. 基于 BM25 模型与借阅预测模型的书目检索排序算法研究 [J]. 图书馆杂志, 2016, 35 (10): 63 - 68.

[269] 刘金培, 陈佩佩, 陈华友, 等. 基于交叉效率 DEA 和随机模拟的区间语言偏好关系排序方法 [J]. 系统工程理论与实践, 2018, 38 (4): 950 - 959.

[270] 吴美琴, 李常洪, 范建平. 基于粗集的交叉效率排序模型 [J]. 系统工程, 2017, 35 (9): 132 - 137.

[271] 梁泳诗, 黄沛杰, 岑洪杰, 等. 向量模型和多源词汇分类体系相结合的词语相似性计算 [J]. 中文信息学报, 2018, 32 (4): 35 - 43.

[272] Kim S, Wilbur W J, Lu Z. Bridging the Gap: A Semantic Similarity Measure between Queries and Documents [J]. *Journal of Biomedical Informatics*, 2017, 75: 122 - 127.

[273] 何喜军, 张婷婷, 武玉英, 等. 供需匹配视角下基于语义相似聚类的技术需求识别模型 [J]. 系统工程理论与实践, 2019, 39 (2): 475 - 484.

[274] 许云, 刘云, 贺艳. 北京高校和科研机构跨区域技术转移模式及政策启示 [J]. 科研管理, 2017, 38 (S1): 444 - 452.

[275] Dettmann A, Proff S V, Brenner T. Co-Operation Over Distance? The Spatial Dimension of Inter-Organizational Innovation Collaboration [J]. *Journal of Evolutionary Economics*, 2015, 25 (4): 729 - 753.

[276] 陈光华, 王烨, 杨国梁. 地理距离阻碍跨区域产学研合作绩效了吗? [J]. 科学学研究, 2015, 33 (1): 76 - 82.

[277] 党兴华, 弓志刚. 多维邻近性对跨区域技术创新合作的影响——基于中国共同专利数据的实证分析 [J]. 科学学研究, 2013, 31 (10): 1590 - 1600.

[278] 梁立明, 沙德春. 985 高校校际科学合作的强地域倾向 [J]. 科学学与科学技术管理, 2008, 29 (11): 112 - 116.

[279] Hartanto S, Furqan M, Siahaan A P U, et al. Haversine Method in

Looking for the Nearest Masjid [J]. *International Journal of Engineering Research*, 2017, 3 (8): 187 - 195.

[280] 尹裴，王洪伟．面向产品特征的中文在线评论情感分类：以本体建模为方法 [J]．系统管理学报，2016，25 (1)：103 - 114.

[281] 王伟，王洪伟，盛小宝．中文在线评论的产品特征与观点识别：跨领域的比较研究 [J]．管理工程学报，2017，31 (4)：52 - 62.

[282] 朱青，卫柯臻，丁兰琳，等．基于文本挖掘和自动分类的法院裁判决策支持系统设计 [J]．中国管理科学，2018 (1)：170 - 178.

[283] 李纲，徐伟，王馨平．基于事件要素的组合模型微博热点事件摘要提取 [J]．图书情报工作，2018 (1)：96 - 105.

[284] 李妃养，黄何，曾乐民．全球视角的技术交易平台建设经验及启示建议 [J]．中国科技论坛，2018 (1)：24 - 29.

[285] 王蕾．欧盟创新驿站的运作模式与传统技术转移服务机构的比较研究 [J]．图书馆学研究，2014 (14)：96 - 101.

[286] 周翔宇，张阳，唐震．欧洲企业网络协同创新机制及对提升我国中小企业创新能力的启示 [J]．经济体制改革，2016 (4)：174 - 179.

[287] 项枫．网上技术市场建设的"浙江模式" [J]．中国国情国力，2013 (2)：31 - 33.

[288] 廖述梅，徐升华．我国校企技术转移效率及影响因素分析 [J]．科学学与科学技术管理，2009，30 (11)：52 - 56.

[289] 孙胜元，陈琨．科技成果转化成效相关测度指标的反思 [J]．科学管理研究，2016，34 (4)：38 - 40.

[290] 张明喜，郭戎．从科技成果转化率到转化效率—指标体系设计与实证分析 [J]．软科学，2013，27 (12)：85 - 89.

[291] 熊鸿儒．中国科研部门的成果转化率真的低吗 [OL]．国务院发展研究中心，http://www.drc.gov.cn/xsyzcfx/20170703/4 - 4 - 2893667.htm，2017 - 07 - 03.

[292] Vinig T, Lips D. Measuring the Performance of University Technology

Transfer Using Meta Data Approach: The Case of Dutch Universities [J]. *The Journal of technology transfer*, 2015, 40 (6): 1034-1049.

[293] 叶静怡，杨洋，韩佳伟，等. 中美高校技术转移效率比较——基于专利的视角 [J]. 中国科技论坛，2015 (1): 150-155.

[294] 肖国华，杨云秀，王江琦. 四螺旋参与度对技术转移及其效率的影响研究 [J]. 科技进步与对策，2016，33 (4): 7-11.

[295] Ning J. F, Liu J Z. Using Word2vec with Textrank to Extract Keywords [J]. *New Technology of Library & Information Service*, 2016 (6): 20-27.

[296] Blei D. M, Ng A Y, Jordan M I. Latent Dirichlet Allocation [J]. *The Journal of Machine Learning Research*, 2003, 3: 993-1022.

[297] 冯佳，张云秋. 基于 LDA 和本体的科学前沿识别与分析方法研究 [J]. 情报理论与实践，2017，40 (8): 49-54.

[298] 樊霞，赵丹萍，何悦. 企业产学研合作的创新效率及其影响因素研究 [J]. 科研管理，2012，33 (2): 33-39.

[299] 熊捷，孙道银. 企业社会资本、技术知识获取与产品创新绩效关系研究 [J]. 管理评论，2017，29 (5): 23-39.

[300] 杨颖，李宇啸. 研发协同的影响因素和绩效评价：文献综述 [J]. 科研管理，2017 (S1): 543-549.

[301] 陈晓峰. 关系资源对集群企业间合作绩效的影响研究 [J]. 科研管理，2017，38 (6): 59-66.

[302] 叶春霞. 企业专利合作网络演化的形成影响因素研究 [D]. 华中科技大学，2014.

[303] 吴梦蝶，唐雁. 基于主题模型的有向社交网络链接预测方法 [J]. 西南大学学报，2014，36 (1): 152-158.

[304] He Yu-lin, Liu J. N. K, Hu Y X, et al. OWA Operator Based Link Prediction Ensemble for Social Network [J]. *Expert Systems with Applications*, 2015, 42 (1): 21-50.

[305] Bliss C. A, Frank M. R, Danforth C. M. Peter Sheridan Dodds, An Evolutionary Algorithm Approach to Link Prediction in Dynamic Social Networks [J]. *Journal of Computational Science*, 2014, 5 (5): 750-764.

[306] Lusher D, Koskinen J, Robins G. *Exponential Random Graph Models For Social Networks: Theory, Methods, And Applications* [M]. Cambridge University Press, Cambridge, 2012.

[307] 李玉华，肖海岭，李栋才，等. 基于链接重要性的动态链接预测方法研究 [J]. 计算机研究与发展，2011，48：40－46.

[308] Shibata N, Kajikawa Y, Sakata I. Link Prediction in Citation Networks [J]. *Journal of the American society for Information Science and Technology*, 2012, 63 (1): 78－85.

[309] Zhang C, Zhai B. Y, Wu M. Link prediction of community in Microblog based on Exponential Random Graph Model [C]. *Wireless Personal Multimedia Communications (WPMC)*, 2013, 6983 (6): 1－6.

[310] 杨东辉. 基于情感相似度的社会化推荐系统研究 [D]. 哈尔滨：哈尔滨工业大学，2014.

[311] Robbins B, Welser H T, Grigoryeva M, et al. Power-Use in Cooperative Competition: A Power-Dependence Model and an Empirical Test of Network Structure and Geographic Mobility [J]. *Social Science Research*, 2014, 45 (45C): 131－151.

[312] Relun A, Grosbois V, Alexandrov T, et al. Prediction of Pig Trade Movements in Different European Production Systems Using Exponential Random Graph Models [J]. *Front Vet Sci*, 2017, 4: 1－12.

[313] Chrobot-Mason D, Gerbasi A, Cullen-Lester K L. Predicting leadership relationships: The Importance of Collective Identity [J]. *Leadership Quarterly*, 2016, 27 (2): 298－311.

[314] Hunter D. R, Goodreau S. M, Handcock M S, Ergm. Userterms: A Template Package for Extending Statnet [J]. *Journal of Statistical Software*, 2013, 52 (2): 1－8.

[315] 刘宏鲲，吕琳媛，周涛. 利用链路预测推断网络演化机制 [J]. 中国科学：物理学，力学，天文学，2011 (7)：816－823.

[316] 马荣康，刘凤朝. 基于专利许可的新能源技术转移网络演变特征研究 [J]. 科学学与科学技术管理，2017，38 (6)：65－76.

[317] 曹兴，宋长江. 认知邻近性、地理邻近性对双元创新影响的实证

研究［J］. 中国软科学，2017，4：120－131.

［318］翟东升，柴庆田，张杰，等. 产业价值链视角下潜在专利交易机会挖掘方法研究［J］. 科技进步与对策，2018，35（7）：58－67.

［319］武玉英，张婷婷，何喜军，等. 区域间专利引证关系特征及影响因素研究——以纳米领域为例［J］. 科技管理研究，2018（3）：198－204.

［320］Zhang J，Kong X，Yu P. S. Predicting Social Links for New Users Across Aligned Heterogeneous Social Networks［C］. *IEEE International Conference on Data Mining*，2013：1289－1294.

［321］Yao Y，Zhang R，Yang F，et al. Link Prediction via Layer Relevance of Multiplex Networks［J］. *International Journal of Modern Physics C*，2017，28（8）：1750101.

［322］田鹏伟，张娴，胡正银，等. 异构信息网络融合方法研究综述［J］. 图书情报工作，2017，61（7）：137－144.

［323］Yu W，Li. S. Recommender Systems Based on Multiple Social Networks Correlation［J］. *Future Generation Computer Systems*，2018，(8)：312－327.

［324］Dai C，Chen L，Li B，et al. Link Prediction in Multi-Relational Networks Based on Relational Similarity［J］. *Information Sciences*，2017，394：198－216.

［325］Danziger M. M，Bonamassa I，Boccaletti S，et al. Dynamic Interdependence and Competition in Multilayer Networks［J］. *Nature Physics*，2018，15：178－185.

［326］Chen J. Structural Regularity Exploration in Multidimensional Networks［C］. *International Conference on Neural Information Processing*，2017，9491：532－540.

［327］Xu Z，Pu C，Rajput，et al. Entropy-based Link Prediction in Weighted Networks［J］. *Chinese Physics B*，2017，26（1）：584－590.

［328］Jalili M，Orouskhani Y，Asgari M，et al. Link Prediction in Multiplex Online Social Networks［J］. *R Soc Open Sci*，2017，4（2）：1－10.

［329］Subbian K，Banerjee A，Basu S. PLUMS：Predicting Links Using

Multiple Sources [C]. *Proceedings of the* 2015 *SIAM International Conference on Data Mining*, 2015: 370 – 378.

[330] Hajibagheri A, Sukthankar G, Lakkaraju K. A Holistic Approach for Link Prediction in Multiplex Networks [C]. *International Conference on Social Informatics*, 2016: 55 – 70.

[331] 方锦清. 从单一网络向《网络的网络》的转变进程——略论多层次超网络模型的探索与挑战 [J]. 复杂系统与复杂性科学, 2016, 13 (1): 40 – 47.

[332] De Domenico M, Granell C, Porter M. A, et al. The Physics of Spreading Processes in Multilayer Networks [J]. *Nature Physics*, 2016, 12: 901 – 906.

[333] Griffiths T L, steyvers M, Blei D M, et al. Integrating topics and syntax [C.] *International Conference on Neural Information Processing Systems*, 2004: 537 – 544.

[334] Salton G, Mcmill M. J. *Introduction to Modern Information Retrieval* [M]. Auckland: McGraw-Hill, 1983.

[335] Fagerberg J. A. Technology Gap Approach to Why Growth Rates Different [J]. *Research Policy*, 1987, 169 (2 – 4): 87 – 99.

[336] Jensen P H, Palangkaraya A, Webster E. Trust and the Market for Technology [J]. *Research Policy*, 2015, 44 (2): 340 – 356.

[337] Shi C, Zhang Z, Luo P, et al. Semantic Path Based Personalized Recommendation on Weighted Heterogeneous Information Networks [C]. *CIKM' 15: ACM International on Conference on Information and Knowledge Management*, 2015: 453 – 462.

[338] Cao X, Zheng Y, Shi C, et al. Link Prediction in Schema-Rich Heterogeneous Information Network [C]. *Advances in Knowledge Discovery and Data Mining*, 2016: 449 – 460.

[339] Chen T, Sun Y. Z. Task-Guided and Path-Augmented Heterogeneous Network Embedding for Author Identification [C]. *WSDM*17 *Proceedings of the Tenth ACM International Conference*, 2017: 295 – 304.

[340] Cai H. Y, Zheng V. W, Chang K C. A Comprehensive Survey of

Graph Embedding: Problems, Techniques and Applications [J]. *IEEE Transactions on Knowledge and Data Engineering*, 2018, 30 (9): 1616 – 1637.

[341] Huang E. W, Wang S, Li B. X, et. al. HEMnet: Integration of Electronic Medical Records with Molecular Interaction Networks and Domain Knowledge for Survival Analysis [C]. *ACM International Conference on Bioinformatics, Computational Biology, and Health Informatics*, 2017: 378 – 387.

[342] 杨尚洪，李斌，王然，等. 美国国防领域知识产权管理与技术转移的做法与启示 [J]. 中国科技论坛，2017，4：186 – 192.

[343] 涂存超，杨成，刘知远，等. 网络表示学习综述 [J]. 中国科学：信息科学，2017，47 (8)：980 – 996.

[344] 符山，吕艾临，闫树. 知识图谱的概念与应用 [J]. 信息通信技术与政策，2019，299 (5)：17 – 20.

[345] Rotmensch M, Halpern Y, Tlimat A, et al. Sontag Learning a Health Knowledge Graph from Electronic Medical Records [J]. *Scientific Reports*, 2017, 7 (1): 1 – 11.